共筑幸福成长阶梯

建设高质量幼儿园的探索与实践

（优秀论文集）

方志明 主编

文汇出版社

本书编委会

主　编：方志明

副主编：蒋慧群　王　燕

编　委：徐　燕　胡　晓　俞晓菊

　　　　陈　洁　王佳玮　李　丽

　　　　卢　宁　陆奇景　潘　晶

　　　　张　莉　黄　莹　王　怡

主编的话

方志明

　　近几年来，随着浦东二次开发和高质量发展的加速推进，浦东迈开了由教育大区向教育强区进发的坚实步伐。在这一过程中，浦东在学前教育领域的表现尤为出色。一方面，一些办园时间不长的幼儿园，由于确立了科学的办园理念、培育了一支优秀的教师队伍、选择了有利于自身发展的重点教科研课题，实现了超常规发展，成为办园绩效显著、社会影响迅速扩大的新优质幼儿园，跻身于上海市示范园的行列，为浦东学前教育的改革与发展，为浦东迈入全市教育强区，增添了一道道亮丽的色彩。另一方面，在上海和浦东加快高质量幼儿园建设的进程中，浦东积极发挥各教育集团的优势，组团式帮扶不少幼儿园努力创造条件，办成社区居民满意的高质量幼儿园，创造了浦东学前教育发展史上的奇迹。

　　浦东是上海市学前教育适龄儿童数量最多、办学体量最大、学校分布最广、教师队伍最庞大的一个区域。浦东学前教育改革与发展的经验和成果，在全市具有举足轻重的意义。因此，在2023年12月，浦东成功申报教育部"幼儿园保育教育质量提升实验区"，在"共筑幸福成长阶梯"的行动目标指引下，锐意改革，先行先试，起到了引领区和排头兵的作用，对于深入贯彻党的二十大关于"强化学前教育普惠发展""构建高质量教育体系"的战略部署，全面推进上海市高质量幼儿园建设的整体战役，提供浦东一线教师和幼儿园的探索过程与经验，无疑具有十分重要的现实意义和深远的历史价值。

　　摆在我面前的这本即将由文汇出版社出版的《共筑幸福成长阶梯——建设高质量幼儿园的探索与实践（优秀论文集）》书稿，就是浦东各幼儿园开展保育教育质量提升实验区的部分成果与经验展示。这本书收录的是浦东新区学前教育指导中心于2024年举办的第三届优秀教育论文征集活动中，由专家在272份应征稿件中评选出的30篇获一等奖的论文。审阅这本沉甸甸的书稿，在我眼前展现的是一幅幅生动的画面，令我忆及一次次到浦东各幼儿园考察、调研和观摩丰富多彩、形式多样的教育教学活动，共情幼儿和教师在活动中成长的愉悦。同时，我在文章里读到了教师转变观念，逐渐确立科学的教育观、儿童观和课程观的过程，读到了一线教师在创建"幼有优育"的区域学前教育高质量服务体系中所萌发的许多具有创造性的探索和实践，为之深深感动。

第一，从征文收到的272篇文章到收入本书的30篇一等奖文章来看，我感到浦东大多数幼儿园都已经行动起来，纷纷根据自己学校的主客观条件和教育资源优势，制订具有本园特点的"1+N"实验区创建方案，并且鼓励教师围绕"基于儿童经验连续性发展推进双向深度融合的幼小科学衔接"这一主题，加入各子课题的实践研究，包括提供支持儿童"深度学习"的课程环境与活动，关注"游戏"对儿童连续性经验发展的独特价值，改进以"自我反思和评估"为导向的教师儿童观、课程观及保教实践行为，创新以高质量协同机制为支撑的园、家、社合作育人等深度教研创新实践研究，认真总结经验，分析得失，撰写课题研究报告、调研报告和论文。

第二，读这些文章，我能够感受到浦东幼儿园教师的教育观念正在发生可喜的变化。人的立场决定观念，观念左右态度，态度支配行动。因此，转变教师教育观念的根本，在于积极引导教师从成人立场转变到儿童立场，从儿童视角出发，创设儿童友好的教育教学环境，从儿童观点出发，开发和实施儿童友好的课程活动，这是有效推进儿童优先发展战略的必由之路。

在论文中，我还看到一些教师是如何通过环境重建，为儿童提供"第三位老师"的。她们蹲下身子，做儿童的玩伴，激发儿童自主探究的兴趣，激活儿童自主探究的能力和主动学习的意识，将儿童视作具有独立人格的生命主体，相信"儿童是有力量的学习者"，从而真正理解、尊重儿童的发展权利和发展需求，使儿童真正成为学前教育的"主人"。教师立场和观念的转变，增强了幼儿园内涵式发展和教师自身发展的内驱力。

第三，本书的作者都是幼儿园一线教师。她们探究的都是自己在实际工作中遇到的具有典型意义的真问题，而解决这些问题的过程，就是她们将科学的教育理念转化为自己设计的教育行为的渐变过程。这些论文都是实实在在的行动研究成果，具有很强的典型性和可操作性，因此具有一定的借鉴和推广价值。我希望本书的出版，能引发浦东更多教师关注教育教学实践中遇到的真问题，提升通过行动研究解决真问题的内驱力，积极为"共筑幸福成长阶梯"的实验区创建目标贡献自己的智慧和力量。

第四，从这些论文中，我感觉到浦东学前教育队伍正在逐渐产生一批反思型教师。所谓反思型教师，是指能够以批判性思维审视自己的教育实践，并能够主动优化自己教学行为的一线教师。反思型教师不仅关注教学目标的实现，而且往往更注重对教育过程的动态调整与价值重构，善于通过教学日志、案例记录等方式，捕捉教育现场的复杂变化，感知幼儿兴趣点和最近发展区的变化，并及时调整保育教育策略，科学地提升保育教育质量。

在这本书稿中，我很高兴地注意到不少教师在阐述自己的教育实践中，已经出现了一些对自己教育思想和行动的反思，会从旁观者的视角审视教育教学策略，能够发现和分析自己身上存在的问题，并且能够在实践中加以修正。我觉得这是难能可贵的。我想，我们的教师如果都能够实现"实践—反思—超越"的螺旋上升，都能够经常反思自己的教育实践行为与儿童成长规律之间的关系，都能够养成师生换位思考、同事换位思考的习惯，那么我们的保育教育质量提升实验一定能够取得事半功倍的效果。正如人民教育家于漪所说："一辈子做老师，一辈子学做老师。"

在这本书杀青付梓之际，我首先要感谢浦东新区教育局和托幼处领导对学前教育指导中心工作的积极支持。我还要感谢各幼儿园园长和教师积极投身保育教育质量提升实验。正是有了浦东学前教育工作者的自觉认同、共同参与、锐意改革，将幼儿园的各项实践活动形成了论文，我们的保育教育质量提升实验区创建才能取得成果和成功。因此，我要向本书的30位作者，即浦东新区学前教育指导中心第三届论文评选活动一等奖获得者，表示衷心祝贺！

这本书出版之际，恰逢《中华人民共和国学前教育法》（2025年6月1日起施行）施行之时。这部法律的颁布，标志着我国学前教育真正进入法治化发展的轨道。我国已将学前教育明确纳入国民教育体系，定位为"重要的社会公益事业"，强化了其公共属性和基础性地位。法律通过"固根本""稳预期""利长远"的制度设计，为学前教育的普及、普惠、安全、优质发展提供了法治保障。这部法律为全国学前教育的依法办学，提供了根本的规范和指导。作为学前教育工作者，我们都要认真学习和全面贯彻这部攸关我国学前教育发展的重要法律，办好人民满意的优质学前教育。

"小荷才露尖尖角，早有蜻蜓立上头。"

浦东成功申报保育教育质量提升实验区的一年多来，取得了有目共睹的成果，在这本书里也有一定的体现，值得我们感到欣慰。但同时，我也不讳言，区域保育教育质量的提升，是一项非常复杂的系统工程，不可能一蹴而就。我们的探索与成果只是一个小小的开端，今后的路还很长，会更加艰巨。我们深信，通过全体浦东学前教育工作者的不懈努力、上下求索、持续付出，终将玉汝于成。

最后我要说的是，幼儿园一线教师并非教科研专家，她们大多还比较缺乏系统的理论阐述能力，比较缺乏行动研究的实践经验，因此，本书难免会有错漏之处。敬请读者提出宝贵的意见和建议，激励我们把研究做得更深、更实，把文章写得更有可读性、更有借鉴价值。

2025年4月

（本文作者为上海市浦东新区学前教育指导中心、上海市浦东新区托育服务指导中心党委书记、主任）

目 录

多维表征，忠于原味

——以"一图一故事"解读户外主题探究性活动中幼儿表征能力的连续发展

翁佳俪（上海市浦东新区云台幼儿园）

近年来，"表征"一夜之间成了幼儿园教育的一个热词，幼儿表征似乎成了衡量评价教师活动组织、师幼互动、教育理念的外显形式。在一次次专家莅临或者园内观摩中，教师常常会被问道："孩子们的表征在哪里？"每一个热词的出现，都会在幼教界掀起一股新的教育浪潮。但究竟什么才是表征？幼儿的表征到底是什么样子的？我们的理解是：孩子用符号、绘画来表达自己的想法、记录结果、描述游戏故事，等等。由此，在每日忙忙碌碌的生活中，教师为了获得幼儿的表征而让幼儿表征，久而久之使得表征被一张张便利贴所替代。

诚然，通过搜集查阅众多关于表征的定义资料可以知道，幼儿的表征远不止于此。因而，本文将以户外主题探究性活动作为切入点，通过解读幼儿的"一图一故事"，忠于幼儿表征的原味，给予幼儿多元的经历来支持他们表征能力的连续发展。

一、明晰定义，品读表征本味

（一）表征的定义

表征在汉语词典中有两层含义：作动词时，其具有揭示、呈现的意思；作名词时，其义是显露于外的征象，是客观事物的反映。表征这一概念是认知心理学中的专业术语，对其运用和研究较广。在心理学范畴中，表征本身的意义是：幼儿运用自己的符号进行涂鸦和绘画，将自己对世界的认知、问题与想法运用图像表现出来，并借助这些符号来与外界交流，传达自身的想法。

（二）幼儿表征的发展

表征其实就是幼儿对脑海中原有的一个物体对象经过自主的认识理解再加工，在大脑中进行一系列的联想、转换、提取等，形成一种与之对应的幼儿理解，并通过图画、符号、语言、动作等媒介向外界传递的过程。因此，对于孩子的发展，表征是一个内在发展的过程。有学者认为，出生以后，婴儿就会用动作来表征他想要指向的事物，譬如他很想吃奶，就会拿起奶瓶，或者做一个噘嘴的动作来表达。由此可见，动作就是表征的萌芽。随着孩子的成长，最初的单词、短句成了他们该阶段的表征形式。随着孩子习得技能的日益丰富，他们表征的形式也更加丰富起来。当幼儿来到幼儿园后，他们的表征形式更不会局限于便签纸上的记录，他们的建构作品、歌曲创编、舞蹈演绎等都成了表达自己理解世界的方式。

二、"一图一故事"，品察幼儿原味

（一）符号表征期——图一过程

便利贴变身记

这天天气很好，小糯米在户外游戏中和她的小伙伴正趴在大型玩具器械的遮阳棚内。她们把手工纸剪得小小的，还在上面画了各种不同的符号，有房间的设施，有房间的门，有趣的是，有的符号旁边画着一个或者两个小人。

"你们在做什么呢？"我好奇地问道。

"老师，这个是房卡，这个代表能住一个人，这个代表能住两个人。"

在游戏后的分享中，我询问了今天主题酒店的经理小糯米："今天，你用便利贴制作了什么？"酒店住客翚翚也拿着他的房卡来分享一系列的游戏情节。在后续观察孩子们城堡主题酒店

图1 幼儿制作的房卡

游戏的过程中，我欣喜地发现便利贴有了更多的变身，时而是餐厅的菜单，时而是主题乐园的门票，时而又成为小游客的周记作业本……

皮亚杰认为，符号表征是认知发展的重要核心，将表征本质随年龄所发生的变化看作区分发展阶段的主要特征。在案例"便利贴变身记"中我们可以看到，幼儿个体用他独有的方式记录和表达着他所理解的事物，并引发一系列的同伴互动和游戏行为。案例中，幼儿使用的个人符号表征是一种需要成人进行解读的符号，它是幼儿个人灵活运用自己所理解的方式，将自己感知的世界予以表达的表征。案例中的小糯米在制作了房卡之后，会对住酒店的客人进行介绍并约定入住酒店的规则，住店客人晕晕也会按照酒店经理的入住规则进行一系列游戏。

由此可见，此类个人符号表征的随机性运用，在一定程度上促进了幼儿游戏中个体与个体之间的交流和约定，由此也推动了幼儿在游戏中的互动交往，助推了幼儿社会性的发展。个人符号表征的运用于教师而言，则是观察和指导幼儿游戏时的一个契机。教师可以通过游戏过程中的此类表征来挖掘幼儿的游戏热点和经验。而一系列的幼儿表征也记录下了他们连续的发展轨迹，为教师基于幼儿个体的纵向发展评价提供了可视化的依据。

（二）图符表征期——一图一计划

案例2

幼儿代表大会

本学期面对游戏场地的更换，我们思索如何承接上学期的项目化游戏方式来开展新场地中的新游戏。对此，我们与孩子们展开了讨论：

"孩子们，这学期我们的户外主题探究性活动场地来到了大型滑梯的6号场地中，我们可以玩一些什么呢？"

"老师，我们开一个游乐场吧！"

"老师，我觉得我们还可以开一个博物馆，就在曲棍球场里面。"

……

就这样，我们以项目小组为单位的形式，通过一张游戏地图引导幼儿整体规划和布局自己的游戏内容。我们通过边讲边介绍游戏场地，引导幼儿观察场地中现有的材料和地形特点，引发幼儿组队规划，认领自己想要去的区域，并组织幼儿绘制各自小组的游戏计划书。在这个过程中，我们还通过师生评价及生生评价，关注场地的适宜性和安全性，潜移默化地提升了幼儿的自我保护能力。

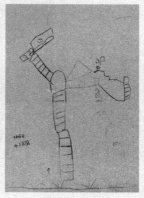

图2 幼儿关于水上主题乐园的计划畅想　　图3 主题乐园酒店　　图4 乐园地图

　　在"幼儿代表大会"案例中，我们欣喜地看到，孩子们无论是在绘画游戏还是在户外主题游戏中，都能自如地运用一定的技能和方法，将脑海中的表象通过绘画呈现，并且能够专注享受这样一种创作表达的方式。翻阅孩子们的计划书，我们看到他们的计划书笔触繁多、内容递进，图3更是可以看出孩子们对于酒店游戏情节的演绎，他们会通过叠加线条、几何图形等方式在自己的表征上丰富游戏情节，运用自己对已知事物的理解天马行空地进行呈现和表达。从图4中可以看到，孩子们通过一系列的线条与几何图形组合，结合自己已有的游玩乐园经验将游戏情节相对有序地进行表达呈现。

　　杜威认为，一切真正的教育都来自幼儿的经验，教育是在经验中、由于经验和为着经验的一种发展过程。幼儿的每种经验既是从过去的经验中吸收了某些东西，又是以某种方式在改变未来的经验。通过"幼儿代表大会"中孩子们绘制的计划书，即幼儿已有经验的一种呈现，教师捕捉到了幼儿表征，并通过主题游戏将幼儿的新旧经验进行衔接，遵循幼儿成长的节奏和步伐，以幼儿表征的游戏故事为载体，处理好幼儿前期经验和发展经验之间的关系，从而促进幼儿经验的动态生长，把握好幼儿表征能力的连续性。

　　（三）表征成熟期——一图一故事

案例3

自制喷泉

　　喷泉可以怎么做呢?

　　这天，孩子们穿上雨披，拿着自己准备好的塑料瓶、大塑料袋、破洞雨伞等材料，通过两两合作、小组合作，尝试制作雨水喷泉。有的孩子通过小组合作往大塑料袋中灌水，有的孩子两两合作甩动着装水的袋子，有的孩子通过挤压装水的塑料瓶制作水柱喷泉，孩子们玩得不亦乐乎。在这天的游戏记录中，我们发现有的孩子会用数字标记出自己制作喷泉的步骤:第一步，用容器取水;第二步，和伙伴灌水；第三步，发现水流的轨迹是四散的。有的孩子则会记录下自己在合作制作喷泉时发生的喷泉意外倒塌，而后又是如何通过同伴合作、互相帮助，又一次重新恢复喷泉的游戏故事。

图5　幼儿关于"喷泉可以怎么做"的思考　　图6　幼儿自制喷泉"使用工具"步骤图

图7　"自制喷泉"幼儿游戏故事集

通过案例"自制喷泉"中幼儿绘制的表征我们可以看到，孩子们用绘画的方式相对有序地记录下了自雨天游戏萌发的兴趣点——"制作喷泉"这一问题情境，幼儿视角中解决问题的方法——"使用工具"，幼儿在后续的游戏中出现的团队合作搭建行为、同伴互助协商解决问题的行为等游戏故事。幼儿的表征日益与游戏情节挂钩，还能够使用阿拉伯数字去表征自己在游戏过程中实施的逻辑顺序。这无疑是以科学探究为切入点，在帮助幼儿梳理"观察、分类、预测与推断、记录与交流、事物与现象"的科学（探究）领域核心经验过程中，逐步让幼儿将表征与游戏建立链接，促进其表征能力的连续性发展。

随着场地的转换，孩子们对"调皮的雨水"这场探究已告一段落，可是他们记录的一个个游戏故事集就像日记本一样，留下了他们在游戏中的每一个惊喜发现和精彩瞬间。教师从"一图一故事"中对幼儿游戏现场进行连续观察和解读，捕捉幼儿的最近生长点，支持幼儿的深入探索。在这个游戏主题开展的过程中，教师依托孩子们游戏故事的表征形式，一步步推动他们探索的脚步，同时也用孩子们的探究结果拓展了"水的循环""水资源的保护""有用的水""量的守恒"等潜在的知识点，大大提升了户外主题探究性活动的价值。

三、多维度表征，孩子就是故事

诚然，"一图一故事"这样一种表征方式是多样的。于教师而言，图可以是照片、视频的记录；于孩子们而言，图是他们的记录、实物收集。而这些不同的表征，横向的是班级全体孩子对一次游戏的散点状记录，纵向的故事则形成了幼儿的个性化成长档案，让教师可以以进阶式的动线评价贯穿游戏，融入游戏，并借助评价结果再次识别和优化自己的教育支持，从而更好地推动幼儿游戏的发展。立足户外主题探究性活动以幼儿为主体的理论概念，户外主题探究性活动应该充分发挥孩子们的自主力，这次"调皮的雨水"雨天户外主题探究性活动让我们充分咀嚼了幼儿的表征。

（一）幼儿表征是多维的生活写照

幼儿的表征是自由的、自发的。在户外主题探究性活动中，幼儿有着天马行空的畅想火花，他们有权选择自己喜欢的、适合自己的表征方式进行表达。例如在子活动"有用的水"中，孩子们通过智能语音笔记录下了自己关于"水培好还是土培好"的猜想；在子活动"水的循环"中，孩子们在区域游戏中表演"小水滴旅行记"。

绘画表征是幼儿众多表征形式中的一种，也是广为使用的一种，它具有可视化的优点，可以让幼儿的学习"看得见"，但具有连续性的幼儿表征肯定不能止步于"画"。幼儿的表征本就是没有目的、不追求结果的。儿童的表征来源于丰富的生活、充实的经验，这些经验印在他们的生命里面，他们会不断通过游戏等方式将其表征出来。所以，首先要给予孩子们丰富的生活和多元的艺术体验。

（二）幼儿表征是其连续性发展的体现

不同的表征方式有其不同的价值，幼儿的表征包含很多信息，既体现幼儿的想法和需求，也反映幼儿的已有经验。教师需要从幼儿的多维表征中敏锐识别其中的教育价值点，对幼儿心中的热点有一个多维预判，即幼儿游戏在推进中涉及的核心经验、预期效果及幼儿获得的发展目标。在户外主题探究性活动中，教师的行为退于幼儿之后，在提供教育支持时，可以创设多样的问题情境，促进幼儿多元合作、讨论、协商，汇聚幼儿已有经验，助力幼儿在新经验的建构中获得主动发展。

在瑞吉欧的教育理念中，幼儿有一百种想法，一百种语言，一百种思考、游戏的方式。这虽然是一个诗歌般的比喻，但巧妙地道出了幼儿表征是多维度的。幼儿在游戏过程中的表征就如同是教师了解幼儿、理解幼儿的一扇窗户，而教师如何从幼儿的表征当中捕捉有价值的教育契机，并给予幼儿能够理解的教育支持，就需要一种连续性的个性化表征来记录幼儿在游戏中的纵向发展轨迹。有了这般如同故事集一样的记录方式，教师便可以看懂幼儿的连续性发展需求，提供多元的游戏经历体验来支持幼儿的连续性发展。

四、师幼长效互动，忠于幼儿本味

人常说"分享需要回应"。对幼儿来说，表征需要被接纳、被反馈。在"一图一故事"的探究实践运用中，教师关注幼儿的个性发展及班级整体的热点发展方向，从而调整指导策略，并在幼儿游戏中收集真实表现，提供更适宜幼儿发展和探索的环境，继而激发幼儿进一步获取新经验和进行探究。

在"调皮的雨水"户外主题探究性活动中，教师抓住孩子们对于"调皮的雨水"这一兴趣点，及时挖掘和更新幼儿心中的热点，并基于学习活动书中的"春夏秋冬"主题案例及园本课程"小云朵爱自然"，结合春雨绵绵的季节，以"小雨点旅行记"为契机，引发孩子们开展了对雨水轨迹的探究。教师在活动中捕捉幼儿的表征，帮助他们一一对应并反馈心中的小问号，是一个持续观察、持续跟进的动态过程。在对项目主体的强烈好奇心的驱使下，在一段时间的持续探究过程中，教师和幼儿都全身心地沉浸其中，从而建立了和谐的师幼长效互动关系。孩子们伴随着探究的推进，阶段性地围绕热点进行合作与探索，与同龄朋友、异龄伙伴、教师有效互动，在新旧经验之间建立联系，获得了与水资源相关的多元经验与体验。

"一图一故事"的户外主题探究性活动教育支持运用看似是一种教师十分靠后的支持方式，实则是教师观念从重结果到重过程的转变。孩子们在这样一场展现个性和同伴合作的户外探究游戏中，收获了不少合作交往的技能及解决问题的能力。在户外主题探究性活动中，孩子们在遇到问题时不再想着向教师求助，而是去寻求同伴帮助，他们会你一言我一语地讨论解决问题的方法，他们可能用着最稚嫩的办法，却同样享受到了解决问题后的成就感。

在对幼儿进行连续性观察与支持的过程中，教师不再是唯一的游戏记录者，孩子们也真正成为游戏记录的主体。他们通过多维的表征来书写自己的游戏故事和体验，教师也能够真正得到孩子们对于游戏的真实反馈。

幼儿园孩子最原初的表征就是玩！"一图一故事"让一百个孩子有一百种演绎，也让教师变身为一百种小人国的玩伴，陪伴着他们在自己的个性化成长轨迹上越走越远！

幼儿园托幼一体化建设的实践研究

——以基于托班幼儿需求的园区环境建设为例

李　丽（上海市浦东新区学前教育指导中心）

摘　要：本文聚焦幼儿园托幼一体化建设，以托班幼儿需求的园区环境建设为切入点展开研究。通过对现状的调查与分析，明确存在的问题及成因。从教室区域环境多元化创设，如游戏环境居家化、区域材料生活化、活动区域感统化，以及多角度创设幼儿公共环境，包括利用自然环境、设计活动室环境、创设走廊环境等方面，阐述推进托幼一体化建设的策略；同时提出教师在建设过程中应遵循的原则，旨在为幼儿提供更优质的教育服务，充分发挥环境建设对托班幼儿全面发展的作用。

关键词：托幼一体化；园区环境建设；托班幼儿需求

随着社会的发展和教育观念的转变，托幼一体化成了当前学前教育发展的趋势。托幼一体化旨在为幼儿提供一个连续、完整的教育环境，促进他们的身心全面发展。在这一背景下，幼儿园托幼一体化建设显得尤为重要。本文以基于托班幼儿需求的园区环境建设为例，探讨幼儿园托幼一体化建设的相关问题。

一、幼儿园托幼一体化建设的现状调查与分析

2024年，浦东新区幼儿园办托占比（托幼一体园）为82%，全区共有托幼一体园226所（309个园部），其中公办幼儿园168所，民办幼儿园58所。为了了解幼儿园托幼一体化建设的情况，我们对本地区的幼儿园进行了调查。通过调查我们发现，在空间布局方面，部分幼儿园在托班区域的划分上较为合理，但也有一些空间利用不充分的情况；在设施配备方面，基本的游戏设施、玩具等有一定配备，但存在适合不同年龄段幼儿的设施种类不够丰

富的问题；在装饰风格方面，整体较具有童趣，但有的缺乏个性和主题性；在安全性考量方面，大多数幼儿园注重环境安全，但在一些细节处，如边角防护等仍有待加强；在功能性体现方面，一些环境建设在促进幼儿认知、社交等方面的体现不够突出；在动态调整方面，部分幼儿园不能根据幼儿的发展和实际需求及时对环境进行调整与更新。造成以上现状的原因，主要有以下两方面。

（一）缺乏对托班幼儿年龄特点的深入了解

托班幼儿与其他年龄段的幼儿相比，具有独特的身心发展特点和需求。然而，在环境建设中，幼儿园往往缺乏对这些特点和需求的深入了解，导致环境创设缺乏针对性和有效性，未能充分发挥环境建设助推托班幼儿全面发展的最大潜力。

（二）缺乏对托幼一体化环境创设的能力

教师是环境建设的主要实施者，他们对环境的创设能力直接影响托幼一体化环境建设的质量和效果。然而，目前一些教师在托幼一体化环境创设方面存在能力不足的问题，缺乏对托幼一体化环境创设理论和实践的深入了解。在实际工作中，环境建设与教育教学活动往往存在脱节的现象，导致环境建设的教育价值未能得到充分发挥。

二、多元化创设教室区域环境，推进幼儿园"托幼一体化"建设

（一）游戏环境居家化

游戏环境居家化是指游戏的场景与体验越来越向家庭环境靠拢和集中。考虑到托班幼儿群体的特殊性，在教室环境布局上须凸显自由松散，添置居家化的摆设时应考虑幼儿视角。创建一个舒适、安全、亲切、和谐的家庭化环境，既能拉近家与园的距离，又能顺应托班幼儿喜欢走走玩玩、边走边玩的年龄特点。

1.基于幼儿年龄特点创设环境

考虑到托班幼儿喜欢趴在地上玩的特点，幼儿园在教室铺设大块面色彩温馨的地垫，以地面游戏为主，从安全角度出发，既能有效减少幼儿在硬地上跌倒时的冲击力，降低其受伤的风险，又能给幼儿带来"家"的安全感。基于托班幼儿身高大多在一米左右，视线所及范围低的特点，幼儿园提供低

矮游戏柜便于幼儿在活动中自由取放、摆弄、发现游戏材料；在生活区提供与幼儿平行高度的卡通镜、全身镜等，便于幼儿餐后擦嘴，还有助于锻炼其观察力和认知自我。

2. 融入幼儿生活经验创设环境

为了创设亲切和谐的家庭化环境，幼儿园在托班的"宝宝家"内摆放了厨房、沙发、小床等物品。内容选择上主要源于幼儿的日常生活，符合幼儿的现有生活经验。例如教师通过观察，发现幼儿喜欢模仿爸爸妈妈的生活行为，对生活材料感兴趣，于是在家园联动下，收集和选择了幼儿喜欢的服饰、餐具等物品，让幼儿在"宝宝家"里沉浸式探索，主动模仿生活情节。又如托班幼儿在家中喜欢摆弄大人的拖鞋，教师就在活动区域提供大小、颜色不一的拖鞋，多层次地满足幼儿的情感体验与认知过程；在晒衣服、夹袜子等活动中，熟悉的衣物不仅能让幼儿得到心理上的慰藉，还能让他们在操作互动中感受到衣袜材质的区别。

基于幼儿年龄特点和融入幼儿生活经验创设温馨的环境及进行生活中常见物品的布置，能使"家"的氛围更浓厚，也能使幼儿更快地融入和适应幼儿园的生活。

（二）区域材料生活化

托班幼儿生活面较窄，接触到的东西较少，提供生活化的区域材料，更利于激发幼儿的感官体验，增加他们与材料互动的兴趣。因此，教师可以敏锐捕捉托班幼儿的兴趣点，为幼儿提供更多不同种类的生活材料、兴趣材料，激发托班幼儿摆弄操作的兴趣，积累体验经验。

例如在一日活动中，教师发现班中幼儿喜欢摆弄教室生活区的物品：打开宝宝霜闻味、敲击教室内不同的物品发出不同的声音。于是，在家校联动下，教师顺应幼儿兴趣，收集了相关的生活材料，并把材料投放在不同区域，如将奶粉罐、牙膏盒、水杯等材料放置于探索区，进一步让幼儿对声音进行探索；将洗发水、花露水、精油空瓶、茶包等放置于生活区，在摆弄中鼓励幼儿用鼻子闻一闻，说一说感受，刺激他们的嗅觉感官。又如幼儿在户外运动中捡拾的树叶、树枝、小石头等，不光可以制成触摸板供幼儿进行摸触体验，保护和延伸幼儿的探索兴趣，还能在美术活动中成为幼儿独特的美工材料。

生活材料的提供不在于多而在于精，只有了解幼儿、观察幼儿、敏锐捕捉幼儿的兴趣点，把生活材料投放于合适之处，材料才会"闪光"。

（三）活动区域感统化

托班幼儿对外界的感知和自我控制能力处于迅速发展的阶段。在这个阶段，部分幼儿可能会出现一些感统失调的问题，如好动、注意力不集中、动作不协调、活动中因腿部力量较弱导致磕磕碰碰等。为了帮助托班孩子更好地适应幼儿园的生活，在教室中特设感统化的活动区域也尤其重要。

创设孩子们喜欢的环境，是激发他们探索行为的主要动因。感统垫多样化的组合能让孩子们对区域环境产生浓厚的兴趣，他们可以通过自由挪动感统垫创造出不同的空间，在开放、闭合的体验中提高感觉统合能力。如幼儿喜欢消防灭火的游戏，教师顺应幼儿兴趣对组合垫进行组合，幼儿在高高低低的组合垫上攀高行走，模拟给小屋灭火，他们在往返过程中不断来回在三步梯与斜坡上行走，从中体验高度重心的变化，加强本体感受与平衡能力。又如拱形垫和圆柱形软垫，通过孩子们的挪移组合，产生了进一步的探索和互动。幼儿有时在圆柱垫上平衡走、学小动物爬行，有时角色扮演小司机在圆柱垫上左右晃动开小车，有时化身大力士合力推动圆柱垫滚动搬家，又或者在巧妙组合下变成了跷跷板游戏；对于拱形垫，幼儿不仅在活动中把它当作小山洞爬行、当小船晃动摇摆，还在需要进行心理寄托时，把拱形垫堆放于靠墙处，形成一个私密安全的独处空间。

可见，在感统化区域环境中，幼儿通过一系列自由、自发的活动，刺激和引导感觉发展，建立起正常的感知和运动能力，进而促进其智力、情感、空间定向与前庭感知能力的发展。因此，我们要充分考虑托班幼儿的年龄特点，在公共区域、教室内设置感统区，顺应幼儿动作发展的需要，进一步促进其神经系统的发育。

三、多角度创设幼儿公共环境，推进幼儿园"托幼一体化"建设

幼儿园的公共环境主要包括操场、沙池、水池等供幼儿进行户外活动和游戏的场所，连接各个功能区域的走廊和楼梯，幼儿参与种植、观察植物生长的种植区，建构室、阅览室等共享的活动区域。要让托、小、中、大各年龄段幼儿的活动场所形成"环境一体化"，就要充分利用公共空间，打破托

班幼儿活动的边界，延展托班幼儿玩耍的空间。

（一）利用得天独厚的自然环境

大自然中的元素充满新奇和变化，能极大地激发幼儿的好奇心和探索欲。不同的颜色、形状、质地、声音等，有助于托班幼儿的感官发展，能促进托班幼儿主动参与互动。

如在户外长廊的种植区，教师提供了多种玩具水枪及抽拉式软管。托班幼儿不仅可以在戏水中浇灌植物，还能用软管进行下水管道的搭建，利用漏斗为小植物灌溉浇水。又如结合户外公共区的大树，教师在一些大树上包裹厚厚的彩色棉条，在棉条的缝隙中插入绒球、树叶等安全的自然材料，幼儿可通过触摸棉条，在缝隙中寻宝；在另一些大树上包裹各种花纹的气泡纸，幼儿可通过触摸不同形态的花纹，感受凹凸的质感。这些自然环境的创设，经过变化一下材料后，也同样适用于小、中、大班幼儿。此外，在户外探索中，托班幼儿还可以化身"粉刷匠"，将水洗颜料刷在气泡纸上，再拿白纸轮流进行印盖，留存下千变万化的花纹，同时也可以看到哥哥姐姐们的作品，在互动中促进幼儿对色彩与图案的感性体验。

利用得天独厚的自然条件，创设托幼一体化环境，可以在活动中让托班幼儿更亲近大自然，培养他们对大自然的热爱和尊重，树立环保意识。同时，户外的广阔空间也有利于幼儿进行身体活动，提高他们的身体素质和运动协调能力。

（二）设计开放多元的活动室环境

有层次性的活动室创设，可以满足小托幼儿共同的需要。因此，我们要提供一个自由、开放、富有启发性的活动室环境，让幼儿在摸摸、看看、玩玩中萌发好奇心。

1. 顺应幼儿年龄特点

托班幼儿的年龄特点表现为喜欢摆弄、操作、模仿，注意力时长较短。因此，我们为幼儿准备的操作材料要简单、可爱，投放在活动室内的材料要适合幼儿摆弄、操作，并让幼儿有反复探索的兴趣，收获不同程度的发展。如幼儿园在探索室中设计的"摸箱游戏"，其包含两个摸箱、不同材质的仿真食物、图形卡片、食物照片、三个喂食箱子。虽然是简单的材料，孩子们却能从中得到不同层次的发展。在活动之初，孩子们只是把摸箱当成一个容器，以取放、摆弄物品为主。后来，孩子们在教师的引导下慢慢开始了模仿行为，他们根据食物照片以点菜形式摸出相应的物品，在快乐游戏的同时对手部触感也有较好的锻炼促进作用。

2. 注重幼儿个体差异

每个幼儿有不同的最近发展区，相同的游戏通过不同的提示能让其得到不同的发展。如同样是摸箱游戏，对于触觉发展较好的幼儿，可以将摸食物改成摸卡片，他们会根据三个小精灵宝宝的嘴巴形状，尝试摸取对应形状的卡片进行喂食游戏。这不仅帮助幼儿在活动中丰富了对图形的认识，更进一步地提升了托班幼儿的手部感知能力。

因此，在创设活动室环境时，要顺应托班幼儿的年龄特点，更要满足不同层次幼儿的需求，如此才能促进幼儿的个性化发展。

（三）创设互动体验的走廊环境

好动是孩子们的天性，托班幼儿对周边环境充满了好奇，他们总是喜欢通过自身的活动了解环境并参与环境。于是，教师通过"尝试投放—观察幼儿—分析幼儿—调整材料—再观察幼儿"的循环，创设动态的生成性走廊，让幼儿在行走、驻足间，与环境、材料、教师产生更多的互动，让探索无处不在。

如在幼儿园开学初，为了缓解托班幼儿的焦虑情绪、拉近师幼间的距离，我们在走廊特意创设了有趣的互动式滑轮墙。滑轮墙的背景是座大城堡，上面有多个移动小人，幼儿可通过拉动绳子让小人在城堡内上下、左右移动。一旁的筐内还投放了各班教师的大头照，幼儿可以根据需求更换小人的头像。经过观察我们发现，幼儿在操作中对更换小人的头像很感兴趣，但对摆弄绳子滑动小人的兴趣度不高。分析原因，一是可能环境创设的高度过高，不便于幼儿操作；二是这些操作对小班幼儿较适宜，对托班幼儿有一定困难。在分析后，我们对材料进行了调整，添加了积木材料，创设了地面游戏环境。果然，多了场地选择后，托班幼儿开始尝试在地面上搭建自己喜欢的幼儿园，摆弄小人进行游戏。

在创设互动式走廊区域时，特别是在材料的投放上，并不是一成不变的，一定要求"新"、求"变"，要注重以下三个特点。

1. 创设体现层次性

层次性是指事物具有不同层次的结构或等级划分。当发现现有的环境创设已远远不能满足幼儿已有的经验时，就要根据当前的教育目标和幼儿的现有水平，及时变换创设。就如上文提到的互动式滑轮墙，为了满足不同幼儿的需求，后期我们在材料筐内又添加了彩条、吸管、留白的卡通小人等美工材料，幼儿可根据喜好、能力进行涂鸦创作。

2. 创设体现延展性

延展性主要指事物具有向外伸展、延续或拓展的特性。在创设互动体验式走廊时，幼儿园可以将班级不同的主题核心经验加以延伸，创设墙面连线游戏。如在"动物花花衣"中将对应动物的皮毛和花纹进行配对，在"橘子与苹果"中进行对应水果的点数配对，幼儿在互动连线中得到了多维度的发展。又如幼儿园在阅览室门口创设了互动区域，区域的一部分放置折叠书，拉开后，书就会展开，书的一头用磁铁进行固定，幼儿可以替换卡槽内容，进行简单阅读；另一部分的墙面创设了适合托班幼儿的触摸书，他们可在环境中摸摸、看看、玩玩，让活动室变得更有延展性。

3. 创设体现趣味性

趣味性是指具有能引发兴趣、带来愉悦和新奇感受的特性。在互动体验式走廊区域，可以设置一些有趣的场景。比如用道具搭建一个小小的童话森林场景，有可爱的动物玩偶等；在墙壁上绘制有趣的卡通形象或故事画面，吸引幼儿的注意力；放置一些造型奇特、颜色鲜艳的玩具，如会发出有趣声音的玩具车等；设置一些简单的互动游戏装置，如可以滚动的小球轨道，让幼儿参与其中；利用光影效果，如安装一些彩色的灯光，营造出有趣的氛围；摆放一些有趣味的角色扮演道具，如小医生套装、小厨师套装等，让幼儿进行角色扮演游戏；设置一个神秘的"寻宝"角落，藏一些小玩具让幼儿去寻找，增加乐趣和惊喜感。

此外，在托幼一体化环境建设的过程中，教师要遵循以下四个原则。一是深入了解托班幼儿的特点和需求。在环境建设中，教师应该深入了解托班幼儿的身心发展特点和需求，创设适合他们的教育环境。二是加强环境建设与教育教学活动的结合。环境建设应该与教育教学活动相结合，为幼儿提供更加丰富、多样的学习体验。三是优化自身的环境创设能力。教师是环境建设的主要实施者，他们的环境创设能力直接影响环境建设的质量和效果。因此，需要加强对教师的培训和指导，提高他们的环境创设能力。四是提高家长的参与度。家长是幼儿成长的重要伙伴，他们的参与和支持对幼儿的发展具有重要意义。因此，需要加强与家长的沟通和合作，提高他们的参与度。

总之，在托幼一体化建设中，应该充分发挥环境建设助推托班幼儿全面发展的最大潜力，为幼儿提供更加优质的教育服务。

参考文献

[1] 周满.公办幼儿园托幼一体化建设中的问题及对策研究——基于杭州市滨江区浦沿街道四所幼儿园调查［J］.教育导刊（下半月），2021（08）：34-39.

[2] 张晓英.幼儿园托幼一体化发展模式构建与实践研究［J］.教育观察，2021，10（21）：127-129.

[3] 王瑛，彭滢睿，李诗雯.新时代背景下构建"托幼一体化"服务体系的现状与展望［J］.教育导刊（下半月），2020（12）：33-37.

[4] 彭晓梅.托幼一体视角下0～3岁托育机构环境创设探讨［J/OL］.上海托幼，2022（5-6）：24.

[5] 国务院办公厅.国务院办公厅关于促进3岁以下婴幼儿照护服务发展的指导意见［EB/OL］.（2019-05-09）［2025-01-23］www.gov.cn/zhengce/content/2019-05/09/content_5389983.htm.

让"自我评价"赋主动权予孩子

——以大班"留白墙"活动为例

周晨晨（上海市浦东新区东方锦绣幼儿园）

摘　要：本文探讨了在大班幼儿教育中实施"留白墙"活动，以促进幼儿自我评价能力的发展。基于《3—6岁儿童学习与发展指南》中的指导原则，我们通过"留白墙"这一创新教育策略，强调幼儿在自我评价过程中的主体性。通过设计富有创意的环境和互动机制，激发幼儿的内在驱动力，引导他们主动参与个人成长的评价与反思过程。文章从革新评价、核心培育和内心交响三方面，论述了通过"留白墙"培养幼儿独立思考、推动幼儿全面发展的创新教育策略。"留白墙"活动不仅促进了幼儿自我认知的深化、社交技能的增强，还为教育者提供了观察、引导和支持儿童全面发展的新视角。这一策略证明了在幼儿教育中融入创新实践的重要性，构建了一个以儿童为中心，鼓励自主探索、反思学习的生态环境。

关键词：自我评价；"留白墙"活动；幼儿教育

　　《3—6岁儿童学习与发展指南》在"社会领域"中明确指出："帮助幼儿正确认识自己和他人，养成对他人、社会亲近、合作的态度，学习初步的人际交往能力。"学习"正确认识自己和他人"的过程就是学习自我评价和评价他人的过程。大班幼儿通过与教师、同伴、社会环境及多样化资源的互动，逐步构建起更为成熟且合理的自我认知框架。这一过程标志着他们在自我评价能力的发展上迈出了初步而坚实的步伐。本文聚焦"留白墙"这一创新教育策略，其核心理念在于突出幼儿在活动中的主体地位，将自我评价的主导权归还给幼儿。我们通过营造富有创意的环境和构建互动机制，激发幼儿的内在驱动力，引导他们主动参与个人成长的评价与反思过程。这一过程不仅记录幼儿的成长足迹，更作为一面镜子，映照出幼儿个体意识的觉醒与

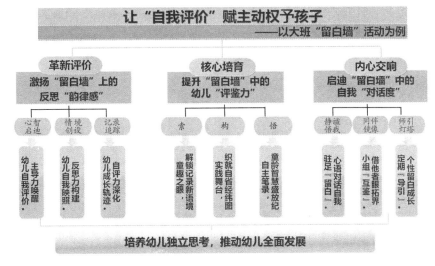

图1 赋权成长：自我评价的主动权

自我认知的发展，为幼儿教育实践开拓出一条赋权增能的新路径。

一、革新评价：激扬"留白墙"上的反思"韵律感"

"留白墙"作为催化幼儿自我评价能力发展的创新策略，不仅是物理空间上的一个区域，更是儿童心智启蒙、情感构建与能力深化的动态舞台。通过精心设计的活动与情境，我们赋予大班幼儿评价的主导权，让他们在探索、反思与记录中听见自己成长的韵律，逐渐描绘出独一无二的自我认知蓝图。

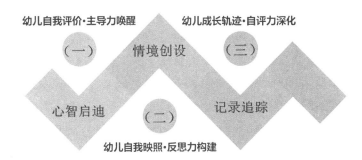

图2 成长之梯：自我评价的深化路径

（一）心智启迪：幼儿自我评价·主导力唤醒

"留白墙"作为创新的评价平台，其核心在于赋予幼儿自我评价的主动权，使之成为自我成长的导演。教师首先须引导幼儿认识到自我评价的重要性，再通过设计富有趣味性的引导活动，如"我心中的彩虹"绘画，让幼儿用色彩表达每日的心情变化，并在"留白墙"上展示，以此作为自我情绪认知的起点。此过程不仅是情绪管理的启蒙，更是培养幼儿自我评价意识的初始步骤，能逐步唤醒他们内心的主导力。

（二）情境创设：幼儿自我映照·反思力构建

为了深化这一过程，教师应精心设计"留白墙"上的各种互动情境，如设立"成长的脚印"板块，鼓励幼儿用贴纸或绘画等表征形式，记录自己学习和生活中的小成就与挑战。这些直观而具象的记录成为幼儿自我映照的镜子，促使他们在回顾时进行自我反思，思考"我做得怎么样""下次如何做得更好"。同时，结合"我能做到"的互动墙面，增强幼儿的自信心与成就感，从而构建起自我反思的能力基础。

（三）记录追踪：幼儿成长轨迹·自评力深化

持续的记录与追踪是幼儿自我评价能力深化的关键。我们利用"留白墙"作为幼儿的个性化成长档案，每学期初，教师和幼儿共同讨论，设定一至两项可观察、可量化的成长目标，如社交技能提升、解决问题能力增强等，并与幼儿一起制定实现这些目标的具体步骤。随着学期推进，幼儿在教师和同伴的见证下，不断在"留白墙"上更新自己的进展，形成个人成长轨迹图。这种动态的过程不仅让幼儿看到自己的进步，更在记录与分享中深化了自我评价的能力，学会了如何客观、全面地审视自己，为未来的自主学习和社会适应打下了坚实的基础。

二、核心培育：提升"留白墙"中的幼儿"评鉴力"

在"留白墙"的框架下，提升幼儿的"评鉴力"成为促进其自主性与批判性思维发展的关键环节。我们探讨了如何通过精心设计的活动与互动机制，有效激发与培养大班幼儿在自我评价中的评鉴能力，为他们的全面发展奠定坚实的基础。

（一）索：童趣之眼，解锁记录新语境

在这一阶段，我们的目的是通过富有创意与趣味性的活动，引导幼儿以独特的童真视角探索自我评价的多种可能，创造一种新颖且贴近幼儿心理的记录环境。我们不仅为幼儿提供了多维度表达自我、反思成长的空间，还巧

童趣之眼，
解锁记录新语境 **索** 实践舞台，
织就自省经纬图 **构** 自主笔录，
童龄智慧盛放纪 **悟**

（一）　　　　　　　（二）　　　　　　　（三）

1. "镜像初绘"：留白墙上·自画像轻勾
2. "情绪印记"：贴纸寄情·一日心境录
3. "故事角落"：口传心声·小历编织处

1. 萌芽期：捕获自我评价的微妙信号
2. 精炼期：剖析幼儿自我认知的层次
3. 桥接期：复盘幼儿自我评价的历程

1. 留白映史：成长轨迹图·灵动留痕
2. 潜能觉醒：自我评价力·蜕变之旅
3. 智能全开：幼儿综合量·广博宏图

图3　童趣探索：自我评价的创新记录

妙地将评鉴力的培养融入他们的日常学习与生活中，使"留白墙"成为幼儿自我发现与评价能力成长的重要媒介。

1."镜像初绘"：留白墙上·自画像轻勾

利用"留白墙"作为自我表达的画布，教师引导幼儿在游戏后进行记录，鼓励他们以最纯真的笔触勾勒出自己的游戏过程。这个过程不仅是艺术创作，更是自我认知的一次尝试，幼儿通过观察与描绘，从中预估、获取有价值、有利于自我评价的"活动事件"。

▶ 实录一 ◀

屋顶花园的"新玩具"

大三班幼儿本学期第一次来到"屋顶花园"进行运动，他们惊喜地发现场地上多了许多上学期没有出现过的材料：攀爬楼梯、轮胎、软球、红蓝泡沫砖……这些新投入的材料让他们非常感兴趣，不断地尝试着不同的运动玩法。班中幼儿葡萄兴奋地叫上了果果、乐乐、修修和小晔，让他们每个人拿了软球并面对面准备好后，开始了扔球的新玩法。越来越多的幼儿发现了他们的玩法，并纷纷加入其中。宁宁作为今天的小记者，用儿童照相机进行了拍照、视频记录。

孩子们回到教室后，意犹未尽，来到"留白墙"翻看着宁宁记录的照片和视频。

辰辰说："我们虽然都笑得非常开心，但是感觉这块地方被我们玩得好乱。"

TIA说："软球总是打到我，如果有地方能让我藏起来就好了。"

果果说："而且我也不知道自己是哪一组的，好多球都会扔到我，我需要伙伴的帮助。"

葡萄说："那我们自己搭一个防护墙出来就好了呀。"

乐乐说："我在家乡的时候，和好朋友们玩过一种游戏叫作'堡垒站'。我们会用积木垒出一面墙，保护自己不被敌方小队攻击到。"

葡萄说："这个主意好！"

修修说："屋顶花园里有软软的砖块，我们可以用它来搭。"

大柱子说："对啊，有红色砖块和蓝色砖块，还可以分成不同颜色的小队。"

……

教师说："明天我们还在屋顶花园的场地，你们可以想想，怎么设计堡垒站，能够让自己和同队的小伙伴更安全，不被敌方小队攻击到。"

说完，幼儿三三两两找到了自己的同伴，并围坐在一起讨论了起来。有些幼儿拿取了纸笔，把他们的想法记录在了手工纸上，并贴在了班中的"留白墙"上。

2."情绪印记"：贴纸寄情·一日心境录

教师设立"情绪印记"专区，提供多样化的表情贴纸、幼儿自己绘画或是用超轻黏土制作的表情头像，让幼儿根据一天的心情变化选择情绪头像，并通过录音或绘画的方式附上个人感受说明，粘贴在"留白墙"上。这样的日常记录，能帮助幼儿学习识别和表达自己的情绪，并在后续回顾时，能够促进幼儿自我情绪管理的评鉴与反思。

· **实录二** ·

情绪印记

在自主游戏时，部分孩子来到了"情感印记"区域，一起分享着他们贴的表情头像。

大宝说："妞妞的照片旁边有一个惊讶的头像，还画了两只小鸡在旁边。"

妞妞说："因为昨天我们在精灵花园玩的时候，我看到了三只鸡在'打架'！我在旁边看了很久，它们居然在用嘴巴互相啄，太不可思议了！"

伊森说："婕婕为什么放了个哭的表情啊？"

婕婕说："昨天早上验血的时候，我很害怕，所以贴了个哭的表情。"

果果说："不要怕，下次你害怕的时候来告诉我，我牵着你的手。"

伊森说："我也可以抱着你的，不怕不怕的。"

在"留白墙"上，每一个表情贴纸和情绪头像都成了他们成长路上独特的情感印记，记录着每一天的小小起伏与进步。借助"情感印记"区域，幼儿能够深入地认识和理解自己的情绪情感，还能捕捉到生活中细微的故事。通过同伴间的相互分享，他们找到了一个抒发情感的角落，逐渐探索出情绪管理的好方法，并营造了一种同伴间相互扶持与帮助的良好氛围。

3."故事角落"：口传心声·小历编织处

教师每周设定特定时间，让幼儿围坐在"留白墙"旁，轮流口头分享一个小故事或经历，其他幼儿和教师则作为听众，偶尔提问或给予鼓励。随后，由讲故事的幼儿将故事记录存放在"故事角落"的故事本中。这种口述经历的方式不仅锻炼了幼儿的语言组织能力，也让他们在讲述与倾听中深化了自我认知，培养了从个人经历中提炼价值与意义的能力。

·实录三·

堡垒攻防战

在第二天户外运动之前，孩子们都围在了"留白墙"前，回忆、交流"堡垒"的搭建方法。到了运动的时间，他们学会了分工合作，搭建堡垒、运送轮胎，开始"对战"。第二次的对战相比第一次有序了许多。在午餐之后，部分孩子找教师聊天，说起了上午的"堡垒战"，有的孩子因为获胜了而非常高兴，有的则因为失败了而失落。此时，教师以聊天的方式介入，引导幼儿尝试自我评价，回忆运动时自身的优点和可以改进的地方。

教师说："今天运动的时候，果果你们组的堡垒也太坚固了吧。"

宁宁说："可是为什么我们会输呀？"

棋棋说："我们的堡垒太不坚固了，一下子就倒下了。"

布丁说："砖块太轻了，一碰就倒。"

果果说："我们把垫子放在砖块前面进行了加固，就像第二座堡垒一样。"

葡萄说："我们分工合作，有的小朋友负责搭建堡垒，有的小朋友负责准备'子弹'。"

布丁说："我只想到了怎么搭城堡，没有想过要把它变牢固，明天我也要试试你们的方法。"

……

（二）构：实践舞台，织就自省经纬图

教师通过萌芽期、精炼期和桥接期三个不同时间段的实践活动来构建幼儿自我评价的系统性框架，引导幼儿在参与中逐步深化自我认知，构建自省的能力网络。最终，幼儿在这一系列精心设计的活动中，织就了一张属于自己的、层次分明的自省经纬图，对未来的个人发展和社会适应具有多方面的积极影响。

1. 萌芽期：捕获自我评价的微妙信号

在"留白墙"的实践舞台上，萌芽期重在启发幼儿捕捉并识别自我评价的最初信号。通过"星星奖励计划"，幼儿为自己在一日活动各环节中的收获、团队合作等方面的积极表现贴上星星贴纸。教师须细致观察幼儿在选择贴星时的行为与决策过程，比如他们的犹豫、自信或自豪的表现，这些都是他们自我评价意识的微小体现。通过及时的认可与反馈，可以强化这些正向信号，逐步培养幼儿自我肯定与自我调整的初步能力。

2. 精炼期：剖析幼儿自我认知的层次

随着实践的深入，进入精炼期，教师须引导幼儿深入剖析自我认知的不同层次。如在"我的成长阶梯"活动中，幼儿在"留白墙"上绘制个人成长的阶梯图，每一阶代表一个成长目标或技能的掌握情况，幼儿用不同颜色标记自己的进度和感受。然后，教师组织小组讨论，鼓励幼儿分享某一项成功或还须努力的原因。这样的交流促进了幼儿对自我认知复杂性的理解，让他们学会了从行为、情感和思维等多个层面审视自我。

3. 桥接期：复盘幼儿自我评价的历程

桥接期的关键在于帮助幼儿回顾整个自我评价的进程，理解其心智成长的连贯性。通过定期的"时光旅行日志"，幼儿在教师的引导下，回顾并记录自己在"留白墙"上每一个重要时刻的自我评价及后续的行动和成果。这不仅是一个简单的回顾，更是一次深度的自我反思。幼儿在此过程中学习了如何将即时的自我评价转化为长期的行为改进策略，建立起了从认识到行动再到自我调整的良性循环。

（三）悟：自主笔录，童龄智慧盛放纪

通过留白映史、潜能觉醒和智能全开这三类实践活动，我们不仅见证了幼儿自我评价能力的显著提升，更促进了幼儿全人教育的深入实施，为他们的童年智慧盛开留下了珍贵而生动的纪实。

1. 留白映史：成长轨迹图·灵动留痕

在这一环节，我们致力于通过"留白墙"打造幼儿个性化的成长轨迹图，使其成为幼儿自我评价旅程的生动记录。教师与幼儿共同设计个性化图标或符号体系，用以标记他们每一次的进步、挑战与突破。例如用向上箭头标记在阅读分享会上的提升，用小雨滴表示在面对困难时的坚韧不拔。随着时间的推移，这些标记在"留白墙"上交织成一幅幅灵动的成长地图，幼儿可以直观地看到自己的成长轨迹，领悟到自我评价是如何与日常行为紧密相连的，激励他们在自我认知与自我驱动中不断前行。

2. 潜能觉醒：自我评价力·蜕变之旅

随着幼儿在"留白墙"上实践的深入，他们进入了一个潜能觉醒的阶段，即幼儿自我评价能力的蜕变之旅。通过设置"目标挑战赛"活动，幼儿在教师的指导下设定短期可实现的小目标，并在实现后于"留白墙"上以独特的方式记录下这一成就。这一过程不仅让幼儿体验到了成功的喜悦，更重要的是，在反复设定目标、实践、反思与调整的过程中，幼儿的自我评价能力经历了从初步意识到深刻理解的转变。他们逐渐开始学会如何合理评估自己的能力边界、如何有效设定并追求更高的目标，从而在自我驱动中实现潜能的逐步释放。

3. 智能全开：幼儿综合量·广博宏图

最后，我们将视野拓宽至幼儿综合能力的培养，利用"留白墙"构建一个激发幼儿多元化智能的广阔舞台。通过引入"多元才艺展示区"，鼓励幼儿展现各自的特长与兴趣。同时，结合定期的"自我评价角"，幼儿对自己的展示进行反思与评价，教师引导幼儿相互评价，促进同伴间的相互学习与尊重。这一过程不仅增强了幼儿的自我效能感，还促进了其社会智能、逻辑智能等多方面智能的全面发展，为幼儿绘制出了一幅广博的未来宏图，其中蕴含着无限可能与希望。

三、内心交响：启迪"留白墙"中的自我"对话度"

我们将探讨如何以"留白墙"作为媒介，激发幼儿内在世界的深度对话，促进其自我认知的深化与扩展，形成自我评价与自我成长的和谐交响。"留白墙"不仅成为幼儿自我表达与评价的实体平台，更是他们内心世界成长与外在能力拓展的桥梁，为大班幼儿自我"对话度"的提升奠定了坚实的基础。

（一）静谧悟我：驻足"留白"·心语对话自我

教师通过驻足"留白墙"，引导幼儿与自身的内心进行对话。幼儿利用每日的自主游戏时间，面对"留白墙"上的个人成长记录，进行自我对话。他们可以思考"今天我做了什么让我感到自豪？""有哪些地方我可以做得更好？"等。通过这种方式，幼儿能学会聆听内心的声音，建立自我激励与自

图4 内心交响：自我对话的启蒙

我调整的机制，培养内心的平和与自省能力。

（二）同伴镜像：小组"互鉴"·借他者眼拓界

为了拓宽幼儿的视野、加深他们自我认知的深度，我们引入了"同伴镜像"环节。在这个环节中，幼儿分成若干小组，轮流展示自己在"留白墙"上的成长记录，并接受小组成员的正面反馈与建设性建议。通过这种同伴之间的相互评价与借鉴，幼儿能够从他人的视角审视自己的行为与成就，学会欣赏差异，理解多样性，同时也在比较与交流中认识到自身的独特性和发展空间。这种互鉴不仅增强了幼儿的集体归属感，也为他们的自我评价提供了更为丰富和多元的视角。

（三）师引灯塔：定期"导引"·个性留白成长

在幼儿自我评价与成长的旅程中，教师扮演着不可或缺的"灯塔"角色。我们鼓励教师定期组织"留白成长工作坊"，通过教师间的一对一指导或小组讨论的形式，针对性地剖析幼儿自我评价的案例，并分享评价的方法与技巧，如如何和幼儿共同设立实际可行的目标、如何评估进步与挑战等。教师还会依据每个幼儿的个性与需求，定制"留白墙"上的活动与反馈方式，确保他们都能在适合自己的节奏与路径上茁壮成长。教师的智慧引领与个性化支持，能使幼儿的自我评价能力得到系统性的培养，为他们的全面发展点亮明灯、指引方向。

通过"留白墙"项目赋予大班幼儿自我评价的主动权，不仅促进了孩子们自我认知的深化、社交技能的增强和个性化成长路径的探索，还为教育者提供了一个观察、引导和支持儿童全面发展的新视角。此策略的成功实施，证明了在幼儿教育中融入创新实践的重要性。它超越了传统的教学模式，构建了一个以儿童为中心，鼓励自主探索、反思学习的生态环境，为孩子们营造了一个更加开放、包容且富有启发性的互动空间，让他们在自我评价与自我成长的旅途中，勇敢地迈出每一步，拥抱更加多彩的未来。

参考文献

［1］中华人民共和国教育部.3—6岁儿童学习与发展指南［M］.北京：首都师范大学出版社，2021.

［2］浦艳.在活动中"看见"幼儿的自我评价——以大班社会活动"小斑马的烦恼"为例［J］.好家长，2023（37）：50-51.

［3］朱思雯.大班幼儿在低结构区域活动中的自我评价研究［D］.上海：华东师范大学，2023.

全面推进高质量幼儿园建设的上海行动

施桂娟（上海市浦东新区学前教育指导中心）

2023年7月，上海正式颁布《全面建设高质量幼儿园的实施意见》（以下简称"《意见》"），并启动全面建设高质量幼儿园行动，提出力争至2025年，将上海每一所幼儿园都办成园所管理规范有序、教师队伍素质优良、保育教育质量较高、场地设备投入有力、幼儿身心健康发展的高质量幼儿园。各区也相继出台了本区的全面建设高质量幼儿园工作方案，明确了高质量幼儿园建设的时间表、路线图和任务清单。

一、高质量幼儿园建设是时代发展的必然

高质量发展是在2017年中国共产党第十九次全国代表大会上首次提出的新表述，会上指出中国各项事业的建设与发展开始全面转向高质量发展阶段。2021年，恰逢"两个一百年"奋斗目标历史交汇之时，《中华人民共和国国民经济和社会发展第十四个五年规划和2035年远景目标纲要》提出，到2035年基本建成"教育强国"的远景目标，以及建设"高质量教育体系"的战略任务。2022年，中国共产党第二十次全国代表大会提出，要推动各级各类教育高质量发展。2023年全国教育工作会议、2023年5月29日中共中央政治局第五次集体学习等，都进一步明确加快建设高质量教育体系是建设教育强国的重要任务。

学前教育作为我国基础教育的重要组成部分，也是彰显城市温度的事业。为贯彻"人民城市"的发展理念、推进学前教育深化改革，上海于2020年出台的《关于推进学前教育深化改革规范发展的实施意见》提出"到2020年，广覆盖、保基本、有质量的学前教育公共服务体系整体建成""到2035年，普及普惠、安全优质、多元包容的学前教育公共服务体系全面建成"的工作目标，推动上海"幼有所育"大步向前发展。根据《上海市全面建设高质量幼儿园蓝皮书（2023年）》的数据统计，到2023年底，上海公办幼儿园

在园幼儿占比80%，普惠性幼儿园覆盖率达93%。上海已经基本实现了普及普惠水平，解决了"好入园"的问题。接下来就要考虑如何进一步满足适龄幼儿"入好园"的需求，实现"幼有善育"。2023年，上海出台了全国首个针对学前教育与托育服务的地方性法规——《上海市学前教育与托育服务条例》。同时，将学前教育发展纳入了经济社会发展规划，以及"学龄前儿童善育工程"、民心工程、为民办实事项目等重要推进任务，持续优化学前教育服务体系。全面建设高质量幼儿园就是在这样的背景下实施的新举措，这也是上海学前教育发展到一定阶段的必然趋势。

二、高质量幼儿园建设的行动策略

宋庆龄女士提出过"一切为了孩子，为了孩子的一切，为了一切的孩子"，这也成了很多学前教育工作者秉承的信条。《意见》把"幼儿发展态势良好"列为重要目标任务，强调要坚持"幼儿发展优先"的科学理念，从"为了幼儿发展"走向"基于幼儿发展"。李召存指出，在当前我国学前教育实践中，在落实"儿童为本"的教育理念时，存在着"为了幼儿"有余而"基于幼儿"不足的倾向。"为了幼儿"侧重的是教师的视角，而"基于幼儿"侧重的是儿童视角。从"为了幼儿"走向"基于幼儿"，需要教师从"教育者""监护者"转变为"观察者""陪伴者"和"支持者"。下面，本文将从环境、课程、评价三个维度阐述高质量幼儿园建设中儿童立场的具体表现。

（一）巧思环境创设，发挥隐性教育价值

1. 让环境与孩子对话

环境被称作幼儿园的"隐性课程"，幼儿在与环境的互动中进行探索和学习。基于儿童的环境应该是立足幼儿的发展需求，能够积极回应和支持幼儿成长的环境。如果环境不能与孩子"对话"，就不能充分发挥其教育价值。在高质量幼儿园建设中，应将"环境与孩子的互动性"作为检验环境创设效果的重要指标。

2. 拓展自主活动的空间

"老旧小"幼儿园多数位于开发程度较高的城区，改扩建难度高，是困扰幼儿园提升园舍环境的一大难题。为了破解这个难题，上海市教委开展了"梦想改造园"活动，希望幼儿园能够突破固化、传统的设计理念和思路，

改造有限的园内空间，拓展教育教学功能，创设适宜儿童发展的环境空间。

（1）改善空间布局。通过"减"去区域隔断，"加"上自主游戏场地，让环境成为高质量教育资源。虹口区大连新村幼儿园面积狭小，为了给孩子们提供更好的环境，幼儿园移去灌木丛，改成大草坪，围着大树造了户外科探室，并打通室内外环境，让幼儿在小空间里也能"玩"得尽兴。

（2）拓展空间功能。对幼儿园未被利用的空间进行创造性的改造，拓展其教育教学功能。例如将墙面改造成攀爬墙、涂鸦墙，园所内的人行道允许孩子们将其打造成骑车的"赛道"，绿地上增加多材质的小径，将平平无奇的水池改造成孩子们的"水上乐园"，等等。

（二）加强课程领导力，建设优质园本课程

1. 深化课程改革

基于儿童立场构建适合儿童生长、助力儿童发展的课程，需要教师深入儿童的世界、观察儿童的行为，及时捕捉儿童的兴趣和经验发生点，关注经验发生的过程，再依据幼儿发展的需要，动态调整，生成课程内容和实施策略，帮助幼儿巩固、内化、提升、拓展经验，让每个幼儿都能根据各自的节奏获得经验的连续生长。

基于儿童立场的课程建设应该突出幼儿和教师作为课程主体的能动性，但在不少幼儿园存在"幼儿缺位、教师被动、管理强势"的现象。为推动幼儿园课程管理和课程内容的改革，上海以"课程领导力项目"为抓手，开展了"课程领导力的行动研究"，努力构建"幼儿、教师、园长等多元主体协同建构的课程文化"，提高幼儿对课程的参与权和教师对课程的自主权，共同完善和优化课程体系。

打造孩子们的"屋顶花园"

浦东新区冰厂田前滩幼儿园通过幼儿和教师开展"课程对话"的方式，让他们一起探索"屋顶花园"的设计，把空旷的屋顶改造成了孩子们户外游戏和探索的场域，并让"屋顶花园"成为课程的孵化器，形成了"蚂蚁搬家的故事""多用途的稻草"等班本化课程，以及幼儿园"博物馆"系列科创特色课程。

2.丰富游戏内涵

幼儿园以游戏为基本活动，这也是幼儿园教育与中小学教育的主要区别。上海以户外游戏为切入点，通过"看见"，让教师相信幼儿"会玩"，相信幼儿是"主动学习者"，从而推动教育观念、教育方式和师幼关系的转变，进而推动保育教育质量的提升。2020年开始，上海在全市学前教师的网络教育活动中引入了运动游戏案例并组织开展了相关讨论，教师开始发现和认同运动对幼儿发展的意义，为全面推广"户外两小时"奠定了基础。同时，积极引导幼儿园利用现代技术和数字化场景建设，通过对幼儿户外活动进行无感化、常态化数据监测，保障幼儿活动的时长和质量，也为户外活动组织策略的优化提供了依据。2023年6月，上海各区的百余名幼儿园园长和教研员在浦东新区东港幼儿园聚会，开展了"提升幼儿在园运动质量的探索与实践"专题研讨会，共同探讨如何让两小时的户外活动能够保量又保质，使推动"户外两小时"的行动又迈上了一个新台阶。

3.加强项目驱力

《上海市学前教育与托育服务发展"十四五"规划》提出了"幼儿发展优先"理念，倡导"幼儿可持续发展优先、幼儿发展规律优先、幼儿发展需求优先"。为推动"幼儿发展优先"理念的落实落地，上海开展了系列行动研究项目，包括户外两小时的实施与优化、支持幼儿一日生活的主动学习、传承中华优秀传统文化、促进教师内生性成长的教研制度优化、幼小协同共育机制重构等，旨在通过"幼儿发展优先"项目的推进，实现"三个走向"和"三个统一"："为了幼儿发展"走向"基于幼儿发展"，实现幼儿主动学习与教师引导支持的统一；"从成人视角"走向"幼儿视角"，实现儿童发展行为分析与教师内生性专业成长的统一；从"一般统一的幼儿"走向"具体个性化的幼儿"，实现整体性与差异性的统一。各区已将"幼儿发展优先"项目作为全面建设高质量幼儿园过程中推动内涵发展的重要抓手。

（三）聚焦保教过程，建立以发展为导向的评价机制

2022年，教育部颁布的《幼儿园保育教育质量评估指南》提出，要从根本上扭转"重结果轻过程、重硬件轻内涵、重他评轻自评"等倾向。评价方式作为幼儿园发展的"指挥棒"，具有一定的导向性。高质量幼儿园建设的评估具有"重自评、重过程、重口碑"三个特征，由"资料为主"转变成

"观察为主"，由"结果为主"转变成"过程为主"，由"评价为主"转变成"支持为主"。希望通过转变质量评价方式，给园所和教师腾出更多的时间与精力来发现幼儿、研究幼儿和引领幼儿。

上海市教委托幼处孙鸿处长在2023年学前教育年会上提出，对高质量幼儿园的评价有三个维度，一是要注重对幼儿园的过程性评价，二是要注重幼儿园自我评价的能力，三是要注重老百姓的口碑。上海市组建了专家团队，成员不仅包括市相关部门、市教委相关处室、市区两级教研员、高校专家、保育专家，还邀请了有集团化管理经验的园长。专家团队成员定期走进幼儿园现场，为区域整体推进、园所自主发展、教师专业成长提供过程性指导和专业支持，为区域推进高质量幼儿园建设提供助力。

三、高质量幼儿园建设的保障体系

（一）落实区政府主体责任

高质量幼儿园建设工作被列入了各区教育工作考核指标，被纳入了区政府履行教育职责的评价范围。各区政府牵头，依托托幼联席会议制度，上下联动，部门协作，建立了由教育部门主管、各部门分工负责、协同配合的工作网络，凝聚力量，保障高质量幼儿园建设的实施方案和行动计划有效落实。

（二）推动集团紧密型发展

上海的集团化办园探索从2017年开始，《意见》中明确提出，至2025年，实现街镇集团覆盖率100%。至2023年，全市16个区共成立了100个学前教育集团，组成类型一般为公办示范园+一级园+二级园，主要由行政主导和学校自主相结合的方式进行组合。集团化办园改变了幼儿园单打独斗的现象，在二升一、示范园创建、高质量幼儿园建设中均起到了重要作用。集团的紧密发展将有效推进区域学前教育整体水平的提升。

（三）赋予幼儿园发展自主权

幼儿园作为推进高质量建设的主体，要充分激发园所创建的内驱力，把"要我创"变成"我要创"。可以通过政策倾斜、加大投入、集团帮扶等举措推动幼儿园办园质量的提升。幼儿园要以高质量建设为契机，在外部政策支持和专家团队的指导下，制定和完善园本建设规划，完善内部治理机制和管理制度，推动园所高质量、可持续发展。

（四）激发队伍自我提升的内驱力

建设高质量的教师队伍是高质量幼儿园建设的核心。要在配齐配足保教人员和保障教职工薪酬待遇的基础上，全方位为教职工的专业成长和职业发展提供支持，包括构建教研"立体桥"、优化培训体系、探索科学考核机制等，充分激发教师参与的积极性和创造性，让教师不仅是高质量建设的"参与者"，也要成为高质量发展的"受益者"。

四、高质量幼儿园建设的发展愿景

（一）优质资源更均衡

高质量幼儿园建设突出了"全面"，建设对象指向的是每一所公办和民办幼儿园，要求每个区、每一所幼儿园都在已有的基础上有所提高，一个都不能少。尤其要加大对薄弱园的指导和投入，帮助其破解发展瓶颈，最终实现区域学前教育的全面优质发展。

（二）幼儿发展态势良好

在高质量幼儿园里，每一个幼儿都能获得充分发展的机会。幼儿在充满趣味的"童年的院子"里，快乐健康地成长，还有一群理解、支持和陪伴他们的教师，为每个孩子的经验生长提供所需的土壤、阳光和水分。

（三）教师职业幸福感增强

要建立一支师德高尚、业务精湛、结构合理、充满活力的教师队伍，呈现各级各类教师队伍百花争艳、万木竞秀的生机勃勃的景象。要让教师的职业幸福感和成就感不断增强，形成广大幼儿园教师乐于从教、安心从教且长期从教的良好局面。

基于具身认知理论的动物饲养活动 组织与实施的创新实践
——以兔子饲养活动为例

　　《上海市学前教育课程指南》提出，课程要促使幼儿成为"健康活泼、好奇探究、文明乐群、亲近自然、爱护环境、勇敢自信、有初步责任感的儿童"。《3—6岁儿童学习与发展指南》在科学、艺术等领域的教育目标中都有"亲近自然"的要求。幼儿园也在不断实践与探索户外自然体验活动，努力营造更好的户外生态环境，促进幼儿的学习与发展。而具身认知理论指出，头脑是人类思维的基础，而躯体的行动和感知则是人类认知世界的重要渠道。由于幼儿大脑发育尚未完全成熟，因此更加需要借助感官和躯体的参与来获得对整个世界的全面理解。具身认知理论和动物饲养活动都强调学习者的主体地位。幼儿在和动物互动时会主动活动、自主探究，激活旧经验来联结新经验，契合强调运用主体自身经历和经验来学习新知的具身认知理论。所以，具身认知理论能为课程实施提供重要指导，它强调幼儿通过亲身体验和与自然环境互动来学习。在这一理论指导下，课程实施能更有效地支持每个幼儿的学习与发展，不仅能促进幼儿的身心健康，还能培养其好奇心、探究精神和责任感，同时还能让幼儿在亲近自然和户外体验中获得全面发展。

　　《幼儿园教育指导纲要》指出："教师要利用幼儿身边感兴趣的事物与现象作为探究对象，既符合幼儿的现实需要，又有利于其长远发展，既贴近幼儿的生活，又有助于拓展幼儿的经验和视野。"然而，幼儿园的动物饲养活动现状往往局限于将小动物围起来，让幼儿进行远观和简单的喂食，这样的活动形式难以充分激发幼儿的多感官参与和深度体验，限制了幼儿在饲养活动中可能获得的多方面发展。

因此，教师更应该思考如何让孩子们在饲养活动中获得多方面的发展。可以通过设计更深入、更多元化的饲养活动，鼓励幼儿参与动物小窝的设计和制造、材料的多元投放，开展感受动物生命的教育等，来支持幼儿在饲养活动中持续深入的学习与发展，从而促进幼儿自信心、合作精神和创新能力的全面提升。我尝试在陪伴孩子们开展兔子饲养活动的过程中借鉴具身认知理论，并进一步在组织和开展动物饲养活动时，生成了一系列有趣的课程活动，这也让我积累了以下课程实践经验。

一、立足儿童发展，提供多元支持

（一）材料赋能，促进幼儿全面发展

例：我们想和兔子一起去草地做游戏（小班）

我们部在开展兔子饲养活动时，孩子们提出："兔子在兔窝里没人陪它们玩一定很没意思，要带兔子一起参与户外游戏。"一方面为了支持和鼓励孩子们的想法，另一方面为了进一步丰富和拓展幼儿的活动经历与体验，我就开始和孩子们一起讨论在户外游戏时间可以和兔子怎么玩。孩子们说可以开

一个兔子乐园，提供喂兔子的服务，还需要有医生、厨师照顾兔子。游戏中发生了很多有趣的故事，比如孩子们用低结构材料圆筒、纸盒搭建滑滑梯、小山洞，让小兔子不无聊，可以在游乐区玩耍。当小朋友看到小兔子从圆筒里爬出来，特别有成就感。还有一次，他们看到有一只小兔子

有些拉肚子，后来了解到，原来小兔子不能吃新鲜的菜叶，需要晾晒到没有水分了才能吃，于是他们又开拓了一块晾晒区，用来把切下来的胡萝卜、菜叶晾干。

孩子们通过直接参与户外活动，与兔子进行互动，如搭建游乐区、晾晒区等。这种身体参与不仅促进了孩子们运动技能的发展，还让他们通过实际操作和亲身体验加深了对兔子生活习性的理解。根据具身认知理论，

认知过程具有具身性，即个体本身在认知过程中发挥着关键作用。孩子们通过身体活动与环境进行互动，从而获得了关于兔子和户外环境的直接感知与经验。

面对小兔子拉肚子的问题，孩子们通过观察和讨论，找到了原因并采取了解决措施，如开辟晾晒区，这锻炼了他们的逻辑思维和问题解决能力。孩子们在户外游戏情境中与兔子共同玩耍，创造了兔子乐园、喂兔子服务、医生厨师角色等，这些情境体验激发了孩子们的想象力和创造力，使他能够在游戏中自由探索和表达。具身认知理论强调认知是身体、心智与环境三者的有机构成。在这个案例中，孩子们的身体活动、心智思考和环境因素相互作用，共同促进了他们对游戏情境的理解和知识建构。

（二）儿童视角，激发幼儿合作探究

例：逃家小兔——移动围栏搭建记（大班）

孩子们在木平台中间用围栏把兔子围了起来，作为它们的小窝，每天都会给小兔打扫和喂食。但是有一天早上来园以后，孩子们发现围栏中的兔子逃跑了。兔子为什么会逃家？孩子们商量后觉得围栏太矮了，大一点的兔子只要蹦一下就能出来。

怎样才能让围栏变得更高呢？于是，他们去建构室找来了更多积木把围栏建得更高，但是他们发现由于积木搭建得很高，变得摇摇欲坠。尽管他们已经非常小心，到最后围栏还是倒塌了。那么，什么材料既牢固又能让围栏变高呢？孩子们继续搜集了一些幼儿园现有的材料，如PVC管道、网架。结果他们发现，用积木和网架结合的方式，既牢固又方便观摩。很快，他们就完成了任务。但是围栏太高了，孩子们既没办法进去照顾兔子，也没办法亲近兔子了。

于是，他们又对围栏进行了改造，参照幼儿园门口的移门，打算造一扇可以移动的围栏。他们在积木中间留了一条缝，刚好可以把网架插进去，还找来了夹子固定移动的网架，一个可以移

动的网架门就这样装好了。

孩子们在发现围栏太矮导致兔子逃跑后，亲自动手尝试用积木搭建更高的围栏。在这一过程中，他们通过身体动作直接参与了问题的解决，体现了具身认知理论中身体参与对认知过程的重要性。当积木搭建的围栏摇摇欲坠并最终倒塌时，孩子们通过搜集材料、尝试不同组合等，来寻找更妥善的解决方案。

孩子们在搭建围栏的过程中，不断尝试、调整和改进。第一次的搭建由于围栏太矮了，兔子一下子就能跳出来。第二次搭建在原来的基础上增加了高度，但是缺少了牢固性，导致围栏容易倒塌。第三次搭建突破了原来的全高概念，将网架和积木结合的方式既增加了牢固性，又增加了可观赏性。第四次的搭建甚至还改造了网架，使之变成可移动的网架，方便他们进出兔子乐园进行互动。我们欣喜地发现，在运用具身认知理论后，孩子们各方面的发展有了显著的提升。

运用具身认知理论幼儿发展对比图

幼儿发展	基于具身认知理论实施前	基于具身认知理论实施后
持续性	可能因缺乏实际操作和亲身体验而容易放弃	通过身体参与和持续尝试，能够坚持解决问题，提高了持续性
社会交往	交往机会有限，可能缺乏合作和沟通的经验	在合作搭建围栏的过程中，学会了倾听、表达和协商，提升了社交能力
解决问题的能力	可能因缺乏实践而难以理解和解决问题	通过身体参与和实际操作，能够直观地理解问题，并尝试用多种方法解决问题，提升了实践能力
认知发展	认知可能停留在理论层面，缺乏实际应用的经验	具身认知促进幼儿将理论知识与实际操作相结合，加深理解，促进其认知发展
动手能力	动手能力可能受到限制，缺乏实践锻炼	在搭建围栏的过程中，需要不断尝试、调整和改进，锻炼了动手能力
其他方面	可能缺乏情境模拟和合作互助的经验	通过情境模拟和合作互助，能够在团队中发挥自己的作用，提升了团队协作能力

这种实践过程有助于培养幼儿的实践能力和动手能力。这些能力对于他们未来的学习和生活都非常重要。在合作搭建围栏的过程中，孩子们需要学会倾听、表达和协商，这些社交技能对于他们的社会适应性和人际交往具有重要意义。通过搭建围栏，孩子们不仅学会了如何与他人合作，还学会了如何在团队中发挥自己的作用，也充分体现了具身认知理论的运用和价值。通过身体参与、情境模拟和合作互助等方式，孩子们不仅解决了实际问题，还促进了他们的认知发展，以及实践能力和社交技能的提升。

二、追随儿童兴趣，提供个性支持

例：不爱喂兔子的姗姗（中班）

在户外游戏中，我注意到姗姗总是独自站在草地上，对喂兔子的游戏显得兴趣索然。通过询问，我了解到她更喜欢安静的活动，如画画和阅读。为了支持像姗姗这样慢热且兴趣独特的幼儿，我决定结合她的爱好，为她创造一个既能展现自我又能逐渐融入集体的环境。

我尝试创设了关于兔子材料的诱导区，尝试投放了自然材料（如树叶、松果、木片、果子）和低结构材料（如纸盒、纸筒、纸盘、兔子造型的纸板等），还投入了辅助材料（如彩笔、手工纸、黏土、兔子绘本、点读笔等），为这部分孩子提供有意义、感兴趣的活动材料。

姗姗在这个工坊里如鱼得水，她利用这些材料，开始动手制作兔子头饰。当她戴着自制的头饰出现在大家面前时，我立即给予了她热烈的鼓励和赞扬，并邀请她加入小舞台的表演。她刚开始还有些放不开，只是胆怯地站在旁边。为了给她更多的心理支持，我甚至亲自参与了她的表演，与她一起扮演角色，营造了一个自由、宽松的氛围。这样的支持让姗姗变得更加自信，她开始主动为其他小伙伴制作表演道具，并逐渐尝试参与更多类型的户外活动。

儿童在自然体验活动中有多

种需求，他们的喜好、性格特征、能力都有差异，我们不能强加给他们与动物的互动形式一定是亲密的这一观念。所以，我尝试基于幼儿的兴趣与能力水平创设诱导桌，为诱导桌赋能幼儿的学习与发展，为不同兴趣的幼儿提供多元的活动需要。诱导桌的创设不仅体现了对姗姗个性化需求的关注和支持，还展示了多领域的融合教育。通过艺术创作和表演，姗姗不仅发挥了她的想象力和创造力，还锻炼了她的社交能力和大胆表达的能力。同时，教师的亲身参与和积极鼓励，为姗姗营造了一个安全、支持力强的心理环境，帮助她建立了自信，勇敢地展现自己。

此外，这个案例再次印证了具身认知理论的重要性。姗姗通过亲手制作道具、亲身参与表演，与环境和材料进行了深度的互动，这种身体力行的学习方式极大地促进了她的认知发展和情感体验。而教师的关注和支持则是这一过程中不可或缺的部分，它们共同构成了姗姗成长道路上的重要支撑。

三、回归儿童生活，优化教育生态

（一）小小葬礼，尊重生命

例：小兔子死了（小班）

一大早来园，孩子们发现班级中饲养的一只小兔子死了，他们特别伤心。经过讨论后，他们决定给小兔子举办一个具有仪式感的活动——一场小型葬礼，这也能让孩子们在心理上和小兔子做一个告别。他们选择了教室门口的大树下作为小兔子永远睡觉的地方，先在下面挖了一个坑，再小心翼翼地将小兔子放在里面。他们还在沙水池边找了一块最漂亮的石头作为墓碑。

在告别的时候，有的孩子不舍地和小兔子说再见，有的孩子流下了眼泪，有的孩子为小兔子献上最漂亮的花朵，有的孩子画了一幅画送给小兔子，还有的孩子在墓碑前为小兔子唱歌，他们每个人都用自己的方式去纪念逝去的小兔子。

孩子们面对小兔子的死亡，通过亲身参与葬礼的每一个环节——挖坑、安放小兔子、选择墓碑、举行告别仪式，使身体行动与内心情感紧密相连，形成了深刻的身体体验。这种体验不仅是情感上的触动，更是对生命意义的直接感知和理解。孩子们在亲手触摸小兔子的遗体、为小兔子献上花朵和画作、在墓碑前唱歌时，他们的身体成了理解生命、尊重生命、表达哀悼和关爱的媒介。这种身体力行的方式，让孩子们在行动中反思，不仅加深了对生命脆弱性和宝贵性的认识，也激发了他们对身边生命的责任感和同情心。

更重要的是，这一过程促进了幼儿与环境之间的积极互动，构建了一个充满人文关怀和教育意义的学习环境。教室门口的大树下不再仅仅是一个自然场所，而是成了孩子们共同记忆和情感体验的一部分，承载了他们对生命的敬畏和对小兔子的怀念。这样的教育生态，不仅优化了幼儿的学习体验，还促进了他们情感、社会性和道德品质的全面发展。

（二）兔子婚礼，创造幸福

例：兔先生和兔小姐结婚记（小班）

小一班养的小兔子叫果果，是一只安静的兔小姐。有一天，兔子乐园又来了一只小四班的兔先生，小四班的孩子们给它取名叫小白。两只兔子一见面，就在一起你追我赶做游戏，睡觉的时候也依偎在一起，非常有趣。孩子们离园前请小兔子回家时，有小朋友说："它们两个好像我爸爸妈妈一样，生活在一起。"还有孩子发出感慨："要是把它们两个分开，另一只兔子会不会很伤心？"

小一班和小四班的教师商量了一下，支持幼儿的想法，为小班幼儿创造了一个充满创意和幸福感的游戏情境——兔子婚礼，这不正是具身认知理论核心含义的最好体现吗？于是，我们决定抓住契机，与孩子们一起筹备一场兔先生和兔小姐的婚礼。但同时，我们心里也在打鼓，面对举办婚礼，小班的孩子能做什么呢？于是，我们开始和孩子们一起讨论各自参加婚礼的经验。有的说："参加婚礼有婚纱！"有的说："能拿到糖。"有的说："会有好看的表演。"孩子们也竭尽全力为婚礼做准备，有的从家里带来气球、纱布、有的用贴纸装扮皇冠，还有的为婚礼准备节目。考虑到小班幼儿能力的局限性，在活动中，我们鼓励他们邀请大班的哥哥姐姐们帮忙做请帖、剪喜字，还邀请哥哥姐姐们，甚至园长妈妈和教师来参加婚礼。

教师巧妙地利用了两只小兔子之间的互动，为小班幼儿创造了一个充满创意和幸福感的婚礼游戏情境。这一活动不仅丰富了幼儿的生活体验，还深刻体现了具身认知理论的核心思想。幼儿通过亲身参与兔子婚礼的筹备和庆祝活动，将自己的身体、情感和认知紧密地结合在一起。他们观察兔子的互动，想象兔子的"婚姻生活"，进而产生了为兔子举办婚礼的想法。在这一过程中，幼儿的身体成了他们认知和理解"婚姻""幸福"等抽象概念的媒介。

同时，这个婚礼游戏也为幼儿提供了一个真实而富有挑战性的游戏情境。小班幼儿虽然年龄较小，但在教师的引导下，也能积极贡献自己的想法和经验，还从家里带来气球、纱布等物品，用贴纸装扮皇冠、为婚礼准备节目。这一活动不仅锻炼了幼儿的动手能力和创造力，还让他们在游戏中体验到了合作和分享的乐趣。此外，教师还鼓励幼儿邀请大班哥哥姐姐们来帮忙。这一举措不仅促进了不同年龄段幼儿之间的交流和互动，还为小班幼儿提供了学习的机会和榜样。在大班幼儿的帮助下，小班幼儿成功地举办了这场别开生面的兔子婚礼，收获了满满的成就感和幸福感。

本案例充分展示了具身认知理论在幼儿教育中的实践应用。通过为幼儿创设真实而富有挑战性的游戏情境，鼓励他们亲身参与和体验，不仅促进了幼儿身体、情感和认知的全面发展，还让他们在游戏中感受到了创造和幸福的魅力。这一活动为小班幼儿开展创造性游戏提供了宝贵的经验和启示。

因此，基于具身认知理论的生命教育活动不仅是对幼儿认知能力的培养，更是重视其身心全面发展的体现。通过回归儿童的生活，让幼儿在真实的情境中体验、学习和成长，才能真正优化教育生态，引导幼儿认识生命的价值，理解生命的真谛，从而培养出具有责任感、同情心和人文关怀的未来一代。

基于具身认知理论的动物饲养活动组织与实施的创新实践，不仅巧妙地吸引了幼儿全方位的多感官参与，极大地拓展了他们的生活经验，而且有力促进了幼儿在活动中展现出持续且深度的学习行为，对他们的社会交往能力、分工合作技巧、情感体验深度及认知结构的构建均产生了深远的积极影响。当我们能够积极拥抱理念转变，更加娴熟地运用具身认知理论，为幼儿精心打造一个开放而多元的探索环境，并提供丰富多样的操作材料，从而策划并执行真正贴合幼儿需求的动物饲养活动时，这些活动便不再是简单的观察与学习，而是转化为孩子们亲身经历的真实实践与深刻体验。在这样的教育模式下，孩子们将以一种前所未有的方式与世界亲密互动，通过亲自动手操作和直接感知来获取新知，构建起更加牢固且深刻的理解与记忆。这不仅极大地丰富了幼儿教育的内涵与方法，还充分点燃了幼儿内心对学习的热情与探索的渴望，为他们的全面发展铺设了坚实的基石，同时也为幼儿教育领域注入了新的活力与无限的创新可能。

基于儿童视角的幼儿园项目活动实践策略

——以大班项目活动"清凉日记"为例

严伊婷（上海市浦东新区高欣幼儿园）

幼儿园的项目活动是以幼儿的兴趣或问题为起点，自主开展的一系列深入、持续的探究活动，反映幼儿真实的学习、探索、解决问题的过程，促进幼儿获得较为系统的知识和整合式经验，感受回归真实生活带来的快乐。本文从幼儿"内部"所触发的需求出发，以幼儿身心发展规律为依据，聚焦幼儿立场，以"清凉日记"大班项目活动为例，探讨基于儿童视角的幼儿园项目活动实践策略。

一、确立项目主题，开启有价值的探究之旅

传统的主题活动强调培养幼儿的兴趣，要将幼儿的注意力导向教师已设计好的方向。创设项目活动则要求教师捕捉、识别幼儿已存在的兴趣指向，然后据此开展活动。"清凉日记"项目活动建立在幼儿的兴趣基础上，是适时生成的结果。

（一）活动缘起——识别幼儿的兴趣和需要

当教师在观察中发现儿童专注于某一事物或问题时，证明孩子们有深入探究与学习的愿望。在教室里，有一个"中草药小书架"，里面全是从少儿图书馆借来的关于中草药的绘本。幼儿总是喜欢围坐在一起翻阅这些绘本，然后欣喜地和同伴分享自己的发现："你看，这是薄荷，我在小区里见过！""我知道薄荷，我和爸爸在港城公园里发现过好多薄荷！""我也认识薄荷，牙膏里凉凉的、辣辣的感觉就是加了薄荷才有的！"大班的幼儿知道的可真多！他们向教师提出了自己的需求："我们也想种薄荷，我们能种吗？"可见，幼儿对薄荷的兴趣十分浓厚。

（二）多元思考——提供多样的探究支架

在项目活动正式开展前，我们对幼儿的已有经验、活动价值和探究支持

进行思考、判断后才正式进入活动。

1. 了解幼儿已有经验——为项目活动的生成奠定基础

活动伊始，我们通过日常谈话与幼儿一起讨论对薄荷的见闻，以及幼儿想要了解的一系列问题，从而在幼儿的已有经验和欲知问题中生成了与主题相关的一系列活动。

我已经知道什么	我还想知道什么
1. 薄荷是有味道的植物。 2. 小区里、公园里都有薄荷。 3. 薄荷有凉凉的、辣辣的感觉。	1. 我们可以种薄荷吗？怎么种？ 2. 薄荷种了有什么用？ 3. 除了牙膏，薄荷还可以用来做什么？

2. 判断活动价值——为项目活动目标梳理关键经验

幼儿喜欢有显著生长变化的植物，薄荷的种植条件相对简单，种植周期相对较短，适合大班幼儿探索。更重要的是，薄荷是一味重要的药食两用的中草药，在中国有两千多年的薄荷药食历史，华佗、李时珍都在自己的著作中提到过薄荷，可见薄荷有着丰富的本草考证。而中国又是中草药的发源地，是中国传统医学文化的重要组成部分。我们希望通过对薄荷的探索，使幼儿为自己是中国人而感到自豪，从而引发他们对更多中草药的探索。基于幼儿的兴趣和好奇心，教师对标《上海市幼儿园办园质量评价指南》和《3—6岁儿童学习与发展指南》制定活动目标，在整合、梳理社会、艺术、科学、健康、语言的核心经验后，活动"清凉日记"应运而生。

（1）活动目标

① 能发现和了解薄荷的外形特征、习性与其生存环境之间的适应关系。

② 了解薄荷的功效和用途，感受薄荷与人们健康生活的密切关联。

（2）学科领域关键经验

学科领域	关 键 经 验
社会	◆ 在活动中能倾听和接纳同伴与自己不一样的意见，在不同意时会表达自己的想法 ◆ 取得了成功后想做得更好，失败了知道不放弃

续 表

学科领域	关 键 经 验
	◆ 敢于尝试有一定挑战性的任务，能设法努力完成自己接受的任务 ◆ 能对自己做的计划、事情和结果进行讨论，做出简单的分析，并愿意做适当的调整 ◆ 在活动时能与同伴进行分工、合作、协商，遇到困难能多次尝试，一起克服 ◆ 为自己是中国人感到自豪
艺术	◆ 乐于用多种工具、材料或不同的手法来表现观察到的事物 ◆ 能运用较丰富的色彩、线条、形状等表现自己观察到的事物
科学	◆ 能在观察、比较与分析的基础上，发现并描述事物的特征或变化，以及事物之间的关系 ◆ 能用一些简单的方法验证自己的猜测，并根据结果进行调整 ◆ 在帮助下能制订简单的调查计划，并按计划收集信息 ◆ 能运用数字、图画、图标或其他符号等记录探究过程和结果 ◆ 能在探究中交流自己的发现、问题、观点和结果 ◆ 能发现和了解薄荷的外形特征、习性与其生存环境之间的适应关系 ◆ 能发现生活和游戏中的许多问题可以用数学方法来解决
健康	◆ 能使用简单的劳动工具或用具 ◆ 遇到困难、失败时，能自我缓解消极情绪
语言	◆ 乐于参与讨论问题，能在众人面前表达自己的想法 ◆ 能使用连贯的语言讲述自己的经历 ◆ 能用图画和符号表达自己的想法

3. 师幼共同绘制网络图——明确项目活动的实施路径

网络图可以帮助教师预测项目活动的走向，当主题确立时，在聆听幼儿心声、了解其已有经验后，教师可以尝试开展此主题的计划。当然，项目活动是动态的，在实施的过程中，幼儿必然会生成新的兴趣点和生长点。预设的网络图只是暂定的，教师应留有余地，在活动过程中，要顺应幼儿的实际发展不断加以调整，等幼儿探索后再进行主题审议，丰富主题网络图。

4. 提供物质材料及支持性环境——为项目活动的进展保驾护航

在项目活动开展过程前期，教师作为"后盾"，要为幼儿创设良好的探究环境。我们利用了幼儿园的现有场地资源——班级自然角和种植园，也为

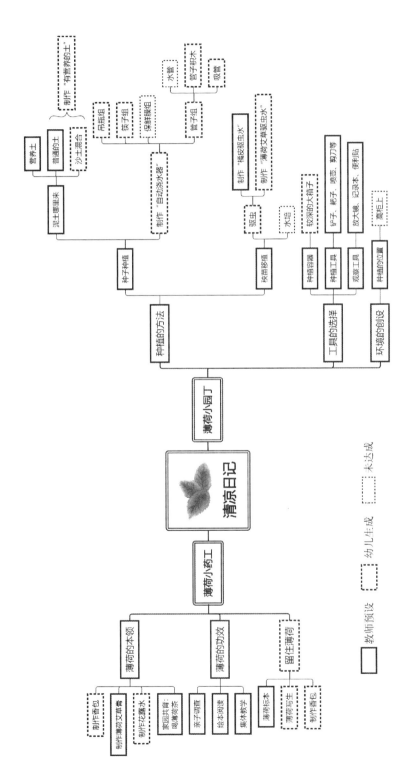

幼儿提供了物质材料——各种种植工具、放大镜、记录本等，让幼儿拥有充分观察、表征的机会，并鼓励幼儿发现问题、表达问题，引发更多的思考。教师为幼儿提供适宜的材料、开放的环境，能够让材料与环境中蕴含的概念自然地渗透给幼儿，这也是教师对幼儿进行有效指导的一种方式。

二、支持项目进展，以问题驱动幼儿主动学习

陶行知先生曾说："创造始于问题，有了问题才会思考。"驱动性问题是项目的灵魂，相较于一般问题更具有真实性、情境性和衔接性，具有鲜明的项目特征。它给予幼儿一个真实的问题情境，使他们在这个情境中解决问题、迁移经验，产生更多的策略性知识和认知知识。教师应以幼儿的认知发展水平和已有经验为根据，捕捉和识别他们在学习过程中可能遇到的困难及需要努力的程度，巧妙引入具有激励性、适宜的问题，维持幼儿主动学习的兴趣。

（一）设计驱动性问题，助力项目活动的生成

驱动性问题是探究式学习的一个开关，是一个"导火索"，能引发幼儿深度的探究行为。教师根据前期对幼儿已有经验的了解和价值取向的判断，架设出以下两个框架问题。

1.薄荷怎么种？

带着这个问题，幼儿回家和爸爸妈妈一起上网寻找答案，并借助完成后的亲子调查表和同伴一起商讨薄荷的种植方案。最后，他们一致决定在教室的自然角里种下薄荷种子，在学校二楼平台上的种植园地里进行薄荷秧苗的移植。

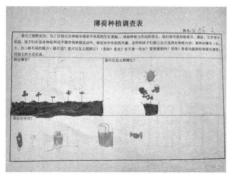
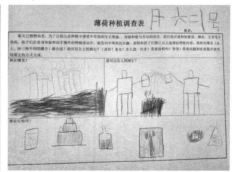

 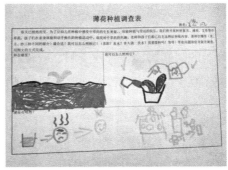

2. 薄荷种好了有什么用？可以做什么？

通过阅读绘本、查找资料及前期的调查，幼儿了解了薄荷"药食两用"的功效和各种用途。

（二）捕捉过程性问题，驱动项目活动的深度

1. 寻求问题线索，启发幼儿解决问题

自然角中的薄荷种下去三周都没有发芽，孩子们显得有些着急了。他们向教师提出疑惑："为什么我们的薄荷三周都没有发芽呢？怎么样才能让它们长得快一点呢？"带着这个问题，师幼展开了探讨。

堂哥说："我上次查了，薄荷是喜欢太阳的，我们已经把它们放在了能晒到太阳的柜子上，这点肯定没问题，会不会是薄荷没喝饱水呢？"

小戴说："水我们也定期浇了呀，阿姨妈妈说不能浇太多的！"

森森说："我们上次种在沙土里的植物种失败了，会不会是薄荷没有获得营养呢？"

诺诺说："你们看我的调查表，我上次查到植物是需要施肥的，它们也要吃饭！"

问题的线索反映的是学习逻辑的推演，幼儿通过讨论、复盘，推测出使薄荷生长得更快的方法。于是，幼儿一致决定要做有营养的土。通过询问有经验的阿姨妈妈、查找资料、收集材料等途径，大家一起制作了由果皮、蛋壳、豆子做成的肥料。加了肥料的薄荷果然不负众望，慢慢发芽、长大了。

2.关注探究动态，推动幼儿思辨问题

在项目活动中，幼儿会随着活动的发展生成新的问题，教师要及时关注幼儿的探究动态，推动幼儿从多个角度、多个层面思考问题，并敢于提出自己的想法、质疑，从而找到最适宜的解决方法。

例如临近清明节，幼儿遇到了假期内薄荷无人浇水的问题，师幼一起查找资料，发现"小红书"App上有许多"种植达人"会给自家的植物做自动浇水器，从而产生了"自动浇水器怎么做呢？我们可以用什么材料？"这一驱动性问题。

一开始，关关带来了家里装修用的水管，但由于长度和宽度不适宜，改用了堂哥和子凡家里的管子积木来制作自动浇水器。然而，第一次尝试失败了。于是，师幼共同对水流的速度、漏水的情况等问题进行了复盘，总结了有利于下一次尝试的经验。在第二次尝试之前，幼儿重新勘查自然角的布局并制作了计划书。功夫不负有心人，他们终于看到水慢慢从管子里流下来了。

第一次制作自动浇水器失败后的分析		
发生的现象	解决的办法	表征解读
漏水		不能选有裂缝的管子
		管子必须连接得紧密
水无法从管子中流下来		要根据水流的方向使用四通管
		管子的尾端要朝下
浇水器太长，无法放置在自然角		同伴之间要商量、合作，不能各做各的
		浇水器并不是越长越好

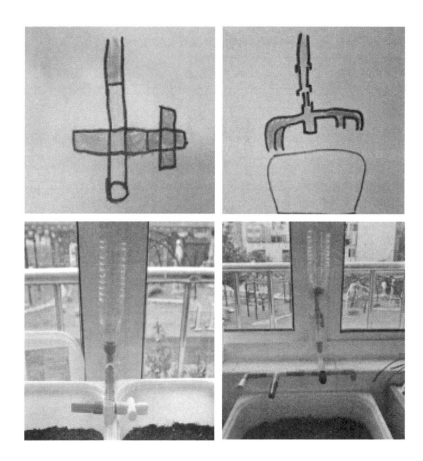

通过一段时间的观察，幼儿又发现了新的问题：自动浇水器只能往一个地方浇水，旁边的薄荷喝不到水，怎样才能让更多的薄荷喝到水呢？五一小长假之前，幼儿再次对材料进行了思考，提出用更合适的管子——吸管来制作自动浇水器。

通过观察、分析吸管漏水的情况、水流的多少、自然角中薄荷摆放的位置等，幼儿找到原因后，在原来的计划书上做出了调整。最后，结合诺诺的住院经验，幼儿想出了给薄荷"吊水"的方法，完成了心中理想的自动

浇水器。

幼儿对三种管状材料的分析					
水　管		管子积木		吸　管	
	管子太粗，小虫子容易跑进去	只能一个方向一地浇水			吸管有粗有细
	管子的长度都快顶到天花板了，没法固定，更没法浇水				吸管可以弯曲，改变方向
	管子太粗，水一下子流下去会把薄荷淹死				吸管可以根据自己需要的长度随意裁剪

3. 搭建情境对话，提炼幼儿关键问题

探究的核心是提出问题、分析原因、解决问题。教师在支持幼儿提出问题的同时，可以通过情境对话的形式，适时地将具有挑战性和探究价值的关键问题提炼出来，以寻找解决问题的方法为切入点，引导幼儿做进一步探究。

例如在一次户外游戏中，幼儿在种植园地有了新的发现。

堂哥说："金银花叶子长了许多蚜虫！"

萱萱说："怎么办啊？虫子要把金银花吃光了！"

兜兜说："你们看，旁边的薄荷和艾草都没虫！"

教师说："那为什么金银花有蚜虫，薄荷和艾草却没有呢？"

堂哥说："因为薄荷和艾草有着特别的味道，一定是蚜虫不喜欢这个味道。"

教师说："怎样让金银花的叶子也有蚜虫不喜欢的味道呢？"

森森说："我们可以把金银花与薄荷和艾草种在一起。"

堂哥说："现在种已经来不及了，种不下这么多了。"

小骞说："可以把薄荷和艾草的叶子放在周围试试。"

于是，孩子们剪下几片薄荷叶和艾草叶放在金银花的周围，可效果却并不如他们所想。

小戴说："我们可以试试把薄荷、艾草捣碎泡在水里，喷在叶子上！"

教师说："那需要多少薄荷、艾草和水呢？"

根据这一驱动性问题，幼儿自发地分成了三个行动小组。在摘取不同数量的薄荷和艾草并提取原液后，三个小组根据自己的计划分别加入50 ml、80 ml、100 ml的水，对三片有蚜虫的叶子进行了驱虫实验。在第一次实验中，50 ml的驱虫水成功将蚜虫驱离了叶子，另外两组失败了。幼儿知道了水不能加得太多，否则味道就不明显，不能驱赶蚜虫。于是，三组幼儿再一次尝试，萃取更多的原液、加入更少的水，提高了驱虫水的浓度。最后，三个小组的驱虫实验都成功将蚜虫驱离了叶子。

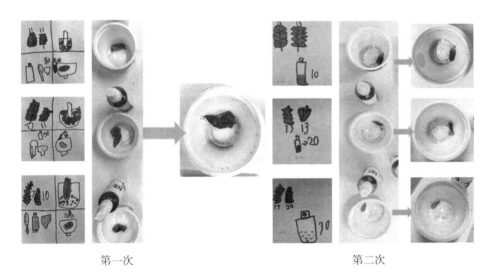

第一次　　　　　　　　　　　　　　　第二次

三、项目成果分享，促进幼儿多元化表达

无论哪一种类型的活动模式最终都要有成果呈现。经历了多路径的深入探究后，幼儿的内在经验也经历了不断重组、拓展与改造，留下了许多可见与不可见的过程性成果。可见的成果如下：每一次遇见问题，解决问题后留下的表征作品；在教师的引导下，幼儿记录薄荷生长过程的日记本；幼儿自己种出的薄荷等。不可见的成果是幼儿在活动开展过程中积累的核心经验、建构与发展的解决问题的能力。

在幼儿的心中，享用用薄荷制作的物品是他们的需求，也是最适宜的成

果展示。因此，教师在幼儿的愿望中进行筛选，考虑到节日、季节、幼儿的需求、制作的可行性，最终选取的制作内容是驱蚊香包、艾草薄荷膏、花露水，并将做好的药膏送给园长妈妈、其他班级的教师和幼儿，并为他们介绍其功效和用途，让大家了解到一棵棵小小的草竟然有这么多的本领。这种身临其境的探究经历丰富了幼儿的多种感官体验，提升了其动手操作能力和表达能力，更让他们体验到了分享成果的成就感和幸福感。

四、收获：项目活动实施的启发与思考

（一）幼儿的收获

1.充分享受自主与体验

项目活动为幼儿提供了直接感知、亲身体验和实际操作的学习机会，使其从中获得知识和生活经验的积累。幼儿在种薄荷的过程中了解了种植植物

的条件及其生长的规律，如先长出两片叶子，再对称长出四片叶子。在制作薄荷产品的过程中，幼儿体验到了薄荷的多种功效和用途，刺激了多种感官，例如薄荷被研磨机打碎后会变得"辣眼睛"、隔水加热后颜色会变深等。整个活动过程体现了幼儿的自主性，真正做到把主动权、决策权给了幼儿，他们自主选择合作伙伴，与同伴共同制订计划、收集材料、自由讨论、分享经验成果等。

2. 尽情体验成功与失败

项目活动有时会以失败告终，例如他们在制作自动浇水器、进行驱虫实验时会失败等。事实上，这些失败的经历恰恰是孩子们不可多得的宝贵经验。在项目实施过程中，幼儿展现出了出色的解决问题的能力。面对种植薄荷时出现的各种问题，他们并没有选择放弃，而是与同伴共同探讨，出谋划策，合力解决问题，即使自己的想法被否决也能虚心接受，尊重他人的见解；遇到困难、挫折能够通过回忆、复盘来推测原因，梳理、积累新的经验，反复尝试与学习，直到成功，最后形成属于自己的完整经验。这种团队协作精神和自主解决问题的能力，正是我们在项目化活动中所期望看到的。

（二）教师的收获

1. 捕捉"真问题"，推动幼儿有价值的学习

在项目活动的实践过程中，幼儿常常会遇到五花八门的问题，教师需要时刻保持教育的敏感和警觉，及时捕捉那些与幼儿发展密切相关且能够引起幼儿思考和主动学习的真实问题，同时还要学会对问题进行筛选和整理，确保所选问题具有探究价值和实践意义。例如幼儿在第一次用管子积木制作自动浇水器失败以后，教师和幼儿一起讨论管子漏水或水流不出来的原因，引发幼儿对材料的选择、水流的方向、同伴的合作等因素的思考，为下一次操作积累经验。

2. 在"真反思"中获得儿童意识的提升

在活动中，教师始终密切、持续地关注幼儿的反应与表现，通过观察每一个幼儿对薄荷的关注度得出"他们需要什么？""他们近期遇到的困难和问题是什么？""他们喜欢干什么？"等探究核心，明确需要提供什么材料以满足他们的需求等一系列问题，支持幼儿自发生成的每一阶段的活动，不断调整自己的教育行为，以此促使幼儿在其原有经验的基础上建立"跳

一跳、够一够"的目标，丰富他们的探究经验。此外，教师应基于幼儿的兴趣和经验开展活动，尊重幼儿的主体地位，赋权给幼儿，让他们有选择的机会、试错的机会，支持他们以自己的方式解决问题，并考虑到每一个幼儿，不以同一把标尺去评价他们，不盲目介入、简化困境。如此，教师的"儿童意识"才能真正得到提高。

运用马赛克方法支持儿童经验连续性发展的探索与思考

——以自然体验活动课程故事《探秘水世界》为例

唐　婕（上海市浦东新区冰厂田滴水湖幼儿园）

一、问题提出

杜威强调，教育的本质在于经验的积累与转化。他认为幼儿的每一次经验都是基于过去并塑造未来的桥梁，教师应成为这一过程中的引导者和促进者。因此，在教育实践中，教师需要深度观察和理解幼儿经验的连续性发展，确保新旧经验之间的无缝对接，以支持幼儿全面而持续的成长。

然而，教师眼中观察和理解的幼儿经验，是幼儿当前真实的经验吗？如果不是，这样的支持真的有效吗？

随着儿童立场、儿童视角等教育理念日益深入人心，教师正逐步实践着从儿童的视角去理解和支持幼儿的成长。从儿童视角出发，能够更好地帮助教师理解幼儿的需求和兴趣，进而确定幼儿学习的起点，并在起点的基础上为他们创造丰富的学习机会，让他们在实践中不断积累新的经验。基于此，本研究认为，要真正深入地理解和支持幼儿连续性经验的发展，我们必须深入探究儿童视角下的经验世界。

那么如何在儿童视角下支持儿童连续性经验的发展呢？本研究通过多次实践与探索发现，马赛克方法是一种非常好的、适合在儿童视角下支持儿童发展的工具。

马赛克方法是一种研究儿童的方法，它将观察、访谈等传统研究方法与儿童会议、儿童摄影、幼儿园之旅、儿童绘画、魔毯等参与式工具结合使用，利用混合多元的方法充分激发儿童自身观点的表达。这种方法近年来被认为是儿童表达自己观点和经验的最佳平台之一。马赛克方法使儿童的研究与教育实践更加贴近儿童的真实需求和视角。通过这种方法，儿童不再是被动的研究对象，而是积极的参与者和合作者，他们的视角和声音在研究与教育决策中得到了重视和倾听。

那么如何运用马赛克方法，在儿童视角下支持儿童连续性经验的发展呢？接下来我将以中班课程故事《探秘水世界》为例，阐述如何在自然体验活动中运用马赛克方法支持儿童连续性经验发展。

二、运用马赛克方法支持儿童连续性经验发展的实践探索

本研究认为，支持儿童连续性经验的发展，需要经历以下四个关键的阶段：

第一，"观"儿童已有经验，确定学习起点——"寻"水的踪迹。

第二，"挖"新经验生长点，瞄准发展目标——"探"水的秘密。

第三，"跟"经验轨道行迹，螺旋式跟进支持——"玩"水的世界。

第四，"拓"知识经验边界，激发创新潜能——"思"水的保护。

通过阶段性支持，儿童的连续性经验得以系统地构建和发展，为他们未来的学习和成长打下了坚实的基础。

（一）"观"儿童已有经验，确定学习起点——"寻"水的踪迹

1.缘起——植物里面有水吗？

有一次，孩子们在植物角浇水，小冰糖突然说："我妈妈说多肉叶子里面有水的，不需要每天浇水。"

糖果说："多肉的水在哪里？我怎么没有看到。"

小冰糖说："我也不知道。但是妈妈说有。"

其他孩子也纷纷表示好奇，加入讨论，有的说植物里面有水，有的说只有水龙头里有水，有的说下过雨地上会有水。那么到底哪些地方有水呢？

我的思考：

通过孩子们的讨论，我注意到他们对植物中是否含有水表现出浓厚的兴趣。然而，对于哪些地方有水，他们的经验似乎有限。为了深入了解幼儿对这一主题的已有认识，我决定采用儿童会议的方式，以其作为孩子们相关经验的起点，进而明确他们探究水的学习基础。

2. 儿童会议——哪些地方有水？

会议实录：

小花说："教室的水龙头里有水。"

欣欣说："幼儿园门口的喷泉里有水。"

小萝卜说："小菜园那边有井水，是要用力抽起来的。"

小冰糖说："操场上的小水池里也有水！那里有可多可多水了。"

阿诚说："下雨天幼儿园的天上到处都是水滴落下来。"

布丁说："幼儿园门口的小水池里也有水，就是有一块大石头的地方。"

宁宁说："早上我们洗手的水龙头里也有水。"

安安说："那中午喝的汤里也都是水嘛。"

孩子们纷纷点头，有的孩子嘴里嘟囔着："对噢，我们每天都要喝水呢，汤里也都是水呀。"

我的思考：

这次儿童会议，从孩子们的回答中，我看到了他们丰富的生活经验和对水的初步理解。每个孩子都基于自己的生活经验，分享了自己对水的认识，从教室的水龙头、幼儿园的喷泉，到操场上的小水池，甚至是下雨天从天上落下的雨水，孩子们的观察细致入微，展现出了他们对世界的好奇心和对知识的渴望。

为进一步明确孩子们关于水的经验，我决定进一步带着孩子们去幼儿园里找一找水，于是开启了幼儿园之旅——寻找幼儿园里的水。

3. 幼儿园之旅——寻找幼儿园里的水

观察实录：

我带着孩子们从幼儿园最西面的小菜园出发，孩子们兴奋地围着井，好奇地观察着。当我们走到了洗手池旁，孩子们纷纷表示这是他们每天洗手的地方，对水的流动和用途有了更加直观的认识。在继续前行的过程中，小萝卜突然兴奋地指向一个红色的消火栓，说："我知道消火栓里有水！我爸爸是消防员，他跟我说过。"其他孩子立刻围了上来，好奇地询问消火栓的作用。弘弘问："消火栓里也有水吗？"小萝卜回答道："是的，消火栓接上水管，里面的水就能用来灭火了，很厉害的。"

小萝卜自信地解答了大家的疑问，并向大家介绍了消火栓在紧急情况下的重要性。孩子们纷纷表示，以后一定要爱护消火栓，不乱动它。

我们一路向东，来到了小花园边，这里有一个装满水的大水缸。继续一路向东，他们在幼儿园门口的小水池、喷泉里都找到了水。还有门口的洗手池、东面的水池里也都有水。

我的思考：

在幼儿园之旅中，幼儿的经验连续性发展得到了很好的支持，特别是在他们对水的探索过程中。孩子们展现出了对知识持续的渴求和对未知世界不断探索的好奇心，这一特质在他们的连续学习经历中尤为突出。马赛克方法作为一种支持策略，通过多元化的活动形式，将学习活动自然地融入幼儿的日常生活情境中，从而激发了他们持续学习和主动探索的兴趣。

在连续观察井、洗手池、消火栓及小水池等多种水源的过程中，幼儿对水的存在、流动及其在日常生活中的多种用途形成了直观且连贯的理解。这种基于亲身体验的学习方式，不仅加深了他们对水的认知，还促进了他们主动探索与发现的能力，实现了从初步感知到深入理解的经验连续性发展。

小萝卜对消火栓的详细介绍，不仅是他个人知识积累的一次展现，更成为一个触发点，激发了其他幼儿对消火栓功能及其社会重要性的连续思考和讨论。这种同伴间的互动与知识分享，构建了一个积极向上的学习环境，促进了幼儿之间知识与经验的连续传递和深化。

此外，当孩子们围绕水池，细致观察小鱼的游动和水中的生态时，他们的观察力、好奇心及对自然环境的敬畏之心得到了连续的培养。这种对细节的持续关注与探索，不仅丰富了他们的认知，还促进了他们情感、态度及价值观方面的连续性发展，体现了幼儿经验在多方面、多层次上的连续成长。

（二）"挖"新经验生长点，瞄准发展目标——"探"水的秘密

1. 了解水的循环

通过集体教学活动"小水滴旅行记"及主题墙环境创设，孩子们对水的循环这一自然现象有了初步但连贯的认识。然而，仅凭绘本的描绘和环境的创设，虽能在一定程度上激发孩子们的兴趣，但缺乏亲身体验和直观观察的机会，往往难以让他们真正感受到水循环这一自然现象的奇妙与魅力。因此，我们在教室里开展了一次"水循环实验"，旨在通过实践的方式，进一步加深孩子们对水循环原理的理解，促进他们经验与认知的连续性发展。利用密封袋和水的简单组合，我们在教室的窗户上搭建起了一个简易的"水循环实验室"。当实验开始时，孩子们立刻被这个新奇的小实验所吸引，每天都有孩子围在窗户旁，瞪大眼睛，仔细观察袋子里发生了什么变化。随着时间一天天过去，水在密封袋内逐渐蒸发，孩子们兴奋地指着袋子，大声喊道："看，袋子上有水蒸气了！"这一刻，他们不仅亲眼见证了水从液态到气态的转变，当水蒸气在袋子上凝结成水滴时，他们更是惊讶不已，纷纷发出"哇，水滴出现了！"的惊叹声。

这种基于亲身体验的学习方式，不仅让孩子们亲眼看到了水循环的过程，更让他们通过主动探索和发现，进一步加深了对水循环原理的理解，实现了从理论到实践的连续性发展。

2. 儿童访谈

活动实录：

水有哪些用途呢？我把这个问题抛给孩子们，并进行一对一倾听。

米娅说："水可以用来洗碗。"

小萝卜说："水可以用来灭火。"

诺诺说："水可以用来泡茶，我在桐庐旅游的时候见过人家泡茶。"

帅帅说："水里会有小鱼游。"

糖果说："冲马桶的时候会用到水。"

阿诚说："还可以用来泡澡，我妈妈有时候会在浴缸里放满水给我泡澡。"

弘弘说："水可以用来喝，我喝过装在塑料瓶里的水。"

巧昀说："我在江西的时候泡温泉，那里也有很多水。"

豆芽说："我们可以用水洗手。"

嘉树说："我们可以在水里游泳。"

琪琪说："水可以用来浇花。"

我的思考：

孩子们的回答展现了他们

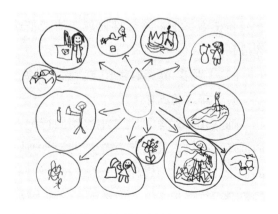

图1　幼儿共同绘制的"水的用途"思维导图

在日常生活中对水的用途的观察与思考，同时，孩子们的经验连续性发展也得到了显著的体现。正如《幼儿园教育指导纲要》所倡导的，教育应紧密贴合幼儿的实际生活，将周遭的事物与现象作为他们探索的宝贵资源。

在一对一倾听互动中，每个孩子都获得了宝贵的机会，得以分享自己对水的用途的独特见解。这一做法不仅践行了马赛克方法中以幼儿为核心的教学原则，更极大地促进了幼儿的有效学习，使他们的经验在连续的互动与分享中得以深化和拓展。

从米娅提及的洗碗日常，到小萝卜讲述的灭火经历，再到诺诺在旅行中观察到的泡茶场景，孩子们的回答生动展现了他们对水在日常生活及自然环境中多样用途的连续观察与理解。帅帅提到的小鱼游水，虽不直接关联水的具体用途，却透露出孩子们对水生生物与水环境间微妙关系的初步且连续的认知。糖果、阿诚、弘弘等孩子的回答，则进一步丰富了他们对水的用途的认识，从冲马桶、泡澡到饮用，他们不仅一步步理解了水在家庭生活中的不可或缺性，更深刻体会到了水作为生命之源的宝贵价值。巧昀和豆芽的分享将水的用途延伸至休闲与卫生领域，展现出孩子们对水的多功能性有连续且全面的认识。而嘉树和琪琪的回答则揭示了水在体育活动与植物生长中的重要作用，进一步拓宽了孩子们对水的用途的连续探索与理解。在这一过程中，孩子们的经验在连续的互动、观察和思考中得到了不断的丰富与深化。

3. 儿童绘画

你想用水玩什么游戏？

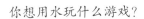

图2　儿童绘画——想用水玩的游戏

我的思考：

在持续的绘画探索中，中班幼儿不仅深化了对水的多种用途和特性的认知，展现了认知方面的连续性发展，还通过表达对水的喜爱和玩水活动的向往，体现了情感上的连续成长与对生活的积极态度。同时，绘画中的互动场景，如玩水枪、游泳等，促进了孩子们社会交往与沟通能力的连续性提升，他们在与同伴和教师的交流中学会了倾听与合作。此外，尽管绘画未直接涉及数字或计数，但孩子们在构思画面时，对数量的感知和简单计数活动的融入，以及在选择绘画内容时展现的初步逻辑思维能力，都标志着他们数字与逻辑思维能力的萌芽。这一过程充分展现了幼儿在多方面经验上的连续性发展。

（三）"跟"经验轨道行迹，螺旋式跟进支持——"玩"水的世界

关于水，有很多内容可以去探索。通过一系列小实验，孩子们连续性地探索了水的多种特性和变化，不仅加深了对水的认识，还促进了观察力、思考力、动手能力及社交能力的连续性发展。在这一过程中，孩子们的经验得到了全面而深入的拓展。

1.科学小实验：水的过滤

在世界水日活动开展的过程中，我们在班级的科学区投放了一套水的过滤实验材料。在投放之前，我们也带孩子们进行过一次过滤泥浆的实验。孩子们通过这次集体实验了解了可以用这个装置把脏水变干净。

2.亲子小任务：雨水收集器

正值春雨绵绵的季节，孩子们拥有了宝贵的连续观察与探索自然的机会。雨声的吸引和雨滴落在掌心的清凉感受，激发了他们对雨水的浓厚兴趣。为了延续这份探索的热情并培养他们的动手能力，我们在"孩子通"上布置了一项亲子小任务——制作雨水收集器。

雨水收集器挂上的当晚，恰逢降雨，为孩子们提供了实践探索的机会。次日，孩子们满怀期待地查看收集器，这一过程不仅加深了他们对雨水现象的理解，也促进了他们观察力的发展。通过观察，孩子们注意到了不同大小的雨水收集器在刻度显示上的差异，这引发了他们对如何更精确记录与比较水量的思考。

基于孩子们这一连续性的观察与发现，我们计划统一雨水收集器的大小，并配备相同的刻度尺。这一改进旨在帮助幼儿更准确地记录水量，进行有效的比较与分析，从而推动他们逻辑思维与科学探究能力的连续性发展。通过这一系列连续性的探索活动，孩子们的经验在观察、实践和思考中不断积累与深化，为他们的全面发展奠定了坚实的基础。

3. 鱼缸大换水——幼儿园取水之旅

在本学期，弘弘爸爸为班级的自然角增添了一抹生动的色彩——一只大鱼缸，里面的小鱼、河蚌、水草等生物构成了一个微缩的水下世界，激发了孩子们的连续观察与探索。起初，孩子们每天都会兴奋地围在鱼缸旁，观察小鱼的游动、河蚌的慵懒及水草的摇曳。然而，随着时间的推移，鱼缸内出现了变化：一只河蚌浮在了水面上，鱼缸里还散发出一阵阵令人不悦的臭味。

面对这一突如其来的问题，孩子们并没有退缩，反而展现出了强烈的探索欲望和解决问题的能力。他们首先注意到了河蚌的异常状态。宁宁好奇地询问教师河蚌为何会浮在水面上，诺诺则凭借生活经验猜测河蚌可能已经死亡，并指出了河蚌散发出臭味的问题。弘弘则结合家庭经验，提出了换水的解决方案。在孩子们的共同努力下，鱼缸迎来了第一次大换水。

然而，换水并非易事。孩子们在取水时遇到了新的挑战：水龙头里的自来水含有氯气，不适合直接用来养鱼。面对这一难题，孩子们没有放弃，而是展开了热烈的讨论，探索更合适的取水地点和过滤方法。阿诚提出了到操场上的水池里取水，但小萝卜和小花提出了反对意见，认为水池里的水可能不干净。小冰糖则提出了使用过滤器来净化水的想法，而嘉树建议多去几个地方取水，比较水质后再做决定。

在教师的引导下，孩子们最终决定采用小冰糖和嘉树的建议，组成取水小分队，到四个不同的地方取水并进行实验。他们从小菜园的井、门口的小水池、喷泉及操场上的大水池取了四罐水，并做了相应的标签和记录。随后，他们在草地上迫不及待地开始了水的过滤小实验，吸引了众多小伙伴的围观。

在整个过程中，孩子们不仅增长了关于水质、环境和生物生存条件的知识，还锻炼了观察力、思考力、解决问题的能力及团队合作的精神。他们通过连续的观察和探索，发现了鱼缸内的问题，并主动提出了解决方案。在讨论和实验中，他们学会了从不同角度思考问题，尝试用多种方法解决问题。这种马赛克式的学习方法，让孩子们在体验中学习，在探索中成长，实现了经验的连续性发展。

看到孩子们身上的无限潜力，我深感欣慰。通过提出一些引导性的问题，如"为什么不同地方的水质会不一样？""过滤后的水可以直接用来养鱼吗？"等，我进一步激发了孩子们的好奇心，引导他们深入思考并探索背后的科学原理。这些问题不仅让孩子们对所学知识有了更深入的理解，还培养了他们的科学思维和解决问题的能力，为他们的未来成长奠定了坚实的基础。

（四）"拓"知识经验边界，激发创新潜能——"思"水的保护

通过鱼缸大换水的活动，我们有意识地引导幼儿认识到保护水资源的重要性，并鼓励他们在日常生活中节约用水、保护水资源。通过欣赏图片——1978年和2012年地球的变化，孩子们了解到地球上的水资源越来越少了，纷纷表示要节约用水，保护地球上的水资源。

以此为契机，我们开展了一系列活动，如亲子小任务：绘制思维导图——保护水资源的方法、儿童绘画——设计保护水资源的标志等，进一步提升幼儿保护水资源的意识。

1. 亲子小任务：绘制思维导图——保护水资源的方法

图3 幼儿与家长共同绘制的保护水资源的思维导图

2. 儿童绘画——设计保护水资源的标志

我先组织幼儿分享保护水资源的方法，如不要往水里扔东西，以免污染水资源；洗手时水开得小一点，用洗手液的时候把水龙头关掉；水杯里的水

图4　幼儿设计的保护水资源的标志

要喝完，喝不完的水可以用来浇花；等等。为了进一步加深孩子们对保护水资源的认识，我鼓励他们发挥创造力，设计保护水资源的标志。这些标志不仅展示了孩子们对保护水资源的理解，也让他们在实践中增强了环保意识。

三、运用马赛克方法支持儿童连续性经验发展的实践反思

在"探秘水世界"主题活动的实施过程中，我紧密跟随儿童的兴趣和好奇心，以他们为主导进行了一系列关于水的探索活动。反思此次课程故事的进程，我认为运用马赛克方法支持儿童连续性经验的发展，主要有以下两点经验。

（一）多元工具灵活用，助力儿童深度悟

马赛克方法以其独特的视角和丰富的内涵，将孩子们的学习过程比作一块色彩斑斓的马赛克拼图。在"探秘水世界"这一主题课程中，我运用了多样化的马赛克工具，如儿童会议、儿童访谈、儿童绘画及幼儿园之旅等，引导孩子们从多个角度、多个层面去感受和认识水这一奇妙的存在。

然而，在运用这些工具的时候，教师需要具备高度的灵活性和敏锐的洞察力。我们要根据当下的活动情形，以及孩子们的实际情况和需求，选择适宜的工具，以确保每个孩子都能够获得最佳的学习效果和发展机会，这样才能恰到好处地推进活动进程，继而支持幼儿连续性经验的发展。

（二）领域融合重实践，丰富学习新体验

通过此次活动，我认为作为教师，不仅要鼓励孩子们主动探索，尊重他们的观点，并通过多元化的方式促进其进行有效学习，同时也需要更好地将

主题活动与其他学科融合，以丰富孩子们的学习体验。比如在科学领域，可以通过测量水的体积来引入数学概念；在艺术领域，可以让孩子们用水彩描绘他们心中的水世界。这些活动不仅能增加学习的趣味性和实践性，还有助于孩子们更全面地理解和体验。

最后，幼儿的学习过程具有其独特的节奏和阶段性特征。他们的认知发展遵循从简单到复杂、从具体到抽象、从量变到质变的规律，这与儿童心理发展的连续性相契合。因此，教师在设计教育活动时，应充分考虑这些特点，为幼儿提供适宜的学习环境和挑战，以促使他们在各个阶段都能进行有效的学习，获得良好的发展。

数据赋能：信息技术在集体教学活动中的运用与效果

——基于中班集体教学活动"破冰探宝"的教育实践

张瑜琪（上海市浦东新区好儿童幼儿园）

一、我们的困惑

教师在听评课过程中常常无法抓住重点，难以有目的地去听和记录，同时也存在对差异化教学的困惑，无法精准捕捉教学活动中需要调整的部分。然而，信息技术的赋能为解决这些问题提供了有力的工具和方法。本文将探讨无线投屏、课程通思维导图，以及宜搭数据采集等信息技术在幼儿学习过程中的应用与效果，并介绍数据的使用如何提升教学活动的有效性。

二、信息技术的赋能，助推幼儿主动学习

（一）无线投屏，放大幼儿的表达表现

在"破冰探宝"的活动过程中，教师将投屏技术运用到科学集体教学活动中。在活动分享环节，利用投屏将幼儿的记录表、幼儿的操作过程放大，有助于幼儿发现记录、操作中的小细节。幼儿借助大屏幕与同伴分享，视觉上的刺激，激发了幼儿主动学习的意愿，并提供了更多的互动机会帮助幼儿积累新经验。

（二）课程通思维导图，帮助幼儿梳理总结

在组织中班幼儿开展"破冰探宝"活动时，教师结合幼儿感知冰的特性给出的回答，利用课程通进行梳理、总结，以思维导图的方式呈现，帮助幼儿梳理冰从触觉、嗅觉、视觉上体现的不同特性，促进了幼儿的思维发展。

（三）宜搭数据采集，注重幼儿持续动态的学习反馈

教师运用宜搭平台进行数据采集，数据采集工具可以实时记录幼儿的学习过程和表现，为教师提供准确的数据支持，帮助教师更好地了解幼儿的学习状态，并对活动的关键提问、材料提供进行有针对性的调整。

三、信息技术的支持，帮助教师及时调整

（一）用精准的关键提问，提升思维的有效性

1.数据采集的量身定制，有助于了解幼儿的现有经验

教师根据活动中抛出的关键提问，对数据采集的形式进行量身定制。如频次记录、相关性记录、白描式记录，教师根据不同的问题运用不同的方式进行数据采集，便于了解和分析幼儿的具体想法。

在活动中，我们基本采用高相关、低相关、零相关的记录方式，但是针对"你有什么好办法得到宝物？"这一问题，不太适合用相关性描述进行数据采集。经过调整后，教师采取了白描式记录，直接记录幼儿原话的方法能更好地反映出幼儿的现有经验。

2.中测数据的多次采集，有助于拓展调整活动的多途径

当教师第一次提问"你还有什么方法破冰？"时，从采集的数据中可以看到，数据呈现低相关，孩子们还是停留在第一次操作的经验中，在第二次操作中没有得到提升。于是，教师将提问改成了"你们使用了什么方法快速地破冰？"，从数据来看，调整了提问之后，幼儿的回答呈高相关和低相关各占一半的比例，我们发现幼儿的回答都是"先用……，再用……"，说明他们组合使用工具的经验较少。对此，教师在分析后提出了调整策略，如在阅读区提供一些绘本或有关工具使用的图书，让幼儿在自由活动时可以自主地翻阅，积累使用工具的方法；或运用亲子调查表进行家园共育，帮助幼儿从生活中获取经验；也可以让孩子们用亲身体验的方式来拓宽这方面的知识，比如利用考古工具、户外建构区域提供的材料等。

以往当我们发现提问的成效不高时，往往只是不断地揣摩问题中的每一个字，但通过多次中测数据的采集，我们发现除了调整提问，还可以利用自由活动、家园互动、亲身体验等形式，拓展教学活动的多个途径，帮助教师发现不同的教学路径和策略，以满足幼儿的个性化需求，提升活动的成效性。

3.后测数据的采集比较，有助于及时得到幼儿的学习反馈

在导入环节让幼儿感知冰块后，教师提问"冰是怎么样的？"，通过数据可以看到，60%的幼儿给出了大量相同的回答。在第一个孩子回答"冰是凉凉的"后，后面回答的幼儿也会重复"冰是凉凉的"这一回答。教师要如何

判断幼儿的回答是高相关还是重复回答？这就要求数据的采集要客观，当幼儿的回答提到了冰的特性，就记录高相关。对于如何验证幼儿是否在模仿他人的回答，可以通过后测数据的比较，及时得到幼儿的学习反馈，来了解幼儿对学习活动的理解和掌握程度。

（二）以多元的材料提供，判断投放的适宜性

1. 前测数据的对比分析，有助于提升幼儿的操作经验

从数据分析来看，在幼儿和每一种材料的互动情况中，有使用率高的、达成度高的材料，也有使用率低的或者达成度低的材料。其中，吹风机使用的频率及成功率都不高，教师围绕要不要去除这一材料进行了讨论。有的教师建议去除，因为使用吹风机进行破冰，就是运用了冰块遇热融化这一特性，用热水也是一样的，效果还更明显。但开展集体教学活动需要在幼儿已有经验的基础上拓展他们的经验。我们发现个别幼儿在前测中想到要用热热的风来融化冰块，这给了大家帮助幼儿拓展经验的机会。吹风机和热水，一个是用热水泡，一个是用热风吹，方法不一样，效果上也有区别。热水融化冰块的速度是很快的，而吹风机是慢慢地使冰块融化，两种材料的投放能让幼儿在探索过程中，发现、比较不同方法化冰的优劣。在此过程中，幼儿是需要静下心来耐心观察的，有助于幼儿科学素养的养成。

如何利用好幼儿的前测数据，就需要教师关注全体中班幼儿的前测数据和活动中12个孩子的前测数据的异同点，并对幼儿的经验提升、学习品质的培养有更多的思考。前测数据的对比分析，有助于将个体经验转化为全体经验，以此提升幼儿的操作经验。

2. 中测材料的数据采集，有助于判断材料投放的适宜性

在活动中，我发现用螺丝刀的幼儿耗时太久，说明在一定程度上不方便幼儿使用。此外，螺丝刀也不是很安全，很容易戳到孩子。虽然教师提供了保护幼儿双手的手套，但孩子们往往因为要佩戴手套，减少了实践探宝的时间，尤其在第二次操作时，手套湿了之后更加影响幼儿的佩戴速度，耗时太久。起初在设计活动时，教师选择提供螺丝刀，一方面是因为螺丝刀是幼儿前测时想到的破冰工具，另一方面是为了让幼儿发现冰块透明的特性，以找到宝物的位置，精准地进行凿冰取物。对此，教师对螺丝刀的投放进行了商讨。中测的数据中有90%的幼儿选择了螺丝刀，从数据中可

以看出，虽然螺丝刀的使用难度高、达成度较低，但幼儿的兴趣度很高，并且螺丝刀能帮助幼儿在操作中进一步感知冰块的特性。所以，我们不能因为知道这种材料难用、达成度低，就剥夺了幼儿探索材料的机会。材料好用与否应是幼儿探索得出的经验。科学探索是一个发现问题、解决问题的过程，中测材料的数据采集能帮助教师判断材料投放的适宜性，了解幼儿与材料的互动情况，从而进行必要的调整和优化。

四、采集数据的使用，提升活动的有效性

（一）前测数据的采集，有助于无效提问的减少

在实践中，我们发现前测数据的采集不仅有助于我们了解和掌握每个幼儿的前期经验，对活动的实施也有推波助澜的作用。例如在中班科学活动"破冰探宝"导入环节的设计中，教师预设了提问"冰是怎么样的？"，旨在使幼儿在触摸冰块前，唤起对冰的前期经验，以便触摸冰块后说出不同的感受。但通过前测数据的采集（见图1），我们发现幼儿对冰块的认识还是较丰富的，知道它是冰冰的、凉凉的、硬硬的、滑滑的，这些认识与动手摸冰块的感觉是一致的。那么，如果在组织活动的过程中，让幼儿触摸后再提问，就会使得环节雷同。因此，教师在执教过程中，可以灵活地省去该环节的提问，减少无效提问的产生。

通过前测数据的采集，教师可以减少无效提问的发生，有针对性地设计问题，引导幼儿思考和表达，促进有效学习的进行。

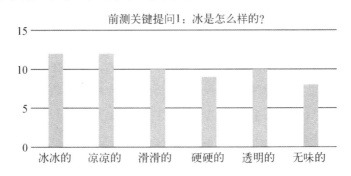

图1　前测数据采集

（二）中测数据的运用，有助于关键提问的优化

对中测数据进行分析，我们可以发现幼儿对关键提问的举手频次普遍

较低，且回答的相关度较低，可能是幼儿对问题不理解或者无法准确表述答案。因此，教师调整了关键提问，例如将"你们有什么发现？"调整为"你用了什么工具？怎么使用的？"，以此引导幼儿在使用工具破冰后，回忆、联想冰块的变化，对使用工具破冰的方法产生兴趣。在之后两次试教的数据对比图表中（见图2），我们可以清晰地看到活动中幼儿的举手频次明显提高了，幼儿对课堂的兴趣逐步增加，幼儿的回答情况从以低相关为主发展到以高相关为主。教师对活动中关键提问的调整，指向破冰的具体方法，更加开放、有效地引导了幼儿在观察比较中探索不同材料对冰块融化速度的影响。

利用中测数据对关键提问进行优化，根据幼儿的学习表现和反馈，调整提问方式和深化问题，可以激发幼儿的思考，提高他们的探究能力。

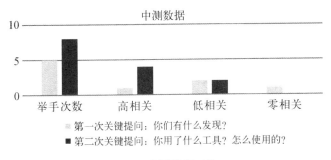

图2　中测数据对比

（三）后测数据的验证，有助于检验活动的成效

同样是在中班科学活动"破冰探宝"活动的后测中，我们通过对数据的分析发现，75%的幼儿未能理解使用组合材料进行破冰的方法。只有25%的幼儿在操作过程中同时使用了两种材料。由此可见，虽然这12名幼儿知道了每种材料破冰的方法，但仍有75%的幼儿不理解组合使用工具的方法，所以活动目标的达成度不高。于是，教师开始头脑风暴，研讨如何真正使活动设计为幼儿的学习和发展服务。因此，教师调整了活动目标，使活动重难点落在引导幼儿能用组合材料的方法探索对冰块融化速度的影响。我们还根据幼儿在活动中的行为表现对活动环节进行了调整，以使幼儿充分感知组合材料破冰更快的原理。在第二次试教后，我们又对幼儿进行了后测数据的采集。从两次后测数据的对比图表中（见图3）可以看出，使用组合材料的方法进行破冰的人数从25%发展到了75%，说明教师对活动目标及活动环节的调整

有效地帮助幼儿提炼了活动中学到的经验，理解了组合材料与破冰方法之间的关系。

通过对后测数据的验证，教师可以检验教学活动的成效，了解幼儿的学习成果和进步，同时也为进一步优化教学设计提供了参考和指导。

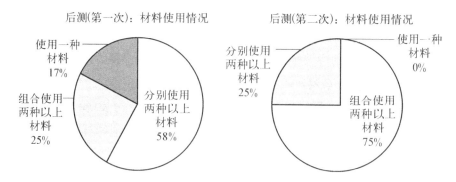

图3　后测数据对比

五、信息技术的运用，提升教学活动的成效

一步步地脚踏实地，认真钻研，我们在实践中不断思考，将信息技术运用于集体教学活动中的能力不断提升。无线投屏、课程通思维导图和宜搭数据采集，为教师提供了强大的支持和有效的工具，帮助我们解决了听评课中的问题和差异化教学的困惑。数据的采集与分析使教师能够更加有针对性地引导幼儿学习，提升教学活动的有效性。因此，在幼儿教育中积极应用信息技术，对于促进幼儿的主动学习和发展具有积极的意义。

大数据的实用性和可操作性都很高。可能有教师会问，12个小朋友的数据是不是会有一定的偶然性？其实，我们活动的数据来源是非常广的，从横向来看，我们会对所有中班幼儿开展此活动，收集足够的数据来保证数据的普遍性；从纵向来看，我们可以收集下一届甚至下下届的中班幼儿参与活动的数据。相信在收集到这么多数据后，我们一定能做到精准实施，把集体教学活动打磨得更精细、更完善。

运用大数据进行"精准化"教学是未来教学的基本模式。我们对大数据应用的研究还处于起步阶段，需要大量的实践去优化我们的研究内容。相信经过不断的实践和运用，我们对大数据的应用会更加客观、有效、科学。

信息赋能提升幼儿运动自评能力的研究

李佳云（上海市浦东新区冰厂田幼儿园）

自主运动是当下幼儿园的主流运动形式，它是基于儿童立场，能够充分激发幼儿运动兴趣，保障幼儿运动权利，使其动作技能获得多样锻炼的一种创造性运动。在自主运动中，整个户外环境根据材料种类的不同，被划分成不同的区域，幼儿可根据自身情况，选择不同的材料、不同的运动方式、不同的挑战难度。

幼儿自评是指幼儿在某一活动中对自己行为、能力、品质等方面的认识和判断。由于幼儿缺乏相关经验，且教师难以收集实证辅佐幼儿自评，因此在传统评价中，往往会弱化幼儿自评，陷入幼儿自评能力提升困难的窘境。

如今，在信息赋能的支持下，运动数据可视化打破了这样的困境，让幼儿在自主运动中进行自我评价有了新的可能。

一、价值与意义：搭建技术支架，赋能幼儿运动自评

（一）客观自评的基础

在过去大班幼儿自主运动的实践中，教师通常会采用一系列传统的方法，引导幼儿评价自己当天的运动量。这些方法主要包括观察脸色变化、触摸心跳、感受后背的出汗量等。然而，这些传统的评估方式在很大程度上依赖幼儿的经验与认知，而非科学、客观的测量手段，常使得最终的评价结果存在较大的偏差。这样的评价，对于幼儿运动能力的提升是完全无效且徒劳的。

如今，我们可以通过让幼儿佩戴运动手环，利用现代科技的力量，实时地收集和监测幼儿在运动过程中的各种数据。通过科学的方法对这些数据进行处理，将它们转化为易于理解的数值和图表形式，然后实时地传送并存储

在云端服务器中，幼儿就可以根据自己的兴趣和需求，通过查看手环的显示屏来获取数据，或者使用放置在运动场地上的iPad查看后台数据。这些数据为幼儿提供了客观的参考，帮助他们评估自己的运动量，并据此做出决策，决定下一步应该去哪里继续运动。

信息赋能为幼儿提供了更加科学、客观的可视化数据，幼儿以此为抓手，可以逐步探索自我评价方式，提升自我评价的能力。

（二）引发学习的契机

借助先进的信息技术和丰富的运动数据，幼儿在自主运动后，可以通过教室内的希沃显示屏获得直观的数据反馈。这些数据不仅为幼儿的自我评估提供了客观依据，还极大地激发了他们的思考能力和自我反思能力。

通过细致地分析心率散点图和运动密度柱状图，幼儿能够将图表中展示的信息与自己当天使用的运动区域或器材相对应。他们能够辨识出哪些运动属于高强度活动，哪些属于低强度活动。基于对这些数据的分析，幼儿能进一步推论出高强度运动会导致心率上升，并结合过往的生活经验，总结出长时间心率过快会对身体造成不适。因此，他们能认识到在经历一段时间的高强度运动后，需要适当休息，待心率恢复平稳后再继续运动，或者采取高强度与低强度运动交替的方式。

通过数据的支撑，幼儿能够独立思考，并归纳出一套有益于终身健康的运动模式。他们学会了如何根据自己的身体状况和运动强度来调整运动计划，从而更好地使自己保持身体健康。这种基于数据的自我评价能力，不仅有助于他们在当前的运动中保持健康，也为他们未来的健康运动习惯打下了坚实的基础。

（三）感知成长的媒介

在实际操作的过程中，我们发现通过观察运动数据，幼儿参与自主运动的积极性得到了显著的提升。当孩子们亲眼看到自己的运动数据时，除了感到新鲜和好奇之外，普遍会表现出积极的情绪。尤其是对那些运动能力相对较弱，或者对运动缺乏热情的幼儿来说，这些数据起到了非常好的激励作用。运动数据将他们的运动表现用直观量化的方式呈现出来，使他们能够感知到自己的进步和成长。

当幼儿意识到自己的运动密度有所提高、中高强度运动时长达标时，这些认识在他们内心形成了一种内在的驱动力。这种内在的驱动力促使他们更加积极地参与到自主运动中。通过这些数据，幼儿能够观察到自己在自主运动过程中的变化，理解运动带来的效果，并更具体地感受到运动对身体健康的益处。

二、问题与解决：幼儿发展优先，科学认识手环技术

（一）厘清手环数据与运动自评的内在联系

在实际应用运动手环数据的过程中，我们常常会陷入一个误区，那就是过分关注数据的达标率，而忽略了数据背后所蕴含的深层意义。事实上，运动手环所提供的数据能够从多个角度真实反映幼儿的运动状态，无论对于教师评价还是幼儿自评都是一个非常有用的工具。因此，在使用这些数据时，教师应该避免盲目追求数据是否漂亮，而是应该将数据作为支持幼儿自我评价的有效途径，发挥数据的真正用途。例如大三班幼儿在观察心率散点图时，通过讨论得出运动应采用动静结合的方式，这样才是健康的运动方法。

合理正确地运用数据，才能真正激发幼儿内在的运动动力，培养他们健康的生活方式和良好的运动习惯，从而实现长期的健康目标。

（二）尊重支持幼儿对手环数据的自主探索

在观察手环表面数据或分析网页后台数据时，幼儿需要具备一定的数学经验。提及经验，教师往往会情不自禁地希望向幼儿传授一些已有的认知。然而，我们必须相信每个幼儿都是有能力的学习者。在持续的数据观察、与同伴的交往，以及与环境的互动过程中，幼儿将按照自己的步调进行自主学习。教师应当尊重幼儿的个体差异，在日常的倾听中掌握幼儿的发展状况，并适时提供必要的支持，以促进幼儿进一步的探索和学习。

三、策略与路径：尊重发展规律，阶段提升自评能力

幼儿的认知发展遵循着从感知到认知再到行动的规律。幼儿首先从感知事物的外在特征起步，随后逐渐深化对事物本质特征的理解，最终达到对事物的全面认识和有效运用。在这一认知过程中，幼儿表现出明显的阶段性特征。

（一）第一阶段：多维助力，明晰运动场景下手环数据的具体含义

1. 借助手环，关注即时运动状态

作为幼儿自我评价的辅助工具，手环所记录的数据在幼儿自主运动过程中扮演了至关重要的角色。它帮助幼儿将那些不易被察觉的内在运动状态和感受转化为外在的、可感知的信息，从而使得幼儿能够清晰地认识和评价自己的运动表现。为了促进幼儿能够灵活地利用这些数据进行自我评价，首要任务是让他们学会解读这些数据背后的含义。幸运的是，这些数据可以通过图表的形式被呈现得直观而生动。在日常的一对一倾听中，幼儿能够轻松理解自己的心率、步数、体温及消耗的热量等关键指标的含义，并知道在运动过程中就能观察手环上的数据。

对于手环表面数据的认知不仅有助于幼儿在自主运动中实时了解和评价自身的运动状态，还能够激发他们对自主运动的热情和兴趣。

2. 后台数据，复盘整体运动状态

信息赋能的应用场景并不局限于运动本身，它更在运动后的分享环节发挥着重要作用。在长江唯诚手环后台，幼儿的运动密度以柱状图的方式呈现。其中环境渗透是支持幼儿理解该图表最直接的方式。例如在幼儿运动后，教师可以将显示后台数据的iPad架立在教室中或用希沃大屏展示数据，暗示幼儿对图表进行观察，形成小组讨论，再将小组经验辐射到全班。"环境是无声的教师"，在这样的实践下，孩子们开始理解在柱状图中，不同深度的绿色代表不同的运动强度：深绿色的柱形代表中强度运动，而浅绿色的柱形则代表高强度运动。他们通过观察这些柱子的高度和颜色深浅，就能够清楚地了解自己在各个时间段内的运动强度分布情况。

更有趣的是，有些孩子还敏锐地发现，在某些特定的时间段内，柱状图上并没有出现绿色，这意味着在这些时间段内，他们并没有进行任何运动，可能是在休息区喝水或擦汗。这一发现引发了孩子们的热烈讨论，他们开始思考图表上应该布满绿色柱子，还是应该留有一些空白区域。最终，他们达成了共识，认为在运动中适当的休息是必要的，可以让自己更好地恢复体力，而不应一味地追求运动时间。

通过这样直观的数据展示，孩子们开始更加关注何为正确的运动方式。他们开始思考如何在运动中保持适当的强度，并学会在需要时适当休息。同

时，他们也开始对自己和同伴的运动状态进行评价与反思，从而不断提高自己的运动能力和健康水平。

（二）第二阶段：相互对应，建立手环数据与运动行为之间的联系

1. 表面数据助力运动中的自我调节

通过运动手环表面的数据反馈，幼儿可以更加客观地评价自己当下的运动状态。在一对一倾听中，幼儿纷纷分享他们的运动体验和感受。例如小九兴奋地描述道："我在踢足球，一直踢一直踢！然后我看了下手环，心跳有187！然后我去喝了会儿水，我的心跳就只有120了。"孩子们开始意识到心跳与运动的激烈程度有关。霖霖则认真地记录道："我在过草地时，送粮食的运动量比送信要大得多，我的热量多消耗了3。"原来，她发现了热量的消耗与运动量有关。

在信息技术的支持下，幼儿不仅具备了数据解读的能力，还学会了如何运用这些数据进行自我评价，他们开始用表征的方式对自己的运动状态进行评价，并引发了一系列思考。

2. 后台数据引发多层次的思考

在多次解读运动密度柱状图后，孩子们出现了新的思考。结合集体分享和一对一倾听，琪琪是这样记录的："我今天玩了勇敢者道路和跳箱，玩跳箱很累，绿色的柱形很满。玩勇敢者道路不是很累，绿色柱形不是很满。"在倾听后的个别探讨中，琪琪得出结论，应该跳箱和勇敢者道路轮流玩，这才是比较健康的运动方式。在后台整体数据的支持下，幼儿有了更深度的思考。

运动密度柱状图用浅绿和深绿的柱形呈现每分钟中强度运动和高强度运动的分配，吸引了不同发展水平幼儿的注意力，支持让他们从中提取对自己有意义的信息，并引发他们各自的思考。有些孩子可能会专注于图表中展示的运动过程中适当休息的重要性，他们会意识到在运动过程中适时地停下来休息是非常必要的。而另一些孩子则可能会进一步思考动静结合的运动模式，他们会理解在运动中既要有高强度的活动，也要有低强度的活动，从而达到更好的运动效果。

不论这些幼儿从运动密度柱状图中获取了何种信息，他们的自我评估运动能力都得到了显著的提升。通过观察和分析图表，孩子们能够更好地了解自己当天运动的情况，从而进行改进和调整。

（三）第三阶段：自主调节，尝试借助手环数据养成健康运动习惯

在运动中，手环表面上的数据对孩子们来说，具有非常重要的提示作用。孩子们能通过这些数据了解自己的运动状态，基于健康运动方式的经验，调整自己的运动状态。当手环显示心跳很快时，孩子们会意识到自己的运动强度可能过高，从而主动调整运动方式，改为进行一些比较平静的运动，以降低心率。同样，当手环显示体温过高时，孩子们会意识到自己的身体状况需要得到调整，他们会自觉地去休息区喝水、擦汗，以降低体温。

此外，孩子们之间还出现了比较数据的行为。他们会互相查看彼此手环上的步数、热量消耗等数据，并以此为依据进行竞争和自我激励。当发现自己的步数比同伴少时，孩子们会自发地进行一些运动量较大的运动，以提升自己的步数和消耗。这种比较数据的行为不仅激发了孩子们的运动热情，还让他们在竞争中不断超越自我，实现自我提升。

信息化的数据赋能不仅体现在对孩子们运动状态的提示上，还体现在对孩子们健康意识的培养上。通过观察手环上的数据，孩子们能够更加直观地了解自己的身体状况和运动效果，从而评估当下的运动方式并做出调整。他们会逐渐意识到运动对于身体健康的重要性，并主动参与到各种运动中去，形成良好的运动习惯。

参考文献

［1］李召存.基于儿童立场的幼儿园运动再认识——以户外区域性自主运动为例
　　　［J］.上海托幼，2023（Z2）：24-25.

［2］仇佩英.幼儿自我评价恰当性的研究［J］.心理科学，1991（3）：14-18.

找准观察的"眼"，解读幼儿的"行"

——科学探索活动"好玩的纸飞机"课堂观察报告

王春频（上海市浦东新区小天鹅幼儿园）

　　《幼儿园教育指导纲要（试行）》明确指出，教师要成为幼儿的观察者、指导者、合作者，强调了观察在幼儿成长中的作用。本文阐述了如何以教学研究者的视角，设计并运用观察量表记录科学探索活动"好玩的纸飞机"，更有针对性地对幼儿进行观察，并根据对观察结果与课堂教学效果的分析提出改进建议和具体措施。同时提出在幼儿教育教学中，教师应根据不同的观察目的、内容设计更具针对性的观察量表，并在实践中不断优化观察量表的适宜性，从而更客观直接地聚焦观察幼儿的个体发展，推进科学探索活动的深度走向，引领幼儿向更高水平发展。

一、观察背景

（一）开展课堂观察的契机

　　《3—6岁儿童学习与发展指南》指出，幼儿的学习是以直接经验为基础，在游戏和日常生活中进行的。成人要善于发现和保护幼儿的好奇心，充分利用自然和实际生活机会，引导幼儿通过观察、操作、体验等方法，学习发现问题、分析问题和解决问题。本次课堂观察的契机源自对幼儿科学探索活动的持续关注和研究，特别是对如何通过游戏化教学激发幼儿的科学兴趣和探究能力的探索。纸飞机结合了幼儿对飞行物体的天然好奇心和科学探究的元素，能为幼儿提供一个实际操作和科学发现的平台。

（二）观察者的身份

　　作为教学研究者，我以非参与式观察者的身份进行了本次课堂观察。通过观察，我深入了解和记录了幼儿在科学探索活动中的行为表现、教师的教学策略，以及活动的组织和实施情况，分析了活动对幼儿科学认知发展的影响，并提出了相应的教学改进建议。

（三）课堂的具体信息

本次课堂活动主题为"好玩的纸飞机"，由冰厂田前滩幼儿园的华老师执教。参与活动的幼儿有12名，来自大班，性别比例均衡，且具备一定的动手能力和探究欲望。

本次活动旨在激发幼儿对纸飞机飞行原理和转弯方向影响因素的好奇心与探究欲；通过实践活动提升幼儿的动手操作能力和科学探究技能；培养幼儿的观察力、思考力和问题解决能力；促进幼儿之间的合作与交流。

（四）观察者的信息

本次课堂观察采用了单独观察的方式，每位观察者都被分配了特定的关注对象，同时也会对整个活动的流程和幼儿的整体表现进行记录。我负责记录幼儿的个人行为、小组互动及教师的指导和反馈，并分析活动的效果，为教师提供反馈和建议。本次观察活动的目的是让观察者更深入地了解幼儿在科学探索活动中的学习和发展情况，为今后的科学教育活动提供参考。

二、观察主题与工具

（一）观察主题

本次课堂观察的核心主题是评估和分析"好玩的纸飞机"科学探索活动对大班幼儿在科学认知、动手操作、合作交流及创新思维方面的影响。观察者通过观察幼儿在活动中的具体表现和教师的指导策略，能深入理解本次活动对幼儿科学兴趣、探究能力和学习品质的促进作用，以及活动设计与实施的有效性。通过深入分析本次科学探索活动的观察主题，以及全面评价其实施效果和教育价值，能为观察者进一步优化教学活动提供依据。同时，这些观察点也有助于揭示幼儿在科学探索活动中的学习特点和需求，为个性化教学提供参考。此外，观察结果还可以为教师的专业发展提供反馈，帮助其改进教学方法，提高教学效果。

在幼儿表现方面，我从以下四个维度展开观察。

1. 幼儿投入度

观察幼儿对"好玩的纸飞机"这一主题的兴趣和专注程度，包括是否积极参与、是否对探索过程保持热情等。

2. 探究过程

观察幼儿如何设计和折叠纸飞机的机翼，如何测试纸飞机的飞行与转弯效果，以及他们在遇到问题时如何调整策略、进行尝试和修改。

3. 合作行为

观察幼儿之间是否有合作行为，如共同设计纸飞机、分享折叠技巧、讨论飞行效果等，以及他们在合作中的互动方式和效果。

4. 表达表征

观察幼儿是否能够用语言或图示表达自己的发现和想法，是否能够清晰地向他人展示自己的纸飞机和飞行效果。

在活动质量方面，我从以下四个维度展开观察。

1. 教师提问或回应的有效性

观察教师是否能提出具有启发性和引导性的问题，能否及时有效地回应幼儿的疑问和发现，以促进幼儿深入思考和探索。

2. 任务布置的有效性

观察教师布置的任务是否明确、适宜，能否激发幼儿的探索欲望和创造力，同时兼顾不同幼儿的发展水平。

3. 环节设计的有效性

观察活动环节的设计是否合理、流畅，能否有效引导幼儿逐步深入探索纸飞机转弯方向的奥秘，同时保持活动的趣味性和吸引力。

4. 目标的达成度

观察活动结束后，幼儿是否能够在一定程度上理解纸飞机转弯的原理、掌握纸飞机机翼的折叠技巧，以及是否能够在合作和表达中展现出一定的科学素养。

（二）观察工具

观察量表能帮助我细化孩子们在活动中的语言、行为。通过科学观察并剖析幼儿在不同环节中的游戏反应，可以有效支持幼儿行为能力的不断提升。结合观察目的、幼儿行为描述、活动分析和支持策略，我选取了三项主要的质性指标：投入度——通过幼儿的面部表情、参与积极性等方面来观察；行为——幼儿在活动中的具体表现，如互动、交流、合作等；完成度——观察幼儿是否成功完成任务。基于此，我设计了两轮观察量表，如

表1和表2所示。该观察量表能更直观地反映出幼儿的活动兴趣与互动表现，从而帮助教师更有效地观察幼儿的发展水平，提出相应的教学策略。

表1　第一轮观察量表

观察对象：幼儿1　　　　　　　　　　　　　　　　　　　　观察人：王老师

环节		投入度（兴趣）		行为			完成度	我的思考
		喜欢	不喜欢	材料互动	师幼互动			
					师生	生生		
环节一	平稳向前飞（教师飞，幼儿说）	哈哈大笑					√	
环节二	飞机转弯飞		不断尝试	1.总是低头看椅子下的纸飞机 2.拿着飞机不断地重复飞	一问一答（师：有什么不同？幼：这里折了，那里也折了。）		√	
	飞机飞回来	愿意与教师、同伴分享		教师分享时间太长，幼儿开始与同伴玩起纸飞机	1.自己折（左右翼都折上去）2.第二次飞完后开始调整并折机尾	一问一答（师：有新发现吗？幼儿立刻举手。师：有没有细微的变化？幼：它会转个圈回来。幼：我的纸飞机也飞得远。）	1.与同伴沟通：我们一起去那里飞 2.与同伴分享：这是我的超级纸飞机	逐渐有点分散注意力	纸飞机飞回来对幼儿来说很神奇，是否考虑增加幼儿自己的体验
环节三	拓展延伸							逐渐有点注意力分散	

表2　第二轮观察量表

观察对象：幼儿1　　　　　　　　　　　　　　　　　　　观察人：王老师

操作	投入度		观察内容		目标完成度
	幼儿表情	幼儿情绪	幼儿活动	材料互动/互动频率	
第一次操作（3 min）	幼儿积极投入，表情丰富，开心	情绪饱满，能多次尝试飞行	观察机翼不同的折叠方向和飞机不同的飞行轨迹	幼儿能多次尝试运用材料进行试飞	幼儿能发现机翼的折叠方式会影响纸飞机飞行的轨迹
				师幼互动	
				交流、合作	
				第一次试飞时，幼儿1和幼儿2同时试飞，教师提出增加副驾驶观察后，幼儿2观察	
第二次操作（5 min）	幼儿积极投入，表情丰富，开心	第一次把机翼向下折，飞不远。第二次把机翼复原，还是没飞出去。在原地调整后问："为什么?"	尾翼向下折，飞机飞回来	幼儿自主折机翼，两边的机翼都向下折	幼儿能通过自主折叠来探索如何控制纸飞机的飞行轨迹
				师幼互动	
				交流、合作	
				幼儿2向幼儿1分享自己的飞行成果，幼儿1对其夸赞	

然而，在实际运用上述观察量表的过程中仍存在一些问题有待完善。

第一，观察点模糊笼统，没有明确的观察指向和落脚点，以致教师在观察时无法快速地做出判断与记录，应根据观察目的细化观察点。

第二，多数为质性指标，对各个观察点没有统一的评价标准，且规则泛化，该如何评价，全凭教师的个人主观意识，需要增加量化指标；量表设计的指标太多，观察目的不明晰。

第三，观察量表的设计导致观察者须用大量的文字描写来记录，然而在课堂观察中，教师为了能更好地观察幼儿的表现，根本来不及花很多时间与精力去写文字，因此需要增加量化指标，可以通过数字打分、字母等第等形式，提高评估的客观性。

观察教师应反思并着重思考为什么要记录、记录什么、记录后有什么作用等问题，重新回归到活动教案、活动目标，立足课堂观察最终的目的，进而设计出有针对性的、合适的观察量表，从而让观察更高效、关注更聚焦、分析更有力，让课堂观察变得更规范有序，同时提高课堂观察的实效。

三、观察结果与分析

（一）观察结果

我参考由崔允漷等人研制的本土化课堂教学研究范式——LICC模式，强调评课必须基于合作、注重证据、崇尚研究，将课堂分为学生学习（Learning）、教师教学（Instruction）、课程性质（Curriculum）和课堂文化（Culture）四个要素，同时根据观察需要，遵循理论逻辑，对四个要素进一步划分，形成了"4要素20视角68观察点"。本文基于该范式呈现的观察结果如表3所示。

表3 "好玩的纸飞机"观察结果

观察要素1：幼儿活动	
准备	幼儿对纸飞机制作活动表现出浓厚的兴趣，在活动开始前对已经准备好的材料感到新奇
倾听	幼儿能够认真倾听教师的讲解和演示，对制作步骤和纸飞机转弯的原理保持高度关注
互动	在活动过程中，幼儿积极与同伴和教师互动，分享自己的制作经验和试飞结果
自主	幼儿能够独立完成纸飞机的制作，并尝试通过改变纸飞机机翼、尾翼的折叠方式来探索其飞行轨迹
达成	大部分幼儿能够通过折叠机翼和尾翼制作出会转弯的纸飞机，并理解纸飞机转弯的原理，达成了活动目标

续　表

观察要素2：教师教学	
环节	教师设计了清晰的制作和探究环节，使活动有序进行
呈示	教师通过演示和讲解，清晰地呈现了纸飞机机翼折叠的步骤和转弯原理，帮助幼儿理解
对话	教师与幼儿之间进行了有效的对话和交流，鼓励幼儿提问和分享
指导	教师及时给予幼儿指导和帮助，确保他们能够顺利完成探索纸飞机不同的飞行轨迹
机智	当幼儿遇到问题时，教师能够灵活应对，提供有效的解决方案
观察要素3：课程性质	
目标	活动目标明确，旨在让幼儿了解纸飞机转弯的原理，并通过制作和试飞活动培养幼儿的动手能力与科学探索精神
内容	活动内容符合大班幼儿的年龄特点和认知水平，具有一定的挑战性和趣味性
实施	在活动实施过程中，教师注重幼儿的参与和体验，通过实践探索的方式帮助幼儿理解科学原理
评价	教师根据观察到的幼儿的制作过程、试飞结果和语言表达等，对他们的学习情况进行了有效的评价
资源	教师充分利用了纸张等身边的材料资源，为活动的开展提供了必要的物质支持
观察要素4：课堂文化	
思考	在活动过程中，幼儿积极思考，勇于尝试，不断探索纸飞机的飞行轨迹
民主	课堂氛围民主和谐，幼儿能够自由表达自己的观点和想法，与同伴和教师进行平等的交流
创新	部分幼儿尝试通过改变纸飞机的机翼折叠位置和尾翼折叠方向来探索其飞行轨迹，表现出一定的创新思维

续　表

	观察要素4：课堂文化
关爱	教师关注每个幼儿的学习情况，及时给予帮助和鼓励，让幼儿感受到了温暖和关爱
特质	在活动过程中，幼儿表现出对科学探索活动的浓厚兴趣和热情，形成了积极向上的学习氛围

（二）具体分析

本次大班幼儿科学探索活动"好玩的纸飞机"取得了较好的教学效果。通过观察和分析，我们有以下五点发现。

1. 幼儿表现出与活动目标一致的行为

例如在活动开始时，教师向幼儿介绍了纸飞机转弯的原理，并展示了如何折叠纸飞机的机翼和尾翼，从而产生不同的飞行轨迹。随后，幼儿纷纷动手尝试，根据教师的指导折叠纸飞机，并尝试通过调整纸飞机的机翼位置和尾翼方向，来观察纸飞机的飞行路径。这种对纸飞机飞行轨迹的探究行为，充分体现了幼儿与"体验、比较不同结构的纸飞机飞行轨迹的特点""培养幼儿的合作、探索、创造精神"等活动目标一致的学习行为。

2. 幼儿在活动过程中参与程度很高，情绪饱满，表现出主动性

在整个活动过程中，幼儿的参与程度很高。他们不仅积极动手折叠纸飞机，还主动与同伴交流自己的发现和经验。在试飞环节，他们更是情绪饱满，争相展示自己的纸飞机，并互相比较谁的纸飞机飞得更远、更稳，转弯更灵活。幼儿在本次活动中的高参与度和主动性，表明他们对活动充满了兴趣和热情。

3. 幼儿与教师、同伴之间有充分的互动、交流机会

当幼儿在折叠纸飞机或试飞过程中遇到问题时，他们会主动向教师提问，寻求帮助。同时，他们也会与同伴分享自己遇到的困难、解决方法和经验，互相学习和借鉴。例如有的幼儿发现通过调整纸飞机的尾翼角度可以改变其飞行轨迹，机翼往哪儿折，飞机就往哪儿飞，便主动与同伴分享这一发现，并一起尝试调整尾翼角度，观察纸飞机飞行轨迹的变化。这种互动和交

流不仅促进了幼儿的学习，也增进了他们之间的友谊。

4.幼儿在学习中解决问题

在活动中，当发现纸飞机飞不远或飞不稳，又或者不会转弯时，幼儿会主动思考并尝试解决问题。有的幼儿会调整纸飞机的重心位置，使其更加平衡；有的幼儿会改变纸飞机机翼和尾翼的折叠方向及位置，以改善其飞行性能。这种通过解决问题来学习的方式不仅提高了幼儿的动手能力，也培养了他们的科学探索精神。

5.幼儿有公平的机会参与活动

在活动中，教师为每个幼儿提供了公平的机会。在折叠纸飞机的环节，教师确保每个幼儿都有足够的材料和时间来动手操作；在试飞环节，教师鼓励每个幼儿展示自己的纸飞机，并给予他们充分的表达机会。此外，教师还注意关注每个幼儿的学习情况，及时给予指导和帮助，确保他们都能在活动中获得成长和进步。这种公平性不仅体现在操作机会上，也体现在表达机会上，每个幼儿都有机会展现自己的才能和想法。

通过以上分析可以发现，本次活动在激发幼儿的科学探究兴趣、培养动手操作能力、促进社会交往和创新思维等方面取得了积极的效果。同时，教师的教学策略和课堂氛围的营造也为幼儿的学习提供了良好的支持。当然，本次活动也存在一些需要改进的地方，如进一步优化活动设计、提供更多的探索空间、加强科学原理的讲解等。通过持续的观察和反思，我们可以不断优化教学，更好地促进幼儿的全面发展。

四、观察反思与建议

通过对基于幼儿行为的课堂教学效果的分析，本文对授课教师提出了以下具体可操作的教学改进建议。

（一）课程目标

课程目标应更明确地指出培养幼儿科学探究技能的重要性及方法，如引导幼儿观察、分类、推理和实验，并鼓励他们发挥创新思维，通过实践活动来验证自己的猜想，培养解决问题的能力。同时，课程目标还应包含对幼儿情感态度的培养，如对科学活动的好奇心、探索欲和持续学习的动力。在实施过程中，教师可以通过简单易懂的语言和实例引入与纸飞机飞行相关的科学概念，设计开放性问题，激发幼儿的思考，如"为什么纸飞机会在空中转弯？"等，并引导幼儿通过实验寻找答案。此外，教师也可以积极组织幼儿开展小组讨论和分享，培养他们的团队合作精神和沟通能力。

（二）教学环节优化

在引入环节，教师可以通过故事、视频或现场演示等方式，增加活动的趣味性和互动性，吸引幼儿的注意力，激发他们对纸飞机飞行原理的好奇心。在折叠纸飞机前，教师可以增加纸飞机飞行原理的讲解环节，通过图示、动画或简单的实验，帮助幼儿理解纸飞机转弯的原理。在实践环节，教师可以设置更多的探索性任务，如比较不同形状、不同材质的纸飞机飞行轨迹的差异，引导幼儿深入探索。在探索环节，教师应提供充足的时间和空间，为每个幼儿分配足够的材料，可以设立"飞行试验区"，确保他们在安全的环境中不受限制地进行尝试，自由探索纸飞机不同的折叠方法和飞行效果。在小组讨论和分享环节，教师可以提前设计一些问题或话题，引导幼儿有针对性地讨论和分享，再进行点评和总结，强化他们的学习成果。

（三）教具调整

教师应保证材料的多样性，通过提供不同材质、不同颜色和不同大小的纸张，满足幼儿探索的需求。教师还可以提供辅助工具，如尺子、铅笔、剪刀等，以及简单的折叠指南或步骤图，帮助幼儿更好地理解纸飞机的折叠方法并正确地动手操作。当然，教师必须关注工具的安全性，确保所有教具边缘光滑，避免幼儿在操作过程中受到伤害。

五、总结

课堂观察是教学研究的中心环节，有效的观察能够帮助教师读懂幼儿思维的细节，找到支持、帮助、指导幼儿学习的依据，促进幼儿实现更好的发展。观察量表是课堂观察的重要工具，量表支持下的观察记录能帮助教师更客观直接、更有针对性地对幼儿进行观察和分析，提升教师在科学观察、正确解读、有效策略支持等方面的专业能力，从而推进科学探索活动走向深入，促进幼儿向更高水平发展。

在幼儿教育教学中，教师应根据不同的观察目的与内容，设计更具针对性和实践意义的观察量表，并在实践中不断优化观察量表，提升每一份观察量表的适宜性，从而更有针对性地聚焦观察、更便捷地记录，关注幼儿个体发展的需求，以制定专业有效的教育支持策略，助力幼儿的发展。观察是一门艺术，记录是一种语言，分析是一项能力，指导是一份智慧，它们都是教师走近儿童的桥梁。让我们成为有心的观察者、有效的支持者，成为幼儿学习与发展的同行者。

田园主题活动中幼儿持续性探究的实践研究

倪佳燕（上海市浦东新区六团幼儿园）

田园主题活动是教师站在儿童视角下，遵循幼儿的兴趣，结合田园植物、动物及风光，贯穿一学期或一学年开展的系列探究活动。教师在开展田园主题活动的过程中捕捉幼儿的兴趣点，及时给予幼儿支持，满足幼儿的探究需求，进而发挥幼儿在探究过程中的主体性和持续性。

一、剖析田园探究活动中存在的问题

在开展田园探究活动的一年后，我们发现田园探究活动开展起来较为零散、凌乱，田园主题的探究时间往往仅有2—3个月，幼儿的探究缺少持续性。为此，我们展开了调查。

（一）现状中存在的问题

我们向本园六个团部小、中、大12个班级共24位教师发放了调查问卷，部分数据汇总如下图所示。

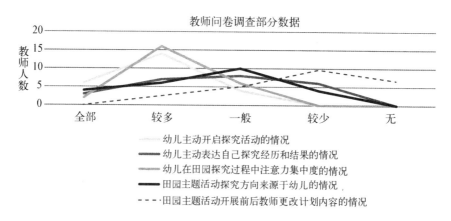

问卷分析存在的问题：

1.探究方向来源于教师

从调查中可以发现，探究的方向往往由教师根据田园主题活动的内容特征来制定，而非来源于幼儿的兴趣。也有教师基于某一个幼儿的兴趣选择探究方向，但是没有得到大部分幼儿的共鸣。因此，在大部分幼儿眼里，教师占据并主导了探究方向，而不是由幼儿根据自己的兴趣，自发自主地进行探究。

在田园主题活动探究的初期，大部分幼儿在兴趣的促使下能积极参与探究，但是在2—3个月后，随着幼儿在田园探究中失去了主体性，他们的兴趣也逐渐流失，导致探究主题匆匆结束，幼儿没能持续深入地进行探究。

2.限于预设，缺乏生成

从调查中可以看到，只有少数教师预设的探究主题计划一览表在探究过程中有些许变动，有很多教师根本没有做任何调整。可见，大部分教师将探究内容限制在主题活动开展前的计划表内，没有及时捕捉活动过程中幼儿的发现和疑惑并生成内容丰富的田园探究活动，无法促进幼儿的持续性探究。

（二）问题背后寻找原因

我们通过抽样访谈个别教师及幼儿，进一步寻找问题背后的原因，部分结果汇总如下：

序号	问　题	对象	回　　　答
1	谁选择了研究××？	幼儿	老师说研究××
		教师	根据孩子们的兴趣选择田园探究的内容
2	是谁想到去这些地方找××的?	幼儿	是老师带我们去找的；是我在草地里发现的
		教师	是孩子们在户外自己发现的；我根据探究主题的特征选择了这项活动
3	田园日记的作用是什么?	幼儿	放我们的画和照片；里面是我们学过的东西
		教师	孩子们用来记录田园探究的过程和结果；用于呈现田园主题探究活动的轨迹；将幼儿的记录进行整理和汇总
4	这些是你自己想要画的吗?	幼儿	是老师让我画下来的
		教师	是孩子们自己绘画的；我引导孩子们将自己的发现以绘画的形式画下来

续 表

序号	问 题	对象	回 答
5	这幅画画的是什么？这是什么意思？	幼儿	不知道，这不是我画的；这是我画的，我在石头下面找到了西瓜虫
		教师	幼儿寻找××在哪里；幼儿做的小实验过程性记录；幼儿探究与××相关的游戏……

访谈结果分析：

1."儿童立场"的观念偏差

我们从访谈中同一个问题由教师和幼儿给出的不同回应中发现，教师对"儿童立场"的观念产生了偏差，他们站在自认为的"儿童立场"上思考问题并进行实践，而非真正地站在"儿童立场"上。因此，他们无法让幼儿在田园主题活动中进行持续性的探究。

我们需要通过研讨会让教师停下脚步，去观察、倾听幼儿，真正站在儿童的立场上组织并实施幼儿感兴趣的田园探究活动，促使幼儿持续进行探究。

2.在探究过程中准备不足

将访谈结果结合相应班级田园探究活动主题包的内容，我们发现另一个影响幼儿持续探究的原因是教师在整个探究活动中的准备不够充分。

（1）探究前期预设过少

在此前，田园主题计划表涉及了生活、学习、游戏、运动四大板块，看上去内容丰富，实际上此表格内容分布零散，而且原先计划表的格式容易让教师从田园内容的角度去思考，而不是从儿童的视角思考田园主题的探究方向。

（2）探究中期观察不全

在探究过程中，教师将观察重点放在了预设的活动上，为实现活动目标而开展活动，没有全面观察活动中幼儿的奇思妙想。在幼儿探究的过程中，教师应观察全面，并及时捕捉幼儿生成的内容，将其填补进计划表中，以丰富探究内容。

（3）探究后期积累不足

探究的成果往往以教师的汇总为结尾，教师最终仅汇总了班级的田园日记，撰写了田园主题包和田园案例，而没有发挥幼儿的主体性，让幼儿在探究后期汇报在田园主题活动中收获的经验。

二、实施持续性探究的田园主题活动

为了在田园主题活动中维持幼儿的持续性探究，教师需要及时捕捉幼儿的发现，倾听幼儿千奇百怪的想法，协助幼儿实现奇思妙想，在顺应幼儿的同时不断激发他们的兴趣。以下是教师顺应幼儿对花卉的喜爱和赞美，开展大班田园探究主题活动"花花世界"的过程。

（一）以问题为导向，驱动探究之趣

在田园探究活动开展前，教师调整了主题计划一览表。原先是从四大板块出发设想内容，这样容易让教师任务式地完成田园探究活动。而调整后的计划表格，力求让教师从儿童的视角思考幼儿可能感兴趣的话题，设想他们可能提出并想要探究的问题，并以此为基础，挖掘问题导向下幼儿能持续探究的活动。

调整前：

"花花世界"大班主题活动一览表

活动类别	活动内容	形　　式
田园生活	1. 种植花儿	自然角、小园地植护
	2. 寻找花朵	亲子
	3. 花朵里面有什么	亲子
田园游戏	1. 游戏：荷花荷花几时开	民间游戏
	2. 游戏：马兰花开	民间游戏
	3. 小剧场：花婆婆	表演、亲子游戏
田园运动	1. 穿越花海	集体
	2. 花开花落	集体
	3. 落地生花	集体
田园学习	1. 四季花开	集体教学

续　表

活动类别	活动内容	形　式
田园学习	2. 变色的玫瑰	个别化学习
	3. 鲜花拓印	个别化学习
	4. 保护花的方法	集体教学

调整后：

田园探究大班主题活动设计：花花世界

探究问题	实　践　途　径			
	田园学习	田园生活	田园游戏	田园运动
1. 你喜欢花朵吗?	集体教学：美丽的花朵（爱或不爱的辩论）	家园：亲子共同拍摄用花朵装点的美丽景色	1. 搭花房（建构） 2. 花婆婆（表演游戏）	
2. 花儿是什么样子的?	1. 集体教学：多姿多彩的花儿 2. 渗透：花的大小、形状、颜色、花瓣数量等 3. 个别化学习：多彩的花儿（用橡皮泥、吸管、纸巾、蛋托、纸杯、扭扭棒等制作花）	田园日记：观察花朵各异的外形特征（亲子共同观察记录）	1. 马兰花 2. 花店（角色游戏）	穿越花海
3. 关于花儿你想知道什么?	1. 集体教学：花朵探究报告（花朵怎么喝水? 花朵喜欢晒太阳吗? 花的种子什么时候能发芽开花?） 2. 个别化学习：变色的玫瑰	1. 田园日记：种植养护花儿（小园地、自然角日常探究观察） 2. 田园日记：给花儿浇水的方法		1. 花开花落 2. 落地生花

续　表

探究问题	实　践　途　径			
	田园学习	田园生活	田园游戏	田园运动
4. 花朵里面有什么?	1. 集体教学：花朵里面有什么?（绘本） 2. 渗透：观看蜜蜂、蝴蝶采蜜的视频	田园日记：自然角观察花儿		蜜蜂采蜜
5. 每个季节都有花吗?	1. 集体教学：四季花开 2. 集体教学：迎春花 3. 个别化学习：四季的花朵（花朵与季节配对）	1. 田园日记：春夏秋冬四个季节分别寻花 2. 家园：春天参加桃花节、夏天赏荷吃莲子、秋天亲子制作桂花糕、冬天亲子吹画蜡梅等	1. 荷花荷花儿时开（民间游戏） 2. 小花仙（装扮游戏）	
6. 看到花朵能想到哪个节日?	1. 集体教学：节日与花 2. 个别化学习：花朵与民俗节日配对	社区：赠花礼（根据不同的民俗节日，带孩子去社区赠送相应的花朵）		花儿对对碰
7. 花有什么用?	1. 家园：花朵作用大调查 2. 墙面布置：花朵用处记录图 3. 个别化学习：花儿拓印、做花灯等			
8. 怎么保护花?	集体教学：爱护花朵方法多	社区：带孩子一起去社区宣传爱护花朵		

问题是田园探究活动的引线，除了在探究活动前预设问题外，教师在开展田园探究活动的过程中更要善于捕捉幼儿的问题。可从以下三方面捕捉问

题，丰富主题计划一览表。

1. 观察产生问题，好奇驱动探究

田园探究活动的开展源于幼儿的观察，当幼儿对观察到的现象有猜疑时，就会自然而然地想要去寻求原因或结果。因此，在田园探究活动开始后，教师不用急于干预和引导幼儿对某一个"点"的探究，而要相信幼儿对万事万物有着天然的好奇心和求知欲，相信探究的问题将由幼儿产生。随着问题的出现，幼儿也会在好奇心的驱动下去探究以解决问题。

如在开学初，幼儿在散步时发现了异常之处：花坛里颜色各异的蝴蝶花去哪儿了？怎么变成了喇叭花？通过调查，孩子们发现其中的秘密与季节相关，但他们的探究并没有止步于此，反而在兴趣的催动下进一步探究了四季分别会开的花。

幼儿出于好奇产生的问题：

幼儿看到的现象	幼儿的问题	探究的方向
花园里颜色、大小、造型、花纹各异的花朵	花都有红、橙、黄、绿、蓝、紫、白、粉的颜色吗？	观察花朵的外形特征
	花和种子一样从小变到大吗？	
	花瓣数量多就是细长的，花瓣数量少就是大大圆圆的吗？	
	一朵花只有一种颜色吗？有没有像七色花那样五颜六色的花？	
小小的花苞	花朵是怎么长大的？	开花的过程
花蕊、花粉	花朵里面有什么？	花的结构
	蜜蜂要采的花蜜藏在哪里？	
	为什么剥掉花萼后花朵就散了？	
早上淡红色、中午白色的花	为什么花的颜色和早上不一样了？	变色的花
	下午会不会变成其他颜色？天黑了会不会变成其他颜色？	
	还有没有其他会变色的花？	

续　表

幼儿看到的现象	幼 儿 的 问 题	探究的方向
牵牛花早上开花晚上闭合	花朵晚上合起花瓣是去睡觉了吗？	花期
	为什么有的花要睡觉，而有的花一直开着不睡觉？	
	有没有白天睡觉晚上开花的花？	

由于存在个体差异，不同的孩子会有不同的问题。作为教师，需要在及时捕捉到幼儿的问题后，将问题归类，让幼儿按照自己的兴趣选择问题，然后和同伴一起通过小组讨论、收集信息、实验记录等多种途径进行探究活动。

2. 争议产生问题，自证驱动探究

不仅好奇能产生问题，幼儿的争议也会产生问题。面对争议的"点"，大班的幼儿已经能说出自己的理由和依据。而在大家各持己见、谁也说服不了谁的时候，幼儿已经能用各种方式来证明自己的想法，这就是自证驱动探究。

如一名幼儿在自豪地向同伴介绍自己带来的太阳花时，遭到了同伴的质疑："这不是太阳花，太阳花的花瓣只有一层，这个有好几层！"两个孩子的争议"这是不是太阳花"引起了其他同伴的注意，他们由此开始了对单瓣和重瓣太阳花的花、叶、枝等外貌的观察和比较，后续又引发了对单瓣和重瓣花朵的探究。

由同伴之间的争议产生的问题：

幼儿争议的内容	幼 儿 的 问 题	探究的方向
调查表中的梅花	梅花究竟是在冬天开花还是春天开花？	开花的因素
春天的紫藤花苞	紫藤花究竟是春天就能开还是要到夏天才开？	一年多期的花卉
太阳花的花瓣	太阳花的花瓣是单层还是双层？	单瓣与重瓣
不见的喇叭花	喇叭花不开花了，换成开花的蝴蝶花了吗？	不同季节开的花
	放假没人照顾喇叭花，所以死掉了吗？	

续　表

幼儿争议的内容	幼 儿 的 问 题	探究的方向
浇水	每天浇水还是隔一段时间浇水?	植护花朵
真假花	这是真花还是假花?	永生花的制作方法

　　幼儿的生活经验各不相同，当多个幼儿聚集在一起时，就会产生思维碰撞的火花，由此产生探究问题。幼儿证明各自观点的过程就是探究的过程，成功证明自己观点的孩子会自豪和满足，而并没有成功证明自己观点的孩子也不会失望，反而有种恍然大悟和学到新本领的满足。所以，在整个证明的过程中，孩子们始终保持着探究的兴趣。

　　3. 期盼产生问题，需求驱动探究

　　幼儿的世界有各种各样美好的期许，他们瞬间产生的一个念头或想法，在进行不断的扩散和延伸后，就会形成无数个可以探究的"点"，这是他们心中的期盼和需求在驱动探究。

　　如花朵的凋谢让孩子们心生惋惜，他们想要留住花的美，由此产生了"能不能让花一直开着?""怎么样才能让花一直这么美?"等问题。这一念头开启了幼儿的多种探究和实验，而在实验的过程中会形成更多更新的想法和问题。在新的想法和问题的驱动下，幼儿又会进行新的探究，这就在无形中促使幼儿进行持续性的探究。

　　由期盼产生的问题：

幼儿的期许	幼 儿 的 问 题	探究的方向
不想让花朵枯萎	好可惜，能不能让花永远开着而不枯?	花的永生
想要不一样的花茶和点心	除了菊花，还有其他的花能泡茶吗?	花的药用和食用价值
	菊花茶可以保护眼睛，其他花能帮我们治病吗?	
	玫瑰饼是怎么做的? 其他鲜花也能做饼吗?	

续　表

幼儿的期许	幼儿的问题	探究的方向
让花变色	能让玫瑰花变成我喜欢的颜色吗？	根茎喝水实验
	怎么样才能让花在喝水后同时有两种颜色？	

对于幼儿的期许，教师应给予相应的支持，鼓励幼儿通过探究让自己的梦想成真。教师不仅要最大限度地帮助幼儿实现自己的奇思妙想，还要对幼儿不断探究的精神给予肯定和鼓励。

（二）以活动为基点，体验探究之乐

教师要为幼儿提供丰富多彩的体验性活动，有效激发幼儿持续探究的兴趣，在多维度的体验性活动中促进幼儿探究的主动性和积极性。

1.趣种植，享生活

为了给予幼儿广阔的探究空间，我们积极挖掘现有的资源，如幼儿园的自然角、小园地、百草园，家里的阳台、自留地，社区的花园、公园等。这些资源为幼儿创设了良好的田园探究环境，能促使幼儿持续探究。

如在田园探究的过程中，幼儿发现了太阳花上密集的白点，从探究白点是什么、是怎么出现的，到亲自动手制作不同的杀虫剂，试验哪种杀虫剂能在不伤害花朵的前提下杀灭虫子，由此展开了探究。

2.做实验，趣体验

为了让幼儿愿意持续探究，从实验的准备到结束，我们都以幼儿为主导，而教师仅在幼儿遇到争议或者问题，导致实验难以进行的情况下，才会给予幼儿适当的提醒和引导。

例如在"变色花"的实验中，当幼儿看到变色花溶液在柠檬水、小苏打水中出现了不同的颜色变化时，他们感到新奇、惊讶，并对此充满了兴趣。随之而来的是孩子们的问题："只有柠檬汁能变色吗？其他的果汁行吗？""盐水、洗衣粉水、白醋能变色吗？""除了淡红色和蓝色，还能变成其他颜色吗？"面对孩子们众多不同类型的问题，教师组织幼儿将问题记录下来。基于此，孩子们开始在家中寻找材料，一一进行实验以解决问题。又如在"白

玫瑰变色"的实验中，当幼儿不再满足于一种颜色的变化时，教师再次为幼儿提供大量的白玫瑰，鼓励幼儿探究让白玫瑰染上两种颜色的方法。

在实验的过程中，幼儿遇到了诸多问题，作为教师，我们没有过早干预，而是组织幼儿一起讨论交流解决问题的方法，并将他们的方法罗列出来，由幼儿选择并尝试，最终选出最优的方案。这是我们能给予幼儿最大的实验自由。而在实验中，幼儿更多的是享受过程，欣喜于结果。

3. 玩游戏，乐相伴

玩是幼儿的天性，游戏是幼儿最喜欢的活动。幼儿在探究的过程中不断发现和花有关的游戏，在与同伴一起游戏的过程中又不断地探索着田园游戏的多种创新玩法，如"花舞""闻茶识花""荷花荷花几时开""击鼓传花""马兰花开"等。

幼儿在进行欢乐的游戏时，发挥着自己的创意，如在"花舞"中，幼儿用肢体动作表现出风中摇曳的花儿、随风飘落的花瓣等；在民间游戏中，幼儿尝试改编儿歌，创新玩法，赋予了传统游戏多种不同的玩法。

4. 小制作，大创意

幼儿在探究花朵的用处时，发现花能装饰我们的家和教室；花朵好闻的味道能让心情、空气变得更好，由此开展了香包和香水的制作；可以用干花装饰扇面、灯笼、草帽等；可以用花卉拓印，装饰手袋、T恤、围巾等；可以用冰冻的方式把花制作成各种不同造型的冰封鲜花……

在此过程中，幼儿不仅发挥想象力和创造力完成了自己的小制作，还在欣赏同伴作品的过程中得到了新的灵感和创意。同伴之间的互相欣赏成了他们共同探索、互相学习的助力。

5. 品美食，恋田园

菊花能泡茶喝是大班幼儿的已有经验，而通过探究活动，孩子们发现不仅菊花能泡茶，其他的花朵也能泡茶，如玫瑰、茉莉、桂花等，不同的花泡的茶味道不同，作用也不同。花不仅能泡茶，还能成为糕点、炒菜、粥等食物的作料，如桂花糕、鲜花饼、紫藤粥、茉莉花炒蛋等。

幼儿在欣赏美丽花朵的同时，品味着与花相关食物的不同风味，也由此彻底地恋上了既能玩又能吃的田园探究活动。

（三）以表达为支持，分享探究之旅

教师应不断给予幼儿表达与表现的支持，可以提供不同的方式、舞台，帮助幼儿总结和分享他们的探究经验。

1. 交流分享会，语言表达

分享会是以幼儿的语言表达和交流能力为基础开展的，通常在某一探究活动后或整个田园探究活动的尾声时进行。教师为幼儿提供的仅仅是互相交流的平台，幼儿通过这个平台能畅所欲言，将自己探究前的问题、探究的过程和方式、探究的结果分享给同伴，使个体经验、小组经验转化为集体经验。

在交流分享会上，当分享者讲述自己的探究故事、探究旅程中的点点滴滴时，其他幼儿和教师都是忠实的聆听者。当幼儿在聆听的过程中没能听明白时，可以向分享者提问，由分享者给予解答。当分享者说不清楚时，教师就要及时介入，帮助分享者。

2. 田园日记集，图符记录

田园日记是幼儿将自己的探究经验和探究过程以图符为主的方式进行记录的形式，日记的分享也是幼儿探究之旅的分享。田园日记贯穿整个田园探究活动，可以将其分为三类：一类是供幼儿随时进行记录的、独属于幼儿自己的个人日记，一类是幼儿以小组为单位进行探究时记录的小组日记，另一类是将所有幼儿的日记进行归纳整理后属于班级的集体日记。

田园日记中幼儿的多种记录方法和探究方法：

记录方法	主要途径	探 究 方 法
图画记录法	图符记录	自然观察法（观察花的外貌、生长过程等）、探究性提问法（幼儿提出问题）、猜测法（幼儿根据问题提出猜想）、游戏法、测量法（幼儿测量花枝在生长过程中的长度）、信息交流法（幼儿交流讨论）
符号记录法		
表格记录法	采访记录	调查法（幼儿采访门卫爷爷、花艺工人、花店老板、父母等）
	调查表	参观考察法（参观花园、植物园）、调查法（花卉图书、网络）、分类法（单瓣重瓣分类、季节开花分类等）

续 表

记录方法	主要途径	探 究 方 法
表格记录法	实验记录	实验探究法（变色花、白玫瑰喝水变色、开花与温度的关系、花朵的光合作用、花朵的传粉等实验）
照片记录法	拍照记录	制作法（工艺小制作、美食节、花茶交流会）

3. 工艺美食展，创意制作

我们在教室的美工区将窗台、柜面和墙面布置成幼儿作品的展台，他们的小制作在这个区域能尽情地展示给同伴们观看。

我们还结合亲子活动开展了"鲜花美食节"活动。所有用鲜花制作的茶水和食品都是家长与孩子一起在家制作后带来幼儿园的。孩子们不仅能自由参观、品尝，还能在父母的陪伴下一起泡茶、制作鲜花糕点。

工艺展和美食节的开展，让幼儿在欣赏田园美、享受田园美的过程中发挥想象力和创造力，挖掘花朵的多种用途。

三、持续性探究的田园主题活动的成效

通过此次课题的研究，教师在田园主题活动中实现了让幼儿进行持续性的探究。

（一）教师教育方式的转变与革新

教师已经完全将儿童立场融入本次田园探究活动，这不仅是教学方法的转变，更是教师对教育理念的深度理解和践行。教师根据本班幼儿的特点、兴趣和需要，制订了个性化的田园探究主题活动方案。

首先，主题计划一览表的调整改变了原先教师从探究内容出发开展活动的观念和教育方式，他们代入了儿童的视角，从探究问题入手制作计划表。调整后的计划表不仅使活动内容比原先更丰富，而且整个探究的脉络和活动开展的轨迹也比原先更清晰。

其次，教师改变了按照计划表开展各项探究活动的方式，通过观察幼儿，捕捉幼儿在田园探究过程中的问题，并以此为切入点，挖掘更多幼儿感兴趣的探究内容，进一步丰富探究内容和主题计划表。

再次，教师通过形式多样的体验性活动，让田园探究活动在变得形象化、具体化的同时，充满了乐趣。体验性活动能让幼儿主动用眼观察、用手触摸、用心感受，而教师不断地给予支持，满足了幼儿主动探究、自由探究的需求，使他们在逐步养成勇于探索、积累探究方法的同时，享受田园探究之趣。

最后，教师为儿童的表达与表现搭建了适宜的平台，帮助其分享探究经验。

（二）幼儿自主探究的萌发与延伸

整个田园探究主题活动以幼儿的问题为切入点，以幼儿体验为主的活动形式、让幼儿分享探究经验的平台等，使幼儿萌发了主动探索、乐于探究的精神。另外，在开展田园主题探究的过程中，幼儿体验到了探究之趣，使他们自主探究的内容得到了逐步的扩展与延伸。

如今，大部分幼儿萌发了自主探究的兴趣和欲望，而且幼儿的探究往往贯穿整个学期或学年。在持续性的探究中，幼儿拥有了善于观察的眼睛，无论是在室内还是户外，他们都能捕捉到不起眼的事物，与同伴一起自发地进行探究，且能不断挖掘可探究的内容，不断地深入探究、延伸探究。

（三）幼儿的探究意识从被动转变为主动

幼儿不再是被动接受知识的容器，而是在田园探究活动中主动探索、发现、成长，与同伴一起开展探究的主导者。

1.幼儿主导探究方向

如今，幼儿既能大胆地提问，将自己想探究的问题用表征的方式罗列出来，也能主动寻找材料进行实验、游戏等，验证自己的猜测。对比以前需要教师组织集体活动来引导探究，现在的幼儿能与同伴自发组成各种探究小组。可见，幼儿已开始主导探究方向。

2.幼儿享受探究过程

通过对比可以发现，积极参与活动的人数在研究前后有了较大的变化，幼儿的积极性逐步提升，他们在研究后更加享受田园探究活动，投入的程度也更深。

3.幼儿分享探究结果

幼儿通过不同的方式向教师和同伴分享自己的探究成果，获得了更全面的探究经验，改善了研究前获得的经验零散、不全的问题。分享能让幼儿掌握更多的能力，首先，他们比原先更善于运用图符的形式进行记录；其次，这让幼儿积累了多种多样的探究方式，如自然观察、提问、猜测、测量、采访、搜集资料、实地参观、信息交流、实验、制作等。

户外"平衡区"的倾听与复盘，提升
幼儿运动核心经验的研究

刘骏峰（上海市浦东新区民办维亚幼儿园）

在幼儿园阶段，孩子们的运动能力迅速发展，平衡活动是他们日常活动的重要组成部分。然而，每个孩子的运动能力和动作发展水平存在差异，如何有效引导与提升他们的运动水平和经验成了幼儿园教育工作者的重要任务。一对一倾听和活动后复盘作为有效的教育手段，能够帮助教师更好地了解幼儿，提供个性化的支持，促进他们的全面发展。

一对一倾听和复盘是相互关联、相互促进的。一对一倾听是复盘的基础，而复盘则是对一对一倾听的深化和反思。本文旨在探讨如何在幼儿运动平衡区实施一对一倾听，以及幼儿如何通过运动后复盘的方式，对自己的运动表现和自我评价有更精准的判断，以促进其平衡能力的发展。研究背景基于幼儿运动核心经验的重要性及平衡能力在幼儿运动发展中的关键作用。通过实践研究，本文分析了一对一倾听和活动后复盘在幼儿运动环节中的具体应用与价值。

一、研究目的

第一，探讨在平衡区活动中，一对一倾听如何帮助教师了解幼儿的运动需求与困难，以及提高幼儿的运动兴趣、运动能力、运动品质。

第二，围绕手环采集的幼儿运动数据，分析复盘环节幼儿对自己在平衡区运动表现和自我评价的判断，进一步优化户外平衡区运动的实施。

第三，基于提升幼儿"身体控制及平衡能力"的核心经验，提出在平衡区中结合一对一倾听与运动后复盘的有效策略。

二、研究方法

本研究采用了观察法、访谈法和案例分析法。通过观察幼儿在平衡区活动中的表现，记录他们的运动表现、表情和言语；通过访谈教师，了解他们对于一对一倾听与运动后复盘在平衡区活动中的应用和感受；通过案例分析，深入探讨一对一倾听与运动后复盘在幼儿平衡能力发展中的具体作用。

三、研究过程

（一）一对一倾听在幼儿平衡区活动中的应用

1. 一对一倾听在平衡区活动中的意义和价值

在平衡区活动中，教师采用一对一倾听的方式，关注幼儿的个体差异与需求。他们耐心倾听幼儿的想法、感受与困惑，通过引导性提问，帮助幼儿明确自己的运动目标与挑战。同时，教师还通过观察幼儿的运动表现，及时调整活动难度与材料投放，并提供更加个性化的指导和支持以满足幼儿的不同需求。此外，倾听也能够增强师幼之间的信任和互动，促进幼儿的表达和思考能力的发展。

要避免一对一倾听成为教师内心深处抵触的工作。当教师缺乏兴趣与耐心，交流中频繁出现"你还想说什么""你说吧"等言语时，幼儿体验到的是教师的逼问，这会让师幼关系变得僵硬，也会让幼儿拒教师于"千里之外"。

2. 结合运动核心经验，一对一倾听在平衡区活动中的实践运用——走进幼儿

近期，平衡区的轮胎对孩子们的吸引力越来越小，于是我在一对一倾听中向幼儿提问：轮胎还有哪些新玩法？可以怎样组合玩？

（1）第一次倾听、观察：不同的轮胎玩法

小宇看到其他班小朋友正尝试站在一个大轮胎上，他也想试试，可是支撑面太小了，他很难控制单个轮胎，更别提在轮胎上行走了。于是他试着借助单杠在轮胎上进行站立，这次他成功了。

倾听幼儿与自我表征：老师告诉我还可以站在轮胎上面玩呢，我好想试试呀。我开始练习滚筒，先拿了银色单杠与轮胎进行组合，然后手扶着单杠，利用单杠尝试慢慢站在轮胎上面。如果要滑下来了，就立刻抓住单杠，这样就能保持平衡，不掉下来了。

（2）第二次倾听、观察：探索轮胎

孩子们玩了两周之后，我拿走了单杠，并开展了轮胎站立游戏，让他们

比一比谁站在轮胎上的时间久。小宇看到其他小朋友勇敢地站在轮胎上，并能在教师的帮助下站起来，就很想尝试一下。于是，他拉一拉我的衣袖对我说："老师，我也想这样玩，可是我不敢。""没事，你上去，我来扶着你！"我在旁说道。于是，他勇敢地站了上去，可他的脚却颤颤巍巍的，而且他看见旁边的小朋友在排队等着玩，便无奈地对我说："老师，我还是去旁边练练吧！"他跳了下来，来到了一块空地上开始练习简单的站立。

倾听幼儿与自我表征：没有了单杠，我只能蹲在轮胎上保持自己的平衡。我拿了两个小轮胎固定在轮胎的两侧。我站在轮胎上面，试着打开双手并降低自己的重心。我尝试了很多次，慢慢就不需要老师的帮助了！

（3）第三次倾听、观察：逐步掌握滚轮胎

由于孩子们发现单个轮胎的支撑面太小，我便让他们把三个轮胎组合在一起。经过几天的站立练习以后，小宇再次来到我身边对我说："老师，我感觉我练习得差不多了，我可以再试试了吗？"接着，他在我的帮助下，勇敢地走上轮胎，先尝试站立住，然后在我的帮助下开始慢慢滚动起轮胎。"一、二、一、二……"他轻轻地喊着节奏，轮胎也慢慢滚了起来。他在我的鼓励下一遍又一遍尝试。"老师，这次你不用扶我，我也可以。"我点点头，但还是在一旁时刻关注着他，他越来越熟练了。

倾听幼儿与自我表征：这一次，我站在轮胎上面，双手打开保持平衡。我学会了平衡以后，可以慢慢地练习了。我还和其他小朋友比赛呢，有些小朋友滚得比我快，我有点着急。快到垫子前时，我就从滚筒上面蹦了下来。练习了一段时间的短距离后，我还想试试长距离，我把垫子移到了远一点的地方，试试看能不能滚得更远点。我发现在我的不断尝试下，我能从起点到终点，再从终点回起点。我相信只要我不停地练习，一定能滚得越来越好。

（4）分析与思考

根据《学前儿童健康学习与发展核心经验》中的"身体控制和平衡能力"，我总结出影响幼儿平衡稳定度的因素有四种：支撑面大小、重心的高度、稳定角、摩擦力。在每一次一对一倾听中，幼儿不断提出疑问，我结合他们的实际情况，有针对性地给予幼儿建议和足够的思考时间。从保持单一的身体姿势到完成变换身体姿势，孩子们在尝试站上轮胎的过程中遇到了各种各样的问题，但他们积极探寻平稳站上轮胎的方式，最终获得了成功。

幼儿面对平衡挑战时不畏惧困难，不断总结经验，最终掌握了平衡，实现了在轮胎上行走。在运动中，幼儿经历了"不敢玩—尝试—站上去—成功行走"的学习过程，我看到孩子们遇到困难不退缩，虽然有过失败，但他们没有放弃，学会了坚持，一次次挑战、失败、再挑战，让自己的身体控制能力和平衡能力越来越强。

3. 一对一倾听优化平衡区的设置，推进幼儿运动兴趣、能力、品质的提高

我在最近的平衡区活动中发现，幼儿经常三五结对地走独木桥与荡桥，还尝试着用不同的方法走过去。从幼儿的动作发展来说，身体的控制与平衡能力是维持身体姿势、运动的基本前提，是发展身体移动能力和器械操控能力的基础。平衡桥是幼儿园常见的运动器械，在一对一倾听过程中，我发现幼儿对低矮平衡桥的兴趣不大，他们更喜欢富有挑战的荡桥、高空独木桥等。于是，我重新调整了平衡桥的设置，尝试运用低矮平衡桥开展身体控制游戏，进一步帮助幼儿提升身体控制力及平衡能力。

本次活动围绕这两种平衡能力展开，幼儿需要在平衡桥上控制好自己的身体，并在互相协助下完成多项挑战。在区域设计上，我尝试运用勇者独木桥、仁者平衡桥这两个关卡，借语言激励、身体阻挡、外力介入等方式，层层递进，适当增加难度，让幼儿能够在活动中既体验到挑战成功的快乐，也获得紧张、刺激、有趣的活动体验。勇者独木桥让幼儿通过单人挑战，体验动态平衡；仁者平衡桥则让幼儿通过集体挑战，体验静态平衡。活动中手拉手筑人墙、面对面同协商的体验，使得幼儿能够充分意识到团队协作的重要性，以及成功带来的喜悦。

（二）围绕运动手环复盘幼儿在平衡区活动中表现的实践

1. 活动后复盘在平衡区活动中的意义和价值

活动后复盘是指教师在活动结束后，对整个运动过程和结果进行回顾与总结，以便发现问题、改进策略。复盘在一对一倾听中的应用主要体现在对倾听过程的回顾和反思。教师通过复盘，总结在倾听过程中遇到的问题和有效的策略，不断调整和优化教学方法。复盘可以帮助教师明确一对一倾听中的注意事项，以及如何在分享环节中给予幼儿更多的鼓励和支持，激发幼儿想说敢说的欲望。通过复盘，教师可以进一步提升一对一倾听的效果，更好地支持幼儿的成长。

2.可视化展示与分析

运动手环通常配备有数据可视化展示功能，可以将采集到的数据以图表、曲线等形式呈现出来。在复盘环节，教师可以通过这些可视化数据，直观地了解幼儿在活动中的整体表现和个体差异。比如通过观察心率曲线图，教师可以发现幼儿在哪些时间段的心率较高，从而判断他们是否在某个环节投入了过多的体力，或者是否存在运动过量的风险（如下图所示）。

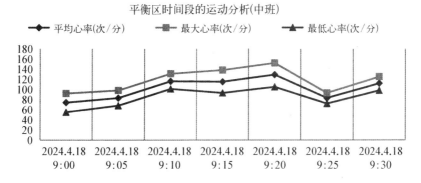

平衡区时间段的运动分析(中班)

3.复盘环节在平衡区活动中的实践与应用

（1）回顾运动过程

在运动后的复盘环节，孩子们通过运动数据猜测、运动状态分析、运动感受分享等进行互动和交流。在班级的复盘板上可以看到孩子们简便又清晰的记录，丰富多元的表征和表达处处体现着孩子们的运动轨迹。

在复盘中可以看到，幼儿对自己的运动状态有了解，对运动空间有规划，对自己的运动质量有追求，对锻炼身体保持热情，还培养了勇于挑战、超越自我的运动品质。

（2）分析幼儿表现

运动手环能够实时监测幼儿在活动中的心率、运动量、步数等数据，并将这些数据记录下来。在复盘环节，教师可以根据手环提供的数据，对幼儿在活动中的表现进行客观的分析和评估。比如通过对比不同幼儿在平衡区活动中的心率变化，教师可以了解他们的体能状况和运动强度是否适宜。

（3）改进平衡区活动的指导策略

基于运动手环提供的数据，教师可以为每个幼儿不同的身体控制水平制订个性化的运动指导方案。在复盘环节，教师可以结合运动核心经验，判断幼儿当前正处于表现性水平、功能性水平还是社交性水平，并参考手环数据，给予他们具体的活动目标，并运用适宜的指导策略。比如对处在表现性水平的幼儿，教师需要提供正确、优美的示范动作，简短准确的语言提示或者口令，以及高难度动作学习中的保护与帮助。采用口令提示幼儿正确的动作节奏和发力时间等，可以提高幼儿在运动中对不同方向、不同空间位置的正确认识。对处于功能性水平的幼儿，教师可以通过降低或者提高动作难度来改变练习方式，使幼儿的动作更加稳定，也可以鼓励他们进行双人或多人合作游戏，给予他们自主表现的空间和时间。对处于社交性水平的幼儿，重点在于促进他们灵活运用、迁移和创造知识，鼓励他们在多种玩法中融入竞赛成分。

在发现问题和不足后，教师需要改进活动策略。这包括调整活动难度、增加新的活动内容、优化活动流程等。通过改进策略，教师可以确保活动的有效性和趣味性，提升幼儿的运动兴趣和参与度。

四、思考与建议

本研究表明，在平衡区活动中，结合一对一倾听与运动后复盘的方式，能够聚焦幼儿的运动核心经验，促进其平衡能力的发展。因此，建议教师在平衡区活动中广泛应用这两种方法，关注幼儿的个体差异与需求，为他们提供有针对性的支持与指导。同时，教师还应加强对幼儿运动核心经验的专业研究与实践探索，不断提高自己的专业素养与指导能力。

（一）重视幼儿多元表征，尊重和理解幼儿

教师在倾听的同时，还需要密切观察幼儿的游戏记录。教师要鼓励幼儿先想后做，做好运动规划。在户外运动开始前，教师可以在一对一倾听中鼓励幼儿利用计划图、步骤图等方式，做好规划，或借助图画、文字、符号等表征方式，帮助幼儿理清游戏思路，减少户外运动的盲目性。

幼儿在户外运动中不可避免地会遇到瓶颈。当幼儿停滞不前时，教师要及时在一对一倾听中发现幼儿的问题，鼓励他们以多元表征的方式记录户外运动的节点，使其成为延续户外运动的重要支架。

（二）提高组织分享能力，捕捉游戏价值

大多数教师认为，组织游戏后的集体分享交流对教师能力的要求高于教

学活动，这是由集体分享交流的特点和教师的知识能力结构决定的。首先，这要求教师在游戏过程中发现并捕捉有价值、值得探索的经验增长点，从而引导幼儿进行分享交流。其次，这要求教师有足够的相关领域的核心知识，即教师的PCK（Pedagogical Content Knowledge）。对教师来说，如果缺乏对3—6岁幼儿在健康、社会、语言、科学和艺术五大发展领域的核心经验、发展轨迹、学习特点和支持策略的了解，就很难进行高质量的运动分享。

（三）在技术赋能背景下，更新运动复盘理念

在运动结束后，我要求孩子们以严谨的态度开展运动自评与复盘工作。他们独立操作iPad，查阅后台数据，并精确记录各自的运动表现。在这一过程中，孩子们展现出了高度的自主性和自信心，充分体现了他们在自评环节的严谨度和自我管理能力。

我们在利用手环数据时，不仅要关注运动的数量，更为关键的是要深度考量运动的质量。运动品质的提升与学习品质的培育是相辅相成的，幼儿自评机制的构建旨在实现数量与质量并驾齐驱的目标，从而确保幼儿的全面发展。

儿童视角下户外自主游戏环境创设与优化

——基于马赛克方法倾听

顾　妹（上海市浦东新区东方芦潮港幼儿园）

　　游戏是幼儿最基本的需要和权利，而环境是游戏课程实施的"力场"，它直接影响着课程实施的效果，对幼儿的成长和发展有不可估量的作用。瑞吉欧教育也将环境比作幼儿的第三位老师。因此，幼儿园户外游戏环境的创设是幼儿开展户外游戏的重要保障。

　　在实践中，我们审视了以前的户外自主游戏环境，发现空间利用率不高，环境基本都是教师创设的。为充分支持幼儿自主游戏的开展，让环境更好地服务于幼儿的学习与发展，我们尝试以儿童视角为出发点，基于马赛克方法（观察、儿童会议、幼儿之旅、访谈、投票、自主绘画），持续观察幼儿的游戏，倾听幼儿的声音，从而更深入地了解儿童对户外自主游戏环境的兴趣、需要与观点。从儿童视角出发创设与优化户外自主游戏环境，能最大限度地保障幼儿自主游戏的权利，给幼儿自己创造玩法以无限的可能性，打造儿童自己的梦想乐园。

一、缘起：如何创设真正符合幼儿发展需要的户外自主游戏环境

　　在一次巡班的过程中，我走到户外自主游戏的建构区，看见建构区的幼儿在用积木搭建"我心中的幼儿园"，豆豆说道："我想在沙子里面多倒一些水一起玩。"米乐说："我还想到后花园去看看呢，我还想去看看那里面有什么，但是老师说那儿很危险。""我想在玩游戏时，老师能和我们一起玩，还能给我们拍美美的照片。"幼儿认真地讨论着。听着幼儿的讨论，想到之前专家提出的"户外自主游戏环境缺乏儿童视角"，结合新学期户外自主游戏开展的实际，我们一直在努力地思考如何创设适宜的、真正符合幼儿发展需要的户外自主游戏环境。这不就是答案吗——倾听儿童的声音，创设真正属

于儿童的户外自主游戏环境。于是，我园开启了一场以儿童为主导的户外自主游戏环境创设。

马赛克方法把一系列不同的方法组合起来，形成一份儿童导向的、有关他们兴趣和优先事项的报告。因此，马赛克方法为我们提供了一个倾听幼儿的框架（见表1）。

表1　倾听幼儿中马赛克方法所使用的工具

工 具	介 绍
主题绘画	以"我的游戏场地我来规划"为主题进行自由绘画
幻灯片	通过幻灯片播放幼儿游戏时的照片和视频，帮助幼儿回顾游戏过程
拍照	拍出户外自主游戏环境中幼儿喜欢与不喜欢的事物，收集幼儿想法
儿童会议	与幼儿讨论户外自主游戏环境的创设，倾听幼儿对环境优化的看法
投票	给每个参与的幼儿发放贴画用以投票，喜欢的贴笑脸，不喜欢的贴哭脸

二、基于马赛克方法进行户外自主游戏环境的创设与优化

（一）倾听幼儿对户外自主游戏场地的规划与设计

我们运用马赛克方法倾听儿童，在以"我的游戏场地我来规划"为主题开展儿童绘画，并认真倾听幼儿的想法后我们发现，幼儿渴望能扩大户外自主游戏区，能到幼儿园后花园进行冒险性游戏，幼儿园能够像游乐园一样，有沙、有水，沙水能在一起混合玩。

"我想去后花园玩，那里肯定有很多很多宝藏，我想去后花园玩寻宝藏的游戏。"（儿童会议）

"我想去后花园看看，那里面有高高的树，我想去里面玩捉迷藏的游戏。"（自主绘画）

"后花园有那么多的大树，我们可以在上面弄个吊床，躺在上面一定很舒服。"（自主绘画）

"下面的玩具一点都不好玩，我想去后花园玩，我们从来都没去过那里，那里一定很好玩。"（自主绘画）

"我心中的户外自主游戏区里有一个大大的游泳池，我们可以在里面打水仗，还可以游来游去。"（自主绘画）

"我最喜欢幼儿园的沙池区了，我们可以在沙子里寻宝，还可以用沙子来造房子、堆城堡。就是干沙子堆出来的城堡放不了多久，要是水池和沙池能在一起就好了。"（自主摄影）

"我想把沙、水、泥混在一起玩。"（作品引谈）

基于对幼儿的倾听，我们发现幼儿渴望在自然的、变化的、富有野趣的环境中进行户外游戏活动。这类活动充满了科学性、探究性、变化性、趣味性，深受3—6岁幼儿的喜欢。

回应与支持：基于幼儿想法重新规划与调整户外游戏区场地

自然生态的土坡、花团簇拥的自然角、生机盎然的树木，是农村幼儿园随处可见的风景，是农村幼儿园得天独厚的地势资源优势，是幼儿探索发现的场所，也是幼儿园课程生发的源泉。然而，出于对安全的考虑，我园的后花园一直处于封锁状态。基于幼儿的想法，同时也为了发挥幼儿园每一寸土地的价值，我们决定将封锁的后花园向幼儿开放。为了保障幼儿的安全，我们在原有护栏的基础上加了一层安全防护网，打造了幼儿心中的野趣园。

后花园开放以后，幼儿在后花园忙碌着，他们设计游戏的场地，讨论如何充分有效地利用后花园。

"我觉得后面可以用来种植我们喜欢吃的蔬菜，还可以种一些果树。"（儿童会议）

"后面的大树很多，我们可以在里面躲起来玩捉迷藏或者玩枪战的游戏。"（儿童会议）

"还可以在植树节的时候植树，冬天我们可以去给树穿衣服。"（儿童会议）

"还可以玩涂色呢，我们可以把大树涂色，还可以把石头涂色，这样后花园就是彩色的了。"（儿童会议）

幼儿热烈、积极地讨论着。在幼儿的最终投票表决下，我们将后花园有土地的地方开垦出来进行种植活动，其余的用作幼儿户外自主游戏的场地，幼儿可以根据自己的想法尽情地玩。

葱翠的丛林、植物的蔓藤、起伏的土坡、软硬不一的土壤，以及各种花草、枝叶，成了幼儿户外游戏中唾手可得的自然材料。孩子们欢呼着，打破了以往的沉寂，如今的后花园热闹非凡。

（二）倾听并了解幼儿喜欢的户外游戏材料

幼儿喜欢变化丰富的材料——"我喜欢玩油桶，因为可以滚动，还可以躲在里面。"

变化丰富的材料具有神奇的魔力，能吸引幼儿主动参与。通过分析相关数据，我们发现幼儿喜欢变化的、多功能的材料。

"我喜欢玩轮胎，它不仅可以滚动，可以站在上面走，可以用来涂色，还可以搭成城堡……它有好多种玩法。"（幼儿拍照）

"我喜欢玩油桶，因为它可以滚动，可以躲在里面，可以站在上面走，也可以推着走，敲击它还可以发出好听的声音呢！"（幼儿拍照）

"我喜欢彩色的玩具，我希望幼儿园是五颜六色的。"（幼儿投票）

幼儿的天性就是玩，而变化丰富、多样性的材料是对游戏中幼儿的最好支持。不同的游戏材料，其材质、功能各有差异，幼儿游戏内容、游戏主题的不同，会使幼儿的参与度也不一样。功能丰富的材料具有多种玩法，幼儿可以按照自己的意愿自主玩。而对于高结构的、功能单一的材料，幼儿的兴趣较弱，选择的频率较低。在对幼儿的访谈中我们发现，幼儿不喜欢功能单一、玩法固定的材料。

由此可见，变化丰富的材料具有多种可能性和开放性，能让不同水平的孩子都"嗨起来"，能满足不同发展水平幼儿的游戏需求。

幼儿希望能有一些种植工具——"我想要种植。"

玩具材料是幼儿开展自主游戏的重要物质基础。丰富多样的玩具材料会引发幼儿丰富多彩的游戏活动，会影响幼儿的游戏水平，以及幼儿通过游戏获得的发展。在与幼儿的交谈中我们发现，幼儿希望能有一些劳作，以满足他们的种植需求。

"我喜欢这个小锄头，我家里有，可是幼儿园没有。"（幻灯片）

"我想要一些背篓，背篓可以拿来装蔬菜和地瓜。"（幻灯片）

"我也想要一些像铁铲和小锄头那样的工具，这样我们就可以去挖土、挖萝卜，还可以堆很多东西，也可以种草莓。"（幼儿幻灯片）

《幼儿园入学准备指导要点》提出，要鼓励幼儿参与劳动，培养幼儿的自理能力。幼儿园也越来越珍视劳动的教育价值。目前，劳动已然是幼儿最喜爱的活动之一，为幼儿提供一定的劳作工具，是向幼儿开展劳动教育的基础，也是幼儿进行科学探索的保障。

回应与支持：基于儿童视角增投户外自主游戏材料

1.基于儿童视角增投本土的、低结构化的材料

低结构材料有材料简单、可变性强、可塑性高、可探究空间较大的特性，对幼儿来说表现形式更加多样、活动过程更加自由自主。我们通过对马赛克方法收集的信息进行整合，发现幼儿喜欢变化丰富的低结构化材料。为此，我园通过幻灯片、儿童会议等形式，多方面征求幼儿的意见，结合农村丰富的自然资源和幼儿园实际的经济状况，增投了一批本土的、低结构化的材料。

首先，我们利用家长资源，通过向家长发放"废旧材料征集令"，组织家园合作收集一些烹饪用具、餐具、衣物等生活中的废旧物品和材料，一方面是为了鼓励家长、幼儿参与户外自主游戏环境的创设；另一方面，将废旧材料用于沙水、泥水区，能丰富幼儿的游戏材料和游戏内容。

其次，我们与幼儿一起去大自然中寻找材料。在大自然中，我们可以找到竹子、叶子、松果、树枝、石头、玉米核、玉米秆、稻草等自然资源。

《3—6岁儿童学习与发展指南》中指出："多为幼儿选择一些能操作、多变化、多功能的玩具材料或废旧品。"教师还需要消除对玩具材料玩法的限制，这样，幼儿创造性地使用玩具材料的想法就会层出不穷。环境调整后，幼儿会使用多种材料进行创意组合，为户外自主游戏提供了更多的可能性。

2.基于儿童视角增投一定数量的劳作工具

为满足幼儿的好奇心和探究欲，通过幼儿讨论，基于儿童的视角，我们为幼儿增投了一定数量的劳作工具，如锄头、小铲子、背篓等。幼儿根据新投入的材料，积极进入后花园开展了种植活动。

（三）倾听幼儿对游戏材料的收纳管理

在对户外自主游戏的观察中，我们发现在自主游戏结束后，很多幼儿需

要在教师的反复监督提醒下才能完成收纳，且他们收纳的玩具摆放凌乱，没有形成分类摆放的习惯，幼儿的自主收纳习惯有待加强。针对这一问题，我们录制了视频，以幻灯片的形式播放，并与幼儿谈谈，以期与幼儿共同解决这一问题。

教师：刚刚我们在视频里看到了什么？

幼儿：小朋友们在玩自主游戏，时间到了，老师让收玩具。

幼儿：他们玩完了以后没有收玩具，太乱了。

幼儿：看起来好乱，他们都没有把玩具送回家。

……

教师：刚才看了视频，小朋友们都知道发生了什么事情，有的小朋友在自主游戏结束后，不知道把玩具送回家，那么你们觉得这样做好不好呢？

幼儿（异口同声）：不好！

教师：那么玩完玩具后应该怎么办呢？

幼儿：把玩具放回收纳小屋。

幼儿：可是我们不知道该放哪儿。

幼儿：我们知道要把玩具放回去，可我们总是忘记。

教师：那小朋友们讨论一下，有什么办法能让大家都记住玩完后把玩具送回家？

幼儿开始小组讨论，以绘画的方式呈现本组的解决方法，最终以投票决定。

幼儿：我们可以在外面贴上温馨提示，小朋友们一抬头就可以看见，这样就不会忘记了呀。

幼儿：我们可以在收纳小屋贴上标志，就像我们教室里的这样，我们就能帮助玩具找到家了呀。

……

从师幼对话中，我们发现大多数幼儿从认识上都知道自主游戏结束后需要收纳玩具。但是在实践中，大部分幼儿需要教师多次提醒监督才能完成收纳，说明幼儿外在的道德行为规则还没有内化成自身的自主整理习惯。通过讨论，幼儿期待能通过收纳标志提醒自己进行收纳，帮助分类、规范收纳材料。

教师支持与回应：鼓励幼儿讨论，自制标志，实现自主收纳材料

通过与幼儿的对话，我们得知幼儿尚未养成自主分类整理的习惯。根据幼儿自己的讨论可以知道，他们期望通过收纳标志帮助自己养成自主收纳整理的习惯。于是，幼儿开始设计户外自主游戏区的规则，并最终以投票的方式决定标志。

马赛克方法的运用帮助教师打开了理解幼儿的大门，让他们不再以主观意志去解读幼儿。在游戏中，幼儿的意愿被尊重、想法被看到、需求被回应，良好的师幼互动让支持更有效。

三、倾听在户外游戏环境中的应用

（一）倾听儿童，相伴成长，从相信幼儿开始

"相信幼儿是有能力的学习者"是安吉游戏带给我们的理念。我们首先应该相信幼儿是有能力的学习者，相信幼儿是艺术家、科学家，相信幼儿有能力对自己的游戏环境进行创设。在环境创设的过程中，教师应不断地倾听、完善儿童对环境的想法。一方面，教师可以通过参与幼儿的活动，以游戏伙伴的身份与幼儿交谈，了解幼儿对户外自主游戏环境的真实想法。另一方面，教师可以借助自主绘画、自主拍照、自主投票、幻灯片、旅行等不同的参与式工具，分析幼儿在户外游戏中喜欢的材料和空间特征，收集幼儿对户外游戏环境的看法，为优化幼儿喜欢的自主游戏环境做准备。教师要了解幼儿在游戏中的实际活动情况，与幼儿一起优化户外自主游戏环境，让幼儿成为环境的主人。

（二）倾听儿童，相伴成长，从回应幼儿走进

幼儿有一百种语言、有一百种游戏、有一百个想法，教师应依托表征进行倾听，回应儿童。幼儿可以通过表征的方式进行叙述和表达，教师要认真倾听并记录下来。对幼儿的想法，教师要及时给予回应，进而建立积极有效的师幼互动关系。

（三）倾听儿童，相伴成长，从支持幼儿深入

教师要用专业倾听儿童，用责任陪伴成长，用有效的支持、积极的回应，发现教育的价值，要适时介入支持幼儿，完成角色由"指导者"到"合作者"再到"支持者"的转换。这样，师幼关系就会逐渐融洽，宽松的心理

环境能对幼儿的游戏活动起到至关重要的作用。

1. 深入理解幼儿的需求

通过全方位的关注和耐心的倾听，教师可以深入了解幼儿在成长过程中的需求，包括学习、生活、情感等方面。这有助于教师为幼儿提供更加贴心、个性化的教育服务。

2. 准确把握幼儿的情感

运用马赛克方法倾听幼儿，不仅要关注他们的语言表达，还要注意观察他们的动作、表情等非言语行为。这有助于教师更加准确地把握幼儿的情感状态，及时发现幼儿的情绪问题和心理压力，从而采取相应的措施进行干预和疏导。

3. 有效促进师幼之间的沟通交流

通过运用马赛克方法倾听幼儿，教师能够与他们建立情感共鸣，增强彼此之间的信任和理解。这有助于促进教师与幼儿之间更加有效的沟通和交流，提高教育效果。

4. 发现幼儿的特殊需求

通过细致的倾听和观察，教师能够发现幼儿特长、兴趣和天赋等方面的特殊需求，为幼儿提供更加个性化的发展方案。这有助于促进幼儿的全面发展，培养他们的综合素质。

四、基于马赛克方法倾听的研究建议

观察先行：教师在户外自主游戏中，首先应观察幼儿的行为、语言和情绪，了解他们的兴趣点和需求。通过细致的观察，教师可以更好地理解幼儿在游戏中的表现，为后续的倾听提供基础。

深度倾听：教师在观察的基础上，应积极与幼儿进行互动，倾听他们在游戏中的表达。教师不仅要听取幼儿的语言，还要注意他们的动作、表情和神态，以全面了解幼儿的需求和困惑。

多元解读：教师应对幼儿在游戏中的表现进行多元解读，从多个角度理解他们的行为和情绪。

提供支持：在理解幼儿的基础上，教师可以通过提供适宜的材料、引导性的问题和适当的帮助来支持幼儿的自主游戏。例如教师可以根据幼儿的喜好提供多种游戏材料，鼓励他们在游戏中进行探索和创新。

调整策略：教师在实践中要不断反思和总结，根据实际情况调整自己的倾听方式，以更好地满足孩子们的需求。例如当幼儿对某种游戏材料不感兴趣时，教师可以尝试引入新的材料或调整材料的摆放位置，以激发幼儿的兴趣。

基于马赛克方法倾听，为我们提供了一个倾听、认识幼儿的新方法，世界的图景因儿童而变得更加奇妙和多彩。

路虽远，行则将至；事虽难，做则必成。后续我们会将马赛克方法运用到课程实施中，从儿童的角度倾听他们的真实想法，更好地走进儿童、了解儿童，从而推进课程。我们将一直行走在支持、回应、发展的路上，倾听儿童，相伴成长，聚焦让幼儿站在游戏中央，倾听理解，支持回应，陪伴幼儿健康快乐地成长！

伙伴同行，共促成长

——幼儿园校家社协同育人模式的构建

倪晓春（上海市浦东新区冰厂田幼儿园）

摘　要：校家社协同育人是提质教育生态的必要路径，在幼儿阶段尤为重要。然而，校家社协同育人面临着一些现实困境：家长育儿理念有偏差、家园合作不积极、幼儿园课程与社区资源链接不紧密。我园尝试构建"阳光随行，家园伙伴计划"，依托项目，通过育儿理念认同、提质"家长学校"课程、校家社共建课程来赋能家长，共同为每一个幼儿构筑健康成长的阶梯。

关键词：幼儿；家长；校家社协同育人；伙伴

习近平总书记在党的二十大报告中提出，要健全学校家庭社会协同育人机制，推动构建高质量教育体系。2023年1月，教育部等十三个部门联合印发了《关于健全学校家庭社会协同育人机制的意见》，指出"学校充分发挥协同育人主导作用""家长切实履行家庭教育主体责任""社会有效支持服务全面育人""共同担负起学生成长成才的重要责任"。国家制定了新时代教育背景下的育人方针，校家社协同育人是提质教育生态的必要路径。

一、明确问题，把握校家社协同育人的研究方向

"体验生活"是幼儿最需要、最直接的学习方式，基于年龄特点，幼儿也更容易受到外界的影响。校家社三者之间的紧密联系、同向同行、通力合作，能为幼儿的全方位发展搭建平台，就像布朗芬布伦纳的生态圈层系统理论中提到的："儿童世界是由一系列相互关联的系统或环境因素构成的，这些因素从近到远相互嵌套。在这些系统中，个体与系统相互作用，共同影响着个体的发展。"

然而，校家社协同育人的现状存在着许多困境。一是育儿理念认同不

足，很多家长对育儿的主观认识有偏差，缺乏"儿童视角"。他们对幼儿当前年龄阶段学习特点的认识不清晰，对幼儿发展的评价只是片面地关注学识性内容的掌握与否，未能提供适切的支持。二是家园合作方面，主要还是由园方牵头、发起，家长往往处于被动的状态，停留于配合幼儿园。家长的主动发声较少，参与幼儿园各项活动、培训的积极性不高。三是幼儿园课程与社会资源之间的链接，没有形成良好的互通机制，用以延展幼儿的学习场域、丰富拓展幼儿的经历与经验。

二、系统构建，确保校家社协同育人模式的科学有效

"孩子在心，课程随行"是我园的课程理念，我们希望这一理念不只是在幼儿园的土壤里生根发芽，同时也能够深入家庭。于是，我园开始构建并实行"阳光随行，校家社伙伴计划"，以"伙伴"重新定义校家社之间的关系，为家长赋能，转被动接收为主动融入、共同成长。我园融合社会资源，助力家长在一起"读懂儿童"、一起"参与课程"、一起"分享生活"、一起"增长智慧"的过程中，成为每个幼儿既温暖又有力量的陪伴者和幼儿园积极对话的伙伴。

（一）育儿理念传递——深入感知，达成伙伴共识

1.《阳光儿童宣言》——缔结共识的纽带

我园致力于培养"身心和谐发展的阳光儿童"，"关爱身边人、分享周围事、笑对成长路"这三句话是对其内涵的阐释，为了让"阳光儿童"的形象更加清晰，我们以儿童的口吻编织了九条儿童宣言，体现了"儿童视角"的价值取向。

在新生家长会上，我们和家长一起围读《阳光儿童宣言》，以此让每个家长能够充分感知幼儿园的教育理念，理解"儿童视角"，建立正确的儿童发展观。

2. 具有仪式感的事件——行动中感受、理解《阳光儿童宣言》

为了让《阳光儿童宣言》能真正深入每个家长和幼儿的日常生活，我们进一步剖析，通过一些有意义、可落实的事件去诠释九条宣言内容。由此，我们制定了"阳光九事"，还准备了一些与事件相关的纪念物品，在特定的时刻发放，营造仪式感，指引家长在了解幼儿园教育理念的同时，也能在家

庭中积极践行这些理念。

3."成长档案"变革——记录中呈现、回顾《阳光儿童宣言》

我园幼儿的成长档案经历了一次变革，我们将《阳光儿童宣言》作为成长档案的扉页，以九条宣言内容作为成长档案的九个篇章，教师和家长可以共同记录相关内容。这样，《阳光儿童宣言》和幼儿的成长历程将紧密联系，在共同回顾时，也能不断深化《阳光儿童宣言》的价值。

（二）提质"家长学校"课程——互动升温，助力伙伴成长

"家长学校"课程是家庭教育指导的主阵地，既要考虑到全面辐射，还要凸显个性化。在"家长学校"课程话题的制定、内容的选择上，我们前期对家长进行了调研，基于家长的真问题、真困惑，有针对性地寻找专家资源、收集实证，与家长展开对话。

为了让家长更主动地参与"家长学校"课程，我们打破了传统的讲座式授课，丰富了课程的形式及互动性，有全园的"父母学堂"、专题性的"家长沙龙"、班级教师为本班家长定制的"家长讲座"，以及一对一沟通的"上门家访"和"家长个别约谈"。

1."一对一"对话：基于实证的家园沟通

处于现下竞争激烈的社会，家长往往会带有育儿焦虑，这些焦虑与困惑的症结来自对幼儿的期待和幼儿现状之间的差异。疏解这一矛盾点的关键在于，家长要充分了解幼儿当前的年龄发展特点及幼儿自身的发展规律，对幼儿产生合理的期待，看到幼儿真实的模样。

共读、共谱"学习故事"及"一对一家长约谈"是我园家园沟通上重要的创新举措。我园制定了班级两位教师和每个家庭每学年深度约谈一次的制度，配合一年一次的上门家访，将"幼有善育"落实到每一个幼儿、每一个家庭。

幼儿是一直在动态发展的，通过有意识的观察、聆听，我们会发现坚持、合作、大胆、自信等美好的品质，都能在幼儿的学习中一一展现。那如何让幼儿自己感知到？如何让家长共同建构对幼儿的动态评价？我园教师在日常陪伴幼儿时会关注、捕捉、记录幼儿身上的闪光点，并结合"一对一倾听"鼓励幼儿表达。这些记录就像一封写给幼儿的"情书"，可以读给幼儿听，还可以及时和家长分享，在家长心中塑造有力量的儿童形象。同时，教师也会鼓励家长去记录家中的"哇时刻"并与教师分享，实现多元主体评价。这些故事就像一个个马赛克，聚集得越多、画面越清晰，就越能让我们看到更完整的儿童。

故事的流动是家园之间的黏合剂，拉近了家长与教师之间的距离，让家园沟通变得有温度，也让家长对幼儿园多了一份信任。例如大班粽子的妈妈由于孩子临近升小学，对粽子认知方面的发展非常焦虑。当教师将粽子在幼儿园创作各种捕虫器的经历变成"学习故事"和粽子妈妈分享后，粽子妈妈非常有感触，看到了粽子在创意、坚持的品质和动手能力方面的发展，也让她内心充盈了力量感，觉得应该改变的是她，不能只从认知方面去看粽子的发展。之后，粽子妈妈和教师一起收集了粽子的创意作品，在幼儿园举办了展览，也让粽子充分感知到了自身的成长。

2. 家长之间的对话：寻觅育儿知音

以往，我们的家庭教育指导都是往来于家园，而忽视了家长群体之间的互动。于是，我们以"种子家庭"及"心理剧团"特色沙龙活动拓展了"家长学校"的活动形式，吸纳优质的社会资源，增强家长之间的凝聚力。在整个活动过程中，我们采取了园方、家长双主体的推进模式，给予家长更多展示的舞台。

（1）"种子家庭"——育儿经验孵化

由于我园办园规模大，家庭需求也各有不同，于是我们根据不同活动，选定"种子家庭"先行先试，先由外聘指导专家进行浸润式的带教指导，再由"种子家庭"将经验带回班级，实现让所有家庭获得指引的目标。例如结合幼儿园的阅读月活动，我们招募了亲子阅读的"种子家庭"，选定获得丰子恺首奖的绘本作品《不一样的1》进行共读，这是一部在"接纳和欣赏"双层土壤中传递儿童观的作品，和我园的育儿理念非常契合。此次"种子家庭"活动通过少儿图书馆馆长的讲座"揭秘图书馆"、社会实践活动"走进图书馆"、与《不一样的1》主创团队对话、亲子阅读实践、圆桌会议分享经验及孵化传播，帮助家长了解绘本、走入绘本，积累有效的亲子阅读互动方式，营造了全园亲子阅读的活动氛围。这颗"种子"既撒在了家长心中，也会在幼儿成长中的某一刻生根发芽。

在这个过程中，我们发挥了家委会群体的主观能动性，带动了更多家长伙伴主动、深度参与幼儿园活动。

（2）"心理剧团"——沉浸式互动体验

每个家庭都会遇到育儿矛盾、困惑，如何让家长发现问题的核心本质？如何化解亲子矛盾？我们联合公益发展中心共同打造了"心理剧团"，针对我园幼儿家庭的生态，定制了能引发共鸣的剧目，共同探讨。

剧团定期开展活动，团员们围坐在一起交流自身的育儿困惑，锚定一个共性矛盾，打磨剧本，将矛盾的冲突点通过戏剧的形式直观地呈现出来。我们用体验式剧场的形式为全园家长呈现了一个寓教于互动的课堂，引导家长在观演和互动的同时，看到自身存在的问题，从而引发行为的改变。剧团的团员们也在排练、演出、接受专业指导培训的过程中，结识了更多的育儿伙伴，彼此赋能，在沟通交流中学习经验、获得成长。

（三）"校家社"课程共构——双向奔赴，伙伴共筑阶梯

陈鹤琴先生曾说："大自然、大社会都是活教材，是孩子们最真实、最丰富、最具吸引力的学习环境。"我们和家委会共同挖掘家长资源，形成了特色家长团队，将社会资源请进幼儿园，在部门、全园范围内开展课程。我们也走出幼儿园开展社会实践活动，不仅拓宽了幼儿的视野，让幼儿对周围的生活、对世界多了一份认知，更一点一点编织了幼儿园、家庭、社会不同主体之间互相联动的共融圈。家长与教师逐步成为联系更紧密的育儿伙伴，利用社区资源丰富幼儿的课程经历，携手促进幼儿的全面发展。

1.整合社区资源，实现家庭高质陪伴

随着信息技术的高速发展，"消失的附近"正成为一种社会现象，大家对生活的周围越来越陌生。为了让家长陪伴幼儿发现身边的美好，我们定制了"一公里"打卡攻略。

（1）定位附近课程资源，绘制"一公里地图"

我们协同社区共建单位及家委会成员，搜索附近有哪些可以拓展幼儿经历的好去处，绘制了"社区一公里课程资源地图"，分享给每一个家庭。

（2）开发"阳光'童'行生活卡"，丰富亲子活动素材

要将周边的社区资源转化为幼儿的经验，必须依托具体的活动。我们将"一公里资源"做了"三化"处理：类别化、儿童化、活动化。我们每个月会结合时节、各班的大事件，设计个性化的"阳光'童'行生活卡"，并制

定每月一次的周末亲子活动建议，同时附上合适的场馆推荐。我们鼓励家长带着孩子走进"附近"，拥抱生活的当下，开启家庭的高质陪伴。家长可以和孩子一起选择一张照片贴在每月的卡片上或在空白处记录自己的见闻，在一年的12张卡片集齐后，可以共同回顾这一年温暖的亲子时光。

2. 共同卷入，助推课程

对幼儿园开展的课程来说，家长的定位一直是旁观者。让家长共同融入课程，成为参与者、构建者，能让幼儿园的课程彰显活力，也多一份支持。例如在大班"钻石上海"班本化主题活动中，孩子们通过"儿童会议"决定要办一场"上海老字号"展览。拱拱妈妈在听说孩子们的想法后，和家委会成员商量，发起了上海历史博物馆的参观活动。由于馆内专业讲解人员的讲述方式不便于学龄前儿童理解，拱拱妈妈特地做了调查工作，化身"讲解员"。可见，"儿童视角"的理念在我们家长的身上体现得淋漓尽致，他们能遵循孩子们的兴趣，给予适切的支持。博物馆之行既丰富了孩子们对老字号产品的认知经验，也从中感知体验了参展规则、展区布置，为之后自己的布展策划积累了经验。在策展的过程中，家长还陪伴孩子打卡了"上海老字号"店家，收集了家中的老字号产品，一起制作了老字号产品海报。我们的孩子、教师、家长及社会资源真正共同卷入了课程中，大家带着热情，彼此推动，实现发展。

三、建立机制，推动校家社协同育人模式的可持续发展

校家社合作不能只是落在一两次活动中，而是要日常化，让家长随时都能和"专家"对话，及时解决问题。为此，我们建立了可持续发展的指导帮助机制，营造合作氛围，鼓励家长主动参与合作，解决实际育儿问题。

首先，我们加大了对全园教师的培训力度，提升了我园教师的家教指导能力，让家长有问题随时可以请教，让一线教师成为指导帮助机制的主要负责人，为家长提供及时、有效的指导和帮助。

其次，我们成立了"家庭教育指导师"团队，在固定时间向家长开放预约问询，定时向家长提供专家指导，旨在帮助家长更好地解决在家庭教育中遇到的问题，提高家庭教育的质量。

最后，我们挖掘了优秀家庭的教育指导经验，梳理成案例集，进行辐射

分享。家长可以随时在优秀的案例中学习先进的家教指导经验，从而提高自己在家庭教育方面的能力和水平。

随着"阳光随行，校家社伙伴计划"的推行，我园校家社协同育人工作取得了长足的进展，全员、全心、全力为幼儿共筑幸福成长的阶梯。家长的育儿理念和园方越来越趋同，会尝试看见幼儿、理解幼儿、支持幼儿，接纳每个幼儿都有自己成长的轨迹这一观点，学会发现幼儿身上的闪光点。对于和幼儿有关的家庭事务，家长也会通过"家庭会议"来倾听幼儿的想法，纳入幼儿的决策。

有家长感叹道："幼儿园已经不只是在培养我们的孩子了，现在还推动我们家长的成长。让我们在育儿的道路上找到伙伴，内心充满力量。"家长自身的热情是推动幼儿兴趣培养、能力发展的催化剂，能为幼儿今后的学习奠定坚实的基础。社会资源向课程资源的转化也进一步推动着园方课程的变革。当所有人都齐心协力时，每个人都会从中获得支持，成为更好的自己，然后这些力量最终都会流向幼儿，让幼儿在我们的携手努力下茁壮成长。

参考文献

[1] U. Bronfenbrenner. The ecology of human development experiments by nature and design[M]. Cambridge MA: Harvard University Press, 1999.

[2] 中国儿童中心.我国家庭教育指导服务体系构建与推进策略研究［M］.北京：中国人民大学出版社，2016.

[3] 朱永新.我国家校共育的问题及对策［J］.教育研究，2021（1）：15-19.

[4] 顾理澜、李刚、张生，等."双减"背景下数字化赋能家校社协同育人研究［J］.中国远程教育，2022（4）：10-17.

以"情景体验"指导家长创设和谐家庭环境的探索与实践

戴丽君(上海市浦东新区康弘幼儿园)

和谐家庭环境是幼儿家庭教育成功的基本条件,是家庭中影响幼儿成长的各方面因素的集合体。其中,家庭成员之间的情绪情感态度、互动沟通方式及父母教养方式等对幼儿的情感发展、社交技能、自我认知和心理健康有着重要影响。近年来,儿童青少年心理健康问题呈高发态势,且愈加低龄化,问题多样复杂,得到了社会各界的深度关注。家长已经意识到创设和谐家庭环境对幼儿成长的重要性,也有改善家庭环境的想法,但缺少行之有效的方法。家长的教养理念和教养实践之间也存在差异,他们可能没有认真地思考过教养方式,不懂得如何处理幼儿的情绪,也不清楚什么是真正的"温和而坚定"。本文旨在通过在家教指导的过程中尝试运用"情景体验",探索指导家长创设和谐家庭环境的途径和策略,并验证其有效性,进而形成可操作的家教指导模式,为教师提供可参考的家庭教育指导资源,帮助家长创设良好的家庭氛围。

一、传统家庭环境的现实问题

创建"情景体验"家教指导模式源于对旧有家教指导模式的反思与超越,通过分析,我们发现过往传统的家教指导模式有以下三方面的典型不足。

(一)家长主体弱化,灌输未唤醒

过往的家教指导只重视园方对家长的单向传递,却忽视了家长自身教养主体地位的强化、家长教养优势经验的分享、家长内在教养智慧的生长,故而,难以实现"心往一处想、劲往一处使""互帮互助、互惠互利"的理想状态。园方开展家庭教育指导的着力点不清,造成了家园指导之间的失衡。

（二）指导深度不够，治标不治本

过往的家教指导侧重对幼儿表面问题一个又一个的解决，例如孩子挑食、孩子迟到、孩子说谎，却忽视了指导家长深层次地对家庭和谐环境的创建、育儿基本问题的了解、自我教养素质的提升、自身教养行为的反思等。从家长视角出发、关照家长需求等方面做得还不充分，针对性指导还稍显不足。

（三）指导成效稀薄，知行不统一

过往的家教指导偏重科学理念、知识的教授，家长常常在听讲时很激动，能掌握许多正确的知识，但在结束后很被动，依旧做不出正确的行为。在意识和行为上存在偏差，致使家长在教养行为上有诸多的不确定性。究其原因，主要包括：对科学理念理解的偏差，导致在实操中难以将理论知识转化为实际行动；缺乏实践经验，导致知行不统一；家庭教育压力大，容易产生焦虑，教育孩子时难以保持冷静。

家庭教育指导模式的变革已经成为当今家庭教育发展的必然趋势。基于以上问题，我们积极构筑教育生态，不断探索"情景体验"家教指导模式，精琢其内涵，强化家长的主体地位、注重家长内在智慧的生长、关注家长"知—情—行"的具身转变。通过对传统家教指导模式与"情景体验"家教指导模式的对比，我们发现两种模式在主体地位、指导焦点及指导成效上有明显差异，具体如表1所示。

表1 传统家教指导模式与"情景体验"家教指导模式的对比

家教指导要素	传统家教指导模式	"情景体验"家教指导模式
主体地位	单主体，幼儿园	双主体，幼儿园+家长
指导焦点	幼儿具体教养问题的解决	家长系统教养智慧的提升
指导成效	短暂的，认知习得	长效的，"知—情—行"的具身转变

二、"情景体验"家教指导的基本模式

我们以"情景体验"为基础底色，逐步探索形成了问题导向的指导模式，帮助家长在立体化、可视化、具身化的虚实交融的情景体验中，更新家

教观念，提升家教能力，助力家长智慧的生长。

（一）发现"真"问题

发现家庭教养中的真问题是家教指导活动的起点。我们结合家访、家长会及日常家园沟通，了解了家长在育儿方面的典型问题及普遍困惑，通过梳理形成了表2。

表2　各年龄段幼儿家长的问题及困惑列举

年龄段	常见问题与典型困惑
小班	孩子每次都哭着上幼儿园，怎么办？
	孩子常常一个人玩，怎么办？
	孩子入园后频繁生病，怎么办？
	孩子老爱唱反调，怎么办？
	孩子不愿意分享，要介入吗？
中班	孩子"失败"后，容易发脾气，怎么办？
	孩子没有同理心，怎么办？
	家长在孩子面前无法控制自己的情绪，如何更有效地鼓励孩子？
	孩子不爱吃饭，挑食偏食，怎么办？
	孩子在家在园大不同，怎么办？
大班	孩子抗拒上小学，怎么办？
	孩子情绪不稳定，怎么办？
	该如何培养孩子积极的情绪表达？
	孩子与家长不亲近，怎么办？
	孩子抗挫折能力差，只接受表扬，不接受批评，怎么办？

（二）多元"深"体验

多元体验是教师根据家长的需求，帮助其在虚实情景体验中或模拟或探讨或演绎，自主表达、轻松互动、合理宣泄、习得经验、体悟成长，完成在幼儿教育过程中的陪伴。

通过借助情景剧立体化、可视化、具身化的特点，家长与幼儿共同感受剧中角色的情绪和情感，通过亲子角色扮演加深对角色特征等的认识，融入生活经验创编故事情节，实现虚实情景交融互补，解决育儿过程中的实际问题。

如针对幼儿不爱吃饭、挑食偏食的普遍现象，亲子根据绘本《肚子里有个火车站》创编了同名情景剧，我们引导家长根据自己孩子的年龄段特点及发展需求，支持并参与幼儿"玩剧—演剧—创剧"的全过程。

（三）认知"渐"调整

认知调整是家长在情景体验的过程中，通过完成活动任务，以及与教师、幼儿之间的多元交流，走进自己内心，解释各自的教育行为，彼此思想不断碰撞，促使自己有所反思、有所感悟，最终实现自我成长。

如在情景体验课程中，我们围绕"如何培养自主自信的孩子"的主题，利用情景再现、情景再生和互动体验等方法，再现家庭常见情景"孩子把牛奶打翻后家长的应对方法"，请家长扮演不同教养方式的父母和打翻牛奶的孩子，鼓励他们围绕情景探讨，分享经验及困惑，使家长认识到积极情绪表现更有助于培养自主自信的孩子。家长通过情景体验促进了自我觉知，在换位思考中提升了共情能力。

（四）积极"来"践行

积极践行是家长通过情景体验意识到教育观念或行为不合理，在教师的帮助下，或调整不适宜的幼儿成长教育认知，或用积极的教育行为替代，或生发出促进自我成长的行为模式与实践行动。

在现代家庭教育中，父亲陪伴的缺失已经成为常态，然而爸爸的缺位会给幼儿的成长造成难以弥补的伤害。鉴于此，我们特设了讲座"爸爸给孩子的礼物"，让爸爸们了解自己在孩子心中的重要地位，习得亲近孩子的多种方法。

如对于有"特殊需求"的家庭，我们更是呼吁爸爸的加入，预约父母双方共商孩子的教育问题，并定期约谈反馈，跟踪指导服务。一段时间后，我们惊喜地发现，来园接送孩子的爸爸变多了，幼儿间的交流也较多出现了"我爸爸陪我下棋""我爸爸给我讲故事""我和爸爸一起散步了"等话题。

三、指导家长创设和谐家庭环境的实施途径

构建和谐家庭环境是幼儿健康成长的摇篮。在实践中，我们逐步探索形成了"'3+1'+X"的运行模式。"+"不是简单的加法，而是促进"3+1"及"X"相辅相成、有机结合，以弥补传统家庭教育指导形式和内容的短板。

（一）"3+1"中心模式

"3+1"即家教指导情景体验坊活动，"3"指主要途径——"情景体验课堂""情景体验活动""情景体验论坛"，"1"指辅助途径——"情景体验社团"。如图1所示，"3+1"中心模式是从家长创设和谐家庭环境的问题出发，每种途径各有不同的侧重，在设计上循序渐进，指导家长认同、接纳并改变，在持续性的环境浸润下助力家长逐步改善教养方式，为他们创设和谐家庭环境提供了着力点。在实践中，我们始终将家长的需求融入家庭教育指导的全过程，家长在持续成长的过程中解困惑、化难题、提升觉察力，成为更具智慧的家长。

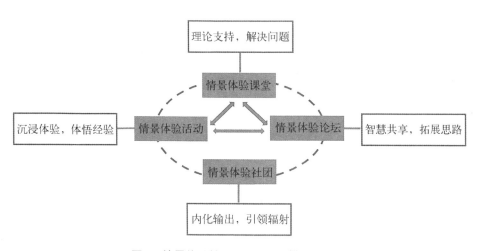

图1 情景体验坊"3+1"中心模式运行图

1."主体式"情景体验课堂

在情景体验课堂中，我们着重凸显家长的主体性，设置了集完整性、层级性、科学性和针对性于一体的课程内容，利用情景再现、情景再生和互动体验等方法，让家长感受多样化的情景体验，使家长在具体情景中看到自己的

影子，促进自我觉知，在换位思考中提升共情能力，从而丰富家庭教育智慧。

情景再现法是指通过设置若干蕴含某些教育问题的典型情景，请家长指出存在的问题，然后组织家长研讨，让他们通过谈自己孩子在这方面的表现及自己的经验和感受，来分享交流彼此的经验或困惑，最后由指导者提炼和总结。

情景再生法是指在情景模拟的过程中，家长总会产生新的疑问，如在"牛奶打翻了"的案例中，有家长提出：如果孩子把牛奶打翻之后，家长还没开口，孩子便大哭大闹不止，又该怎么处理呢？指导者便鼓励家长现场演绎新问题，分化或者衍生新情景。

互动体验法是指就某个重点内容进行深入演绎、深度解读和互动，请家长扮演幼儿和各类家长，促使家长自然而然地明白问题的前因后果，学会如何观察现状，分清主次矛盾，在探究中促进自我觉知，逐步提高解决问题的能力。

2."参与式"情景体验活动

情景体验活动主要是以专题性活动为引领，鼓励亲子浸润式参与真实情景，获得实感体验。幼儿园创设了集情景性、体验性、互动性、学习性、开放性于一体的平台供幼儿及家长交流学习，以便教师了解幼儿的居家生活并予以个性化指导。

我们组织了三个情景体验活动：开放剧场空间，邀请家长和孩子进入剧场体验，尝试角色互换，在体验中运用角色来引导孩子，或让孩子与其他孩子互动，在观察、学习中内化他人的家教经验；走进学习空间，家园通过分组商议，在班级环境创设、户外种植体验、阳光实践活动、主题节庆活动中引入家长资源，为幼儿提供充沛的学习空间，提升亲子获得感；创设家庭情景角，家长和孩子一起游戏互动，在体验中激发孩子的参与热情，提高亲子亲密度。

3."交互式"情景体验论坛

情景体验论坛有线上和线下两种形式，不受时空限制，具有灵活性、便捷性、生活化的特点。家长在轻松自在的氛围中，实现"同步"（共性需求团体互动）和"异步"（个性需求小组互动）双轨平行提升、重温内化育儿信息和经验。针对体验课堂中的典型情景，或某一时段幼儿的典型行为表现等，通过家长教家长的方式解读信息、交流想法，以循环往复的方式实现家长之间的相互反应、相互推动。

线上活动是指通过组织空中父母学堂，发布信息及家庭教育帖子，并提出问题，鼓励家长交流讨论，用具体形象的事例说清方法、阐述观点、提出策略、分享经验。

线下活动是指小范围的家长聚集在同一场地，以近期重点问题为话题，家长化身问题中的角色，在互动演绎中感受角色的需求、心理变化等，共同记录和分析问题的原因，并提出解决方案。

4."融合式"情景体验社团

情景体验社团是体验课堂、活动及论坛的延续性模式。家长经过前期的累积酝酿，已经获得了一些家教指导的有效经验。情景体验社团也是有效开展家庭教育的优质成果展示平台，能通过内化输出、示范引领，起到积极的辐射作用，是持续提升体验坊质效的重要一环。我们吸引了热衷于幼儿情景剧活动，且有一定专业特长的家长，组建了"情景体验社团"，根据家长在育儿方面的焦虑、需求，结合在体验课堂、活动及论坛中的收获与经验，设计并组织家长和孩子演绎情景剧。

（二）"X"个性模式

"X"指家教指导的个性需求。"X"个性模式注重在实践中不断优化，使家长在螺旋式上升过程中认识自身存在的缺点与漏洞，促进创设和谐家庭环境的分层推进。幼儿园创设宽松的氛围，鼓励家长不断尝试，通过实践与记录，在一段时间内总结自己的转变。

我们全面分析了各类教养方式的不足，对家长进行了有针对性的指导，助力家长补齐教养方式的短板。对"民主型家庭"，我们肯定其"温和而坚定"的教养态度与原则，以及为幼儿提供的关爱的、支持性的家庭环境；对"溺爱型家庭"，我们建议停止溺爱，建立正常的家规和原则，分清是非对错，不盲从幼儿行为，调整不正确的心态，不把幼儿当作个人私有财产；对"放任型家庭"，我们建议增加与幼儿的活动时间，多听幼儿的倾诉，少拒绝、多理解，了解幼儿的兴趣，并站在幼儿立场考虑特定情景下的事件；对"专制型家庭"，我们建议忌用"命令"行为，注重培养幼儿主动解决问题的能力，不以成人的眼光评价幼儿；对"不一致型家庭"，我们建议家庭成员对幼儿教育保持一致，统一家庭教育目标和计划，对幼儿的表扬和批评要有一贯性，不自相矛盾，教养幼儿时，要注意自身情绪的稳定性，心平气和地教导幼儿解决问题。

如有一位家长过于注重幼儿的学习结果，忽视了孩子的兴趣爱好。教师通过与家长沟通，引导家长关注幼儿的个性发展，尊重幼儿的兴趣爱好，最终帮助家长找到了适合自己孩子的教育方式。还有一位家长在家庭教育中存在严重的焦虑情绪，对幼儿要求过高。教师通过心理咨询，帮助家长认识到了自己的焦虑对幼儿产生的负面影响，引导家长调整心态，营造轻松的家庭氛围。

四、指导家长创设和谐家庭环境的支持策略

（一）协调提高策略

协调提高策略是指家园就如何创设和谐家庭环境进行双向积极沟通，家长和教师互相反馈幼儿在家、在园的情绪表现，及时调整教育方法、手段，以实现家园协作与配合。

如在自由活动中，一名幼儿沮丧地提到，在家里奶奶总是不让自己帮助做事。教师细致观察了幼儿在表述时的语言、动作、表情，并通过与家长沟通等方式，将多途径收集的信息进行串联，发现关键在于奶奶对居家劳动的认识与态度导致幼儿缺少参与劳动的机会。在及时将关键问题与家长互通后，家长也表示过于注重孩子知识技能的获得，忽视了其劳动的需要及劳动的重要性。家园协作，结合幼儿心理发展等相关专业理论，对上述沟通的观察实录、真实信息等进行分析，能精准识别幼儿的发展需要。

（二）全面推进策略

全面推进策略是指支持家长从"对自己""对幼儿""对环境"三个维度，根据"多学习""多示范""多沟通""多追随""多关注""多赏识""多体验"及"多互动"八个经验指向，遵循指导方法，创设和谐的家庭环境。该策略由内而外，由自我到他人，具有一定的顺序性和结构性，具体见表3。

表3 指导家长创设和谐家庭环境的方法

维　度	经　验　指　向	推　进　要　点
对自己	多学习，改善教养方式	加强自身学习，更新教育观念
	多示范，重视言传身教	控制好自身情绪和行为，树立良好榜样

续 表

维 度	经 验 指 向	推 进 要 点
对幼儿	多沟通，促进情绪发展	及时沟通，了解幼儿的想法
	多追随，促进自主探究	追随孩子的兴趣，尽可能提供支持
	多关注，洞察情绪状态	观察幼儿情绪状态，提供表达方法
	多赏识，提升幸福感	倾听幼儿想法，鼓励幼儿分享
对环境	多体验，促进经验融合	创设情绪环境，丰富幼儿的情绪体验
	多互动，营造和谐氛围	开展丰富的活动，建立亲密的亲子关系

（三）焦点解决策略

焦点解决策略是指以解决问题为基础进行交流。在交流中，教师需要确认问题，借用真实或虚拟情景，与家长进行交流，指导家长认识到创设和谐家庭环境的必要性。在这个过程中，教师要相信家长有能力发生转变。

如围绕"幼儿生气摔杯子"事件，运用不同教养方式的家长会采取不同的应对措施，体现不同的教养态度。通过比对不同教养方式下幼儿的行为表现，能印证民主型家庭"温和而坚定"的价值，家长在实践中可以体悟民主型教养方式对幼儿发展的意义，明确创设和谐家庭环境的必要性。

表4 案例"幼儿生气摔杯子"

情景表述		
妈妈说："你自己把它捡起来，打扫干净。" 幼儿哭，不愿意捡。		
教养方式	**亲 子 互 动**	**教养态度**
民主型	妈妈稍作等待。 幼儿：我不想捡。 妈妈：那你现在想怎么样？ 幼儿：我害怕…… 妈妈：那你希望妈妈做什么？ 幼儿：我不想捡。	有爱有规则

教养方式	亲 子 互 动	教养态度
	妈妈：你再准备一下。 幼儿（继续哭）：我害怕。 妈妈：你过来，妈妈抱抱。 幼儿走到妈妈身边。 妈妈（抱一抱幼儿）：你现在准备好了吗？ 幼儿：不行。 妈妈：那妈妈再抱抱你。 幼儿（停止哭泣）：我可以了，我去捡。	有爱有规则
专制型	妈妈：不许哭了，快去把它捡起来！ 幼儿（继续哭）：我害怕。 妈妈：自己犯的错误自己解决，把它捡起来！ 幼儿哭得更凶了。	有规则没有爱
溺爱型	妈妈：宝贝，别哭别哭。 幼儿：我害怕。 妈妈：没事儿，妈妈来捡，你站旁边一点，小心不要碰到。 幼儿站到旁边。 妈妈：妈妈捡干净了，现在不用害怕了，妈妈抱抱。	有爱没有规则
放任型	妈妈：把它捡起来。 幼儿：我害怕。 妈妈默默捡起杯子。	没有规则没有爱
不一致型	妈妈：把杯子捡起来！ 幼儿：我害怕。 爸爸：害怕就别捡，小心弄伤。 幼儿大哭。 妈妈：不要再哭了，把杯子捡起来！ 爸爸：孩子都哭了，别再说了，我来捡！ 幼儿看着爸爸妈妈争论。	有爱，意见不一

（四）经验共享策略

经验共享策略是指家长整理在创设和谐家庭环境过程中的点滴，与其他家长分享探讨，在良性互动中提高教养能力及家庭环境创设能力，实现高效家庭教育经验的共享和提升。

如面对生活中幼儿叛逆、故意、大哭、情绪失控等情景时，家长在接纳、包容、鼓励幼儿成长的环境中分享各自的经验：可以用深呼吸的方法调节气息，争取自我化解的时间，快速平稳心境；要坚信幼儿一定也不想让父母失望，他们之所以会"爆发"，就像家长忍不住发火一样，无非负面情绪在寻找宣泄的渠道，只有认识到这一点并理解幼儿，才能找到问题的突破口。

（五）亲子互动策略

亲子互动策略是指亲子间通过直接或间接的接触，进行交互和相互影响，包括在观念、情感和行为上的交流与沟通。在日常的家庭生活中，家长可以借鉴"情感对话""换位思考"等亲子互动方式，形成稳定的亲子关系。

如在睡前的亲子时光中，家长可以先分享自己当天的情绪："今天我很高兴，因为……"然后问幼儿："你今天心情怎么样啊？"等幼儿说了之后，回应："原来……（事情）让你觉得……（情绪）。"家长可以借聊天、游戏、绘画、阅读等多种活动，和幼儿分享彼此的经验、感受和想法，以"情感对话"加强亲子间的亲密度。又如家长可以结合具体的情境，引导幼儿"换位思考"，引导其想象"你觉得×××心情怎么样？""你是怎么看出来的？""×××（角色）为什么会感到……（情绪）？""如果你是×××，你有什么感受？"等，通过循序渐进的开放性提问，让幼儿学习理解别人的感受和想法。

五、指导家长创设和谐家庭环境的总结

综上所述，在运用"情景体验"指导家长创设和谐家庭环境的过程中，幼儿园通过研讨、实践、梳理等方式，共同探索了有效的家园共育途径和策略，打破了固有的共育模式，丰富了家庭教养指导储备，提高了教师家教指导的实效。

（一）强化意识，明确家长主体责任

通过参与体验坊活动，家长意识到了自己是家庭教育中的主体责任人。幼儿的健康成长，需要家长不断提高自身的教养智慧，用科学的理念和方法进行引导，家长还要以身作则，言传身教，为孩子树立榜样。

（二）拓展思路，创新家教指导理念

家长在生活实际中碰到问题时，时常由于缺少经验而手足无措。而通

过情景剧活动，家长可以在虚拟情景中演绎模范动作，内化解决方法，将听到、想到和感受到的间接经验转化为直接经验，与已有经验相融合，存放到信息库。在生活中遇到相似情景时，家长就能够迅速提取经验，运用适宜的方法解决问题。

（三）引情激趣，凸显"情景"指导特色

"'3+1'+X"运行模式以陈鹤琴的"活教育"思想为引领，"活"化"情景式"生活载体，从幼儿的在园生活、家庭生活中选取故事并开展情景体验，家长积极投入，敞开心扉，大胆表达。家长在互相交流、互相启发中，乐观、开朗等正能量互相产生积极影响，而焦虑、无助等负能量在彼此共鸣中得到宣泄。

"情景体验"家教指导模式营造了可持续发展的家园共育平台，帮助家长逐步完成了由经验育人向科学育人的转变。在未来，我们将探索信息化技术助力园本化家教指导课程的开发和应用，家园社协同，我们携手同行！

观察与支持幼儿科探活动中连续性经验的发展

——以"一课三研"科学活动"小小水管工"为例

杨虹欢（上海市浦东新区王港幼儿园）

科学探究活动是幼儿以直接感知、亲身体验和实际操作，逐步建立起对科学的初步认识和兴趣的活动，也是他们认识世界、理解自然规律的重要手段。

《幼儿园保育教育质量评估指南》（以下简称"《指南》"）强调，幼儿园保育教育质量评估应关注幼儿发展的连续性和整体性。而科学探究连续性经验发展是指幼儿在学习科学的过程中，通过观察、比较、操作、实验等方法，学习发现问题、分析问题和解决问题，从而形成连贯且不断深化的科学知识体系。

本文以"一课三研"科学活动"小小水管工"为例，呈现了师幼共同探究、不断优化调整的磨课过程，以帮助幼儿形成"观察—判断—推理—操作—验证—反思—调整"这一循环往复的科学思维，在使幼儿获得科学探究连续性经验发展的同时，助力教师成为幼儿连续性经验发展的观察者和支持者。

一、基于前期经验，抓住科学探究连续性经验发展的关键点

（一）关注生活经验，确定活动主题

玩水的点滴经验触发了幼儿的探究兴趣。喜欢玩水似乎是幼儿的天性，无论是日常的洗手和洗澡，还是充满兴致的沙水游戏，每次结束后，幼儿总有一种意犹未尽的感觉。渐渐地，随着年龄的增长，中班幼儿已不满足于对水的探索，而是对装水的水管产生了强烈的好奇心和探索欲，他们会产生这样的疑惑：水是从哪里来的？又是怎么流过来的？我心想：现在隐藏式的管

道安装方式确实造成了幼儿的认知盲点。于是，我抓住这个教育契机，设计了中班科学活动"小小水管工"，创设了从蓄水站给小动物家通水的活动情境，帮助幼儿关联生活经验，探究水管的不同连接方法。可视化的活动情境为幼儿提供了观察和判断的机会。

（二）依靠认知经验，凸显活动重点

对水流变化的认知经验架起了幼儿主动学习的桥梁。科学活动"小小水管工"要建立在幼儿对水流方向可变的科学现象初步理解的基础上。在日常生活和玩水游戏中，幼儿已有水在不同形状容器中呈现不同的流动路径、容器倾斜后水流会发生变化等浅显的科学常识。基于以上经验，我将本次活动重点落在探究水管的不同连接方法上。有挑战性的任务为幼儿提供了操作和验证的机会。

（三）借助游戏经验，投放适宜材料

管道积木的搭建经验有助于幼儿的探索行为。中班幼儿在结构游戏中经常用到管道积木，他们对直管、弯管、三通和四通管的形状、特点、接插方式都较为熟悉，不同管道的连接能构造出多样造型，其在连接方式和构造上与生活中的水管高度相似。于是，我以管道积木作为教学具，在体现我园结构特色的同时，能将幼儿的搭建经验运用到操作环节，已有的搭建经验有助于幼儿更好地判断和推理。

（四）立足表征经验，推动思维发展

幼儿已有的表征方式得以进一步拓展和推进本次活动。表征过程是幼儿对自我探索过程的记录，更是他们思维发展与学习成果的重要体现。中班幼儿热衷于动手操作，具有初步的符号表征意识，能用表情脸、"√""×"等图符进行简单记录。基于幼儿图符记录表征的前期经验，我继续提供表征机会，鼓励幼儿用多种方法记录管道积木的使用情况，已有的表征经验有助于幼儿更好地反思和调整。

（五）依托交往经验，形成良性互动

合作探究的学习模式能引发积极的生生互动。中班幼儿的合作意识已经萌芽，两人一组共同探索的形式是科探活动中一种有效的学习方式。在合作过程中，我鼓励幼儿向同伴表达自己的观点和质疑，强烈的思维碰撞有助于幼儿更好地反思和调整。

二、聚焦实践过程，稳固科学探究连续性经验发展的着力点

在开展"一课三研"的过程中，我发现幼儿呈现的科学探究经验往往是割裂的，不利于幼儿获得经验连续性的发展，于是进行了以下调整。

（一）思问幼儿操作趣味，改进活动情境

按照活动预设实践后，我发现在一研活动中，仅依靠教师的语言和把小动物家的图片作为情境支撑略显单调，无法引发幼儿的共鸣，幼儿的参与兴趣不足。通过思考调整，我在二研活动中投放了森林背景的PPT和音乐，试图引导幼儿通过观察森林情境去主动探索为小动物家通水的秘密，但是由于情境没有变化，与主题匹配度不高，在一定程度上阻碍了幼儿连续性经验的发展。为了更贴近幼儿的生活，我联想到很受孩子们喜欢的"小鳄鱼爱洗澡"的游戏，所以在三研活动中，我创设了"小鳄鱼爱洗澡"的活动情境。我在第一环节呈现了"小鳄鱼爱洗澡"的画面，并用录音的方式将幼儿代入"小鳄鱼家没通水"的情境，引发幼儿的探究兴趣；第二环节呈现了蓄水池——鳄鱼家的操作版面，引发幼儿初步的操作兴趣；第三环节在第二环节的基础上增加了一两个动物家，难度升级，引导幼儿在失败中反思和调整；延伸环节设置了路障，进一步提升难度。不断变化的活动情境让幼儿始终投入活动，探究兴趣不断增强。

（二）思问幼儿认知发展，调整活动环节

在一研活动中，幼儿只关注怎么连管道，对于连通管道后能不能通水，他们没有直观感受的机会。因此，在二研活动中，我增加了集体验证环节，幼儿按次序完成集体操作后回到座位，教师再用注水器进行通水验证，发现问题后，幼儿再次进行操作调整。但是在调整的过程中，幼儿往往呈现出毫无头绪的状态，可见环节的割裂打断了幼儿的思绪，不利于他们连续性经验的发展。于是，在三研活动的操作环节，我把验证的权力交还给幼儿，幼儿完成操作后，通过自主注水观察通水情况，从而验证管道连接的正确性，并根据实际情况反思和调整管道线路，最终推理出最合理的水管连接线路。

（三）思问幼儿操作现场，精准投放材料

在一研活动中，我为每个小组随意投放了一篮子管道积木，由于管道材料过多，幼儿花费了大量时间在材料的选择上，有的幼儿想把篮子中的管道

积木都用上，整个设计超出了操作版面，结果没能实现预期目标。所以在二研活动中，我对管道的颜色按组进行了分类，有利于幼儿在分享交流环节进行观察和比较；预设了多种连接方式，对操作版面的大小与管道材料的投放数量进行了科学设计；多投放了一个三通管和四通管，给予幼儿合理的试错机会。由于提升了材料投放的科学性，幼儿连接水管的成功率有所提升，但由于小动物家的数量和位置是提前固定好的，没能充分发挥材料的探索价值。在三研活动中，第一次操作，我呈现了固定的小鳄鱼家，幼儿选择用直通管和弯管帮助小鳄鱼家通水；第二次操作，我调整了小动物家的出现方式，幼儿根据自己的需要，选择不同数量的动物邻居粘贴到小鳄鱼家附近的任意位置，通过观察、推理、操作，运用直通管、弯管、三通管和四通管同时将水通到每个小动物家，实现了水管线路的多样化设计。材料的自主摆放提升了幼儿参与活动的自主性和挑战性。

（四）思问幼儿表征方式，呈现多元思维

在一研活动中，幼儿只是用符号记录材料的使用情况，用到的打"√"，没用到的打"×"，表征方式较为单一，并且这样的记录方式并没有对后续的操作起到积极的作用，更像是在完成一个任务。在二研活动中，我引导幼儿用数字来表征材料的使用情况，但是第一次操作和第二次操作的区别并不在于材料运用的多少，所以这样的表征方式依然对幼儿连续性经验的发展没有起到积极的作用。根据中班幼儿在科学领域的发展特点，应支持他们用图画或其他符号进行记录，所以在三研活动的第二次操作中，我增加了设计图纸的环节，幼儿先观察目标位置，设计管道路线图，根据线路图进行管道连接，验证后再根据通水情况，用不同颜色的记号笔修正设计图并进行调整。这样的表征方式其实就是将幼儿的整个探究过程可视化，能为幼儿的分享提供素材和依据。

（五）思问幼儿合作方式，促进生生互动

在一研活动中，我设计了个别操作和两人合作操作。在个别操作环节，幼儿花费了大量的时间，而在两人合作时，幼儿则更专注于自己的任务，同伴之间缺少交流。因此，在二研活动中，我将个别操作更换成集体操作，使每个幼儿都有表现的机会，但更多呈现的是师幼互动。为了提供更多的生生互动机会，在三研活动中，我设计了两次合作环节。第一次合作环节，幼儿和同伴进行磨合，如教师指导幼儿友好商量，你负责记录，我负责连接，或你负责通水，我负责观察等，使他们积累了合作交往的经验；第二次合作环节，虽然活动难度有所增加，但有了第一次的磨合，幼儿能与同伴尝试一起商量、判断小动物家的摆放位置和需要的管道数量，共同观察、推理将水同时通到每个小动物家的合适路线。

通过对活动情境、活动环节、活动材料、表征方式和合作方式的调整优化，幼儿展现出了"观察—判断—推理—操作—验证—反思"这一循环往复且富有逻辑的思维方式，这一过程初步实现了科探活动中幼儿连续性经验的稳步发展。

三、坚持反思性教学，提高自身在科探活动中对连续性经验发展的支持能力

《指南》提出，幼儿是在探究中认识周围事物和现象的。因此，为了更有效地促进幼儿在科探活动中连续性经验的发展，教师必须经常进行自我反思，以此提升自己在幼儿科探活动中的专业支持能力。

（一）立足儿童发展视角，动态调整教学过程

幼儿的思维特点以具体形象思维为主，因此，我设计了帮助小鳄鱼洗澡的趣味情境，使幼儿伴随着故事情节的展开，持续投入活动中。结合让中班幼儿动手动脑探索物体和材料的目标，我投放了管道积木、表征记录纸、注水壶等多种材料，帮助幼儿进行活动探索，支持幼儿在连续探究过程中积极寻找答案或解决问题的办法，培养幼儿初步的探究能力。

（二）关注儿童经验起点，把握儿童发展方向

通过观察，我发现幼儿喜欢玩水，对管道积木也有一定的搭建经验，对生活中看不见的秘密管道有强烈的好奇心。基于幼儿的经验和兴趣，我设计组织了原创科学活动"小小水管工"，通过投放绘本帮助幼儿积累管道认知经验，利用表征图纸引导幼儿记录丰富的观察经验，设计多次合作探索机会提升幼儿的交往能力等，帮助幼儿在科学实践中不断积累认知经验。

（三）强调教师教育反思，在磨课中积累经验

教学反思是教师以自己的教学活动过程为思考对象，进行全面、深入、客观思考和总结的过程，而磨课是教师成长的必经之路。本次"一课三研"

教学活动带给我很多启发。设计符合主题的情境是活动成功的关键，在情境层层递进的过程中，可以有效激发幼儿的探究兴趣。材料的合理投放是科学活动中至关重要的一环，教师要事先预设各种可能出现的情况，同时也应给予幼儿合理的尝试与试错机会。教师要在多次磨课中不断更新知识，与时俱进，提高教学与研究能力，真正做到教学相长。

在科学探究活动中，教师要注重活动的设计与实施，更要关注幼儿经验的连续性发展，力求让每一次集体教学活动都成为幼儿科学思维和方法形成的宝贵契机。教师的角色在此过程中至关重要，作为活动的组织者、引导者，以及幼儿学习的支持者，我见证了幼儿从初次尝试到改进操作，再到创新运用的全过程。正如杜威所言，经验的连续性是教育生长的核心，每一次科学探究都在为幼儿的未来经验奠定基础，能促进他们身心、智力与道德的全面发展。

依趣而"建"，创思成"构"

——大班户外建构游戏中的实践探索

周岚燕（上海市浦东新区康桥第三幼儿园）

户外游戏作为一种独特而富有成效的教学实践，正日益受到教育工作者的关注与重视。幼儿期是身心发展的关键阶段，他们天生具备强烈的好奇心和求知欲。正如著名心理学家皮亚杰所言，"儿童就是科学家"，他们通过自己的活动不断探索周围的世界，获取对世界的认知。这一特点在《3—6岁儿童学习与发展指南》中得到了明确的体现，其指出大班幼儿"能经常动手动脑寻找问题的答案""能用一定的办法验证自己的猜想"，强调了幼儿自主探究和学习的重要性。

随着教育理念的更新与进步，传统的教育模式已难以满足当前幼儿全面发展的需求。户外游戏作为一种寓教于乐的教学活动，为幼儿提供了更加开放、自由的学习环境，让幼儿在游戏中学习，在学习中游戏，实现了游戏与学习的深度融合。这种游戏形式不仅有助于激发幼儿的学习兴趣，还能在潜移默化中促进他们的身体、认知、情感和社会性等多方面的发展。而户外建构游戏会运用到更多的材料，幼儿需要将抽象的建构材料通过组合形成一种新的造型，这对他们的游戏水平和综合能力有更高的要求。以"烧饼店"为主题的户外建构游戏，正是基于上述教育理念而产生的一项具有多维价值的游戏活动。

一、问题引发的思考

最近，我们的游戏场地来到了建构螺母区域，孩子们对这个全新的游戏场地都非常好奇、感兴趣。当他们看到全新的游戏材料，如螺母、螺丝、塑料连接板、木条等，便七嘴八舌地讨论了起来："我们来做大炮吧！""做个坦克也可以！""哎，我想搭个游泳馆！"……于是，一场创意十足、热火朝天的建构游戏隆重拉开了序幕。

案例1

"不受欢迎"的烧饼店

在游戏过程中，沫沫询问好朋友："我想开烧饼店，有没有人要跟我一起玩？"桐桐兴致勃勃地说道："我跟你一起玩！"于是，两人一起搬运了一些塑料砖块，堆叠了起来。只见沫沫和桐桐把塑料砖块堆在一起，简单地搭出了一个"烧饼炉子"。沫沫说："我要去找一些烧饼来卖，你留在这里，我们的烧饼店要开门了。"桐桐爽快地答应了。接着，沫沫来到了材料库，选取了圆形的木片作为"烧饼"，然后拿到烧饼店直接放在了旁边的地上。见一切就绪后，沫沫和桐桐叫卖了起来。

小杜来到烧饼店前，说："老板，给我来一份烧饼！"沫沫很开心有了第一笔生意："好的，马上给你做，我给你做一份烧烤味的。"小杜环顾了一下说："你的烧饼怎么直接放在地上？这样的烧饼我可不敢吃！"说完，小杜马上就走开了。听到小杜的质疑，沫沫若有所思地挠了挠头，又继续叫卖了起来。但是直到游戏结束，也没有人来买沫沫的烧饼。

在游戏分享环节，沫沫对我说："今天我的烧饼店生意不好，因为客人说我的烧饼都放在地上，不敢吃。"沫沫进行了一番反思，认为生意不佳的原因在于烧饼被摆放在地面，使客人对此感到畏惧。为了了解幼儿在建构游戏中的难处，并引导他们思考后续如何推进游戏，我在饭后对沫沫展开了一对一倾听。

沫沫：今天我们开了烧饼店，虽然我们有很多烧饼，但是我们没有桌子，所以我们的生意就不好。

师：那你们明天是不是要搭一个桌子呢？

沫沫：对的，但是我们还不知道怎么搭桌子，而且也没有人到我们这里来买烧饼。

师：那你觉得可以怎么办呢？

沫沫：我感觉我们还要宣传一下。

在深入倾听沫沫关于他开的烧饼店"生意不佳"的困扰后，我立刻意识到问题所在——缺乏必要的物质条件与宣传推广。于是，为了帮助沫沫解决眼前的难题，并激发他和同伴的创造力与探索精神，我采取了以下措施。

（一）材料探讨，直击问题源头

我们开展了一次特别的材料探索会。孩子们来到材料库前，我先请他们观察并讲述不同类型螺母和积木的基本特点，比如颜色、形状和大小等。接着，我让孩子们通过分组自主探索，发现了螺母与积木的组合方法，原来只要调整螺母和积木的数量、形状或组合方式，就可以创造出各种各样的结构。

之后，孩子们尝试用这些材料搭建了自己的创意作品。在此期间，我通过提问引导，比如"你觉得这个螺母和积木还可以搭出什么形状？""你能想到其他的组合方式吗？"等，激发了孩子们的好奇心和探索欲，他们的创造力和解决问题的能力也开始呈现。在这个探索和发现的过程中，每个孩子都有机会体验成功和快乐；同时，他们也在尝试、探索、发现、试错、调整中学会了结构和设计的基础知识。其他孩子的参与让沫沫亲眼见证了一个简单桌子框架的诞生过程，这极大地拓展了他的建构视野，也让他明白了如何通过选择合适的材料来解决问题。

（二）多维支持，助力游戏生成

1. 家园共育，激发幼儿灵感

我在和沫沫的沟通中了解到，他想到可以将烧饼放在桌子上售卖，但却不知道该怎么办。于是，我提醒他可以召集一起玩的小伙伴，通过小组会议一起讨论。他们最后决定发动全班幼儿回家和爸爸妈妈一起收集关于桌子的各种图片资料，并将收集来的图片信息贴在建构作品欣赏架上。在一日活动空闲的时候，他们介绍自己喜欢的桌子，从复古木质到现代简约，每一张都充满了创意与灵感。这些直观而生动的视觉资料不仅激发了沫沫的想象力，也让他意识到自己的烧饼店缺少的不仅是一张桌子，更是一种吸引顾客的氛围与特色，激发了他内心对于创造的渴望。

2. 需求分析，引起思维共振

在倾听时，我发现了沫沫的需求，他想让更多朋友知道自己开的烧饼店，但是他不知道从何开始。于是，在第二天游戏开始前，我把沫沫的需求告诉了大家，孩子们七嘴八舌地帮沫沫出主意，有的说口味可以多一点，有的说可以大声叫卖，有的说可以在小店门口贴烧饼广告……伙伴们的建议一个接着一个，沫沫听了大家的建议后，小脑袋飞速思考了起来，说："我有办法了！我要画一张烧饼海报！"就这样，"小小宣传员"活动就这样开启了。沫沫自己制作了宣传海报，上面不仅有沫沫烧饼店的标志和特色介绍，还有沫沫亲手画的诱人烧饼图案和烧饼价格等。沫沫自信满满地向其他小朋友介绍他的烧饼店，邀请他们来品尝并给出建议。

3. 设备提供，满足幼儿需求

"我想让幼儿园里所有的小朋友都来我的烧饼店品尝我做的烧饼。""这是个好主意，你有什么好办法吗？"桐桐说："我们一个班级一个班级去说。"沫沫说："不行，班级太多了，等说完游戏都结束了。对了，我们每次的小主播活动，只要在话筒里说话，幼儿园的操场和教室里都能听到。"按照沫沫的要求，我带着孩子们利用幼儿园的广播系统，进行了一次特别的"开店预告"，让全园的小朋友都知道沫沫的烧饼店即将开业，期待他们的光临。

二、实践中的奇思妙想

在户外自主游戏中，幼儿依据兴趣选择游戏、制定规则、解决问题，充分展现自主探究能力。通过这类活动，他们能获得直接经验，培养观察、思考、判断、创造等能力，同时还能提升社交能力和情感表达能力。

有了前期经验的铺垫，这一次游戏时，孩子们热火朝天地开启了自己的"宏图伟业"，又有了出乎我意料的成果。

"移动烧饼车"的出现

这一次，沫沫和糖糖决定改进他们的"烧饼店"游戏。他们意识到不能直接把"烧饼"放在地上，这样他们的生意会受到影响。于是，沫沫灵机一动，决定给"烧饼店"增加轮子，可以灵活移动到各个地方吸引顾客。

两人搬来了许多圆形积木，试图将其组合成轮子。他们先摆弄积木，计划如何把这些圆形积木固定在原有的结构上。在此过程中，他们发现难题在于如何让这些轮子在移动时保持稳定，不会散开。安装轮子时，由于位置不均匀，整个结构曾经一度倾斜，这让沫沫和糖糖都很着急。这可如何是好？这时，沫沫看到身边的津津和俊逸把圆形积木拼接到长条积木上，制作出了会移动的"大炮"。灵感忽然闪过，沫沫便走过去向津津和俊逸讨教经验，俊逸说："我们有设计图纸，可以看着图纸安装。"沫沫看了看图纸，再看了看"大炮"上的轮子，然后走到烧饼店有模有样地给烧饼车安装起了轮子。两人又搬来了许多圆形积木，将其安装在长条带孔的积木上。拧螺丝的时候，为了让轮子更加牢固不掉下来，糖糖说："再加一个螺帽，这样就很牢固了。"然而，在试车过程中，沫沫注意到轮子滚动得不够顺畅，似乎有些卡顿。经过观察，他发现是因为积木之间的间隙不够，导致摩擦力较大。糖糖对沫沫的发现表示赞同。他们迅速调整了积木的间距，重新调整了螺丝的紧固程度，并在必要的地方增加了垫片，以减少摩擦，提高轮子的流畅度。

经过几次调整和细致的调试，沫沫和糖糖终于成功地在"烧饼车"上安装了稳定的轮子。整个移动过程轻松顺畅，他们满心欢喜地推着"烧饼车"在小伙伴们面前展示。沫沫开心极了，把自己的"烧饼"放在桌上大声叫卖了起来。

（一）自主探究，满足幼儿成长需求

在案例中，沫沫及其伙伴通过自主探究，不断进行实验和调整，成功解决了游戏中遇到的问题。这一过程满足了幼儿积极探索与实践的成长需求。

首先，结构的稳定性是案例中孩子们发现的问题。他们通过借鉴同伴的经验，将轮子安装在带孔的积木条上，使"移动的烧饼车"能够灵活地在人群中穿梭，实现了预期的效果。其次，探索和创新的学习品质为幼儿的终身发展奠定了基础。沫沫和糖糖在发现问题后，立即探索新的解决方案，表现出幼儿在新的、复杂的情境中进行创新的能力。他们也利用身边的资源（如津津和俊逸的"大炮"）来寻找灵感，这表明他们能够从他人的经验中学习，并将其应用于新的问题。最后，合作与沟通贯穿整个游戏过程，沫沫和糖糖通过分工合作和有效的沟通，一起解决了问题。糖糖提出使用螺帽来加强轮子的稳定性，展现了合作和相互学习的重要性。

这些问题凸显了在幼儿建构游戏中，需要加强对幼儿结构理解、工具应用、创新思维及团队合作等方面技能的培养。自主探究是幼儿学习的一种方式，更是促进其全面发展的有效途径。这种方式不仅能让幼儿在探索中收获乐趣，也能帮助他们持续挖掘自身潜能，为未来的发展奠定坚实的基础。

（二）退位支持，归还幼儿学习权力

在案例中，教师的角色更多地表现为支持者，而非指导者，体现了"退位支持"的理念。教师在以下五方面真正做到了归还孩子的学习权力。

1. 自由探索和发现

沫沫和糖糖在发现问题时，没有直接得到教师的解决方案或指导，而是通过自己的观察和思考，找到了新的方法来解决问题。这种环境给予了他们探索和发现的自由，是一种让幼儿主导学习过程的体现。

2. 自主解决问题

在整个活动过程中，沫沫和糖糖自己识别了问题的原因（如轮子卡顿），并提出了改进措施（如调整积木间隙、使用垫片）。这是将解决问题的权力交还给幼儿，让他们自己承担解决问题的责任和决策的过程。

3. 互帮互助学习

沫沫主动向津津和俊逸请教经验，这种同伴之间的学习和分享，是将学习的主动权和相互帮助的机会还给幼儿，而不是由教师主导。

4. 尝试和调整

他们能够多次尝试不同的解决方案，并进行调整，以达到更好的效果。这种反复试验的过程展现出退位支持的理念，即允许幼儿通过试验和错误来学习，而不是教师直接干预。

5. 鼓励和认可

在整个活动过程中，虽然教师没有进行直接的评价和干预，但从幼儿展示的成果和体会到的成就感中，可以推测他们得到了必要的鼓励和认可。这种环境支持帮助孩子们建立了自信，同时让他们看到了自己的学习和努力的成果。

通过这种退位支持的方式，幼儿不仅能够在具体问题中获得丰富的经验，也在心理和社会性发展上取得显著的进步。

三、游戏中的意外收获

"烧饼小店"初呈现

在建构螺母游戏场地玩了一阵子后，大家都有了自己的小收获，有的幼儿制作出了积木小床、桌子、椅子，有的幼儿制作了房子，宸宸完成了积木大树，沫沫的烧饼桌也变得有模有样了……大家把自己的作品放在一起，咦？似乎我们的作品可以组合在一起？

孩子们马上七嘴八舌地讨论了起来。

"这个小床我好想躺一下呀！"

"我想去房子里玩一玩。"

"这个桌子真的可以用吗？"

沫沫说："我的烧饼桌子当然可以用，可是没有椅子，大家可以躺到小床上来吃烧饼呀！"

桐桐马上说道："我的桌子和椅子可以借给你用！"

沫沫说："好呀好呀，那我们可以联合一下，客人到我这里来买烧饼，到你这里来吃！"

孩子们一拍即合，迅速让自己的作品派上了用场，让客人来大树下躺一会儿，到烧饼店里吃烧饼，进房子里参观一下……我们的游戏场地充满了欢声笑语。

（一）合作，发现游戏新玩法

当孩子们意识到各自的作品可以结合在一起时，合作的契机便出现了。不同的创意作品通过孩子们的讨论和协商，最终组成了一个更大、更复杂的游戏场景。例如桐桐主动将自己的桌椅与沫沫的烧饼桌子结合，为整个场景增添了功能性。这种合作不仅提升了游戏的多样性，还提升了孩子们的社交能力和团队协作意识。在合作中，孩子们学会了倾听与分享想法，积极参与并尊重他人的观点，从而发现了新的游戏玩法。

（二）分享，收获游戏新乐趣

通过分享，孩子们不仅展现了自己的创意作品，还分享了创造和参与带来的纯粹快乐。沫沫和小伙伴们将各自的作品整合在一起，为每位"客人"设计了丰富多彩的体验：可以在大树下悠闲地休憩，在烧饼店品尝可口的美食，或者在小房子里展开有趣的探索。

这种合作带来的体验不仅加倍了乐趣，也深化了孩子们对集体创作的理解。分享的过程充满了参与感和归属感，每个孩子在协作中都找到了自我价值和意义。他们发现，通过集思广益，可以创建出超越单一想象的全新世界，这种共同努力的成果激励着每一个参与者。

在户外建构游戏中，孩子们不仅提升了对自身作品的价值认知，还培养了彼此间的信任与协作能力。当大家分享创意、贡献自己的想法时，他们的社会情感能力也在默默地成长。通过共同创作，孩子们学会了如何倾听、尊重他人的观点，并领悟到团结合作能够实现更宏大的目标。

这种积极的互动不仅造就了一个充满欢乐的游戏场，更为幼儿的人际关系发展和情感世界打开了一扇窗。通过分享和融合，孩子们的想象力在此得以无拘无束地驰骋，他们体验到了心灵的富足和与人共享的喜悦，这些都会成为他们成长过程中珍贵的记忆和经验。

四、自主游戏下的所思所悟

（一）放手游戏，实现幼儿探究行为

自主探究能力是幼儿发展道路上的一颗璀璨明珠，它不仅照亮了幼儿认

知世界的道路，更为其终身学习打下了坚实的基础。在"烧饼店"这一大班幼儿户外自主游戏案例中，我见证了孩子们从最初的困惑与挑战，到最终的创意与突破，整个过程无不闪耀着自主探究的光芒。这种能力不仅体现在幼儿对问题的解决上，更渗透于他们对知识的渴望、对未知的探索，以及对自我能力的肯定之中。通过"烧饼店"的游戏实践，幼儿学会了如何观察、如何思考、如何合作及如何创新。他们不再是被动接受知识的容器，而是主动探索世界的勇士。每一次尝试、每一次失败，都是他们成长的足迹；每一次成功、每一次喜悦，都是他们自主探究能力的见证。这种能力不仅帮助他们在游戏中获得了宝贵的经验，更为他们未来的学习和生活奠定了坚实的基础。

（二）多元支持，助力教师身份转变

在幼儿自主探究的过程中，教师的角色发生了深刻的转变。从传统的知识传授者到如今的引导者、支持者和协作者，教师通过一对一倾听、经验共享、材料讲解等多种方式，积极参与到幼儿的游戏中，为他们的自主探究提供了有力的支持。

一对一倾听，让教师能够深入了解幼儿的游戏需求和困惑，从而更加精准地提供指导和帮助；经验共享，让幼儿有机会分享彼此的成功与失败，从同伴的经验中汲取养分，共同成长；材料讲解，则帮助幼儿更好地理解和利用游戏材料，激发他们的创造力和想象力。这些做法不仅满足了幼儿的好奇心，更培养了他们的探究能力和探究欲望，让幼儿在游戏中收获知识与技能的同时，也收获了成长与自信。

（三）物质保障，激发幼儿游戏拓展

通过"烧饼店"的游戏实践，我深刻认识到，要想充分发挥户外自主游戏的多维价值，就需要不断优化游戏环境、深化教师引导，从而促进幼儿的全面发展。

因此，我们要注重游戏环境的创设与优化。一个富有启发性、充满挑战性和安全性的游戏环境，能够激发幼儿的游戏兴趣和探究欲望，让他们在自由、宽松的氛围中充分发挥自己的潜能。我们还要充分利用园区的自然条件，科学规划游戏场地，投放丰富多样的游戏材料，为幼儿的自主探究提供有力的物质保障。

（四）携手并进，共创幼儿成长新篇章

未来，我期待在户外自主游戏的道路上与幼儿携手并进，共谱幼儿成长的新篇章。我将继续深入研究自主探究在幼儿户外自主游戏中的具体应用和价值体现，不断优化游戏环境和教师引导策略，为幼儿提供更加优质、更加丰富的游戏体验。同时，我也期待与更多的教育工作者、家长和社会各界人士合作，共同关注幼儿的发展需求和教育问题，为幼儿营造一个更加美好、更加健康的成长环境。

参考文献

［1］华爱华.《幼儿园保育教育质量评估指南》的实践要义［J］.江苏教育研究，2023（9）：10-14.

［2］曹荟.大班幼儿户外自主游戏中教师介入策略的探究［J］.华夏教师，2015（10）：1.

［3］张晓娇.提升大班幼儿户外自主游戏质量的有效策略［J］.科学咨询，2023（8）：258-260.

［4］汪小华.促进大班幼儿户外自主游戏兴趣提升的策略研究［J］.读与写：上旬，2019（8）：2.

大班幼儿积木建构活动中支持策略的探索和实践

——以大班积木建构"银河欢乐城"为例

蒋志豪（上海市浦东新区潼江幼儿园）

升入大班后，孩子们对建构游戏的兴趣日益浓厚。他们建构的内容有的是生活中的所见所闻，有的则是围绕一个主题或者一个项目。最近，我们班正在开展"我们的城市"这一主题活动，城市中多样的建筑引发了孩子们探索的愿望。于是，我和孩子们共同搜集了很多城市建筑的图片。在建构活动中，他们对地标性建筑很感兴趣，自由分组并制订了建构计划，有的搭建摩天轮，有的搭建火车站，有的搭建游乐场……接下来请跟随孩子们的脚步，一起走进"银河欢乐城"的奇趣探索之旅吧！

一、从"火车博物馆"到"银河火车站"——倾听激趣策略

《幼儿园保育教育质量评估指南》指出："以游戏为基本活动，确保幼儿每天有充分的自主游戏时间，因地制宜为幼儿创设游戏环境，提供丰富适宜的游戏材料，支持幼儿探究、试错、重复等行为，与幼儿一起分享游戏经验。"建构游戏从计划书开始，就会伴随孩子们的一个个问题、一次次思维碰撞、一场场倾听和对话，孩子们也会从中产生各种情绪的体验，如欣喜和快乐、沮丧和失落等，这就需要教师充分地去倾听孩子、理解孩子，激发他们建构的兴趣。

实录：

嘉言和他的建构小组成员一开始想建构的主题是"火车博物馆"。第一次游戏，他们拿了很多长板和短板积木，开始搭建他们心目中的轨道。然后，又有几个小组成员拿来了圆形积木搭建一列火车。在游戏中，嘉言一直占据着主导位置，搬运、指挥。但是直到游戏接近结束，他只搭了一条铁轨，火

车只完成了四个轮子。没多久，我就发现他垂头丧气，不断地叹气和摇头。

　　第二次游戏，嘉言仍然搭着他的火车博物馆，小组成员也很配合，运积木、搭轨道、搭火车头，但嘉言还是愁眉苦脸的。于是，我进行了一次一对一倾听，我问："你为什么不开心？不是搭得挺好的吗？"嘉言说："不对，博物馆里应该有各种各样的火车，我们这样不行。"说完，他像个小大人一样叹了一口气走了。

　　第三次游戏，我发现他们几个小组成员在搭建的时候重新拿了一张图纸（游戏计划书），在那里摆摆、放放，嘉言在计划书上画着什么。然后，他们搭建了一段很长的轨道，完成了一个小火车头。他激动地把我拉过去，说："蒋老师，我们小组商量了一下，可以换主题吗？"我看着他，再看看他们的作品，说："你们改变计划了吗？我怎么没有发现啊。"我故意这么说。嘉言一本正经地拿着调整过的游戏计划书跟我说："你看，我们本来是想搭建火车博物馆的，但是两次尝试下来我们觉得不行，积木不够，时间也不够，我们决定改成火车站，这样就可以完成任务了。"

　　第四次游戏，嘉言和他的小组成员一起搭建了轨道，在轨道上搭建了小火车。他和他的小伙伴们一起欢呼拍手："蒋老师，你快来看看，我们的银河火车站完工啦！"他们的脸上洋溢着快乐的表情。

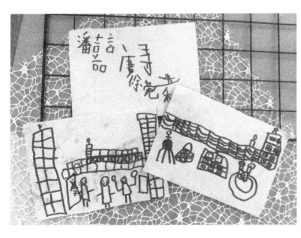

解读与反思：

　　在四次搭建的过程中，我始终关注着这一组孩子的游戏情况，也始终关注着嘉言的情绪变化。从第一次游戏开始，我就觉得他是这个小组的组长，积极地策划，主动地搭建。但是当他发现实际的搭建情况和他们的计划不相符时，就出现了叹气、摇头等行为表现。我没有介入，而是选择继续观察。

在第二次游戏过程中，我依然捕捉到了嘉言的愁眉苦脸，此时我选择了用一对一倾听的方式鼓励他并和他共情，激发了他再一次建构的兴趣。我先肯定了他搭得很好，又问了他愁眉苦脸的原因。在交流中，我发现他并没有放弃，而是发现了计划书和实际搭建有出入。在分享交流中，我引导孩子们一起讨论，思考碰到这个问题可以怎么办。孩子们七嘴八舌地提了各种意见。最后，我把这个问题留给了嘉言这一组，让他们在教室中继续协商，想办法解决火车博物馆搭不成的难题。

第三次游戏，我发现这一组孩子拿出了重新制作的计划书，看着他们搬运、搭建，看着嘉言的情绪变化，看着他们小组如何用商量出来的新办法将火车站初步搭建成功。

第四次游戏，我看到了这一组孩子的欢喜和雀跃，看到了嘉言脸上流露出的开心自豪的笑容。在这一过程中，我随着嘉言的心情变化而调整自己的行为，尽量不干预不打扰，因此发现了嘉言在这个游戏中的学习过程，了解了游戏背后的故事。

在整个游戏过程中，我持续关注着幼儿的情感，并经常一对一倾听孩子们的想法。他们的声音都蕴含着来自生活的经验，这需要教师持续地关注、敏感地捕捉，从而不断激发幼儿的建构兴趣。

二、从"一吹就倒"到"坚不可摧"的城堡门——目标导向策略

《3—6岁儿童学习与发展指南》提道："成人要善于发现和保护幼儿的好奇心，充分利用自然和实际生活机会，引导幼儿通过观察、比较、操作、实验等方法，学习发现问题、分析问题和解决问题。"教师就是要聚焦游戏中目标问题的解决，敏锐地捕捉游戏中的突发现象，更好地支持幼儿深入学习，不断助推他们的发展。教师在建构游戏中，要聚焦孩子们解决问题的能力，要充分利用环境、材料等，引导幼儿多感官体验，仔细地观察，自主动手操作。在建构游戏中，教师还要引导幼儿围绕自己制定的游戏目标去发现问题、分析问题和解决问题，鼓励他们不断尝试。这样，幼儿才能不断积累

经验，形成受益终身的学习态度和能力。

实录：

大班幼儿在搭建城堡门时制定的目标已经不仅仅是搭一扇门那么简单，他们追求一定的高度，这一组成员以班级中最高的男孩能穿过门为目标。

在第一次搭建门的时候，他们根据自己的已有经验，自然地分工合作，顺利地搭出了一个很高的门（将六根圆柱体叠高）。孩子们开心地在门下面穿梭。但是这天的风很大，我预见到了门可能会倒，便及时地介入："你们这样就搭好了吗？觉得牢固吗？"这一组的诺诺小朋友自信满满地说："那当然。"可是，他的话刚刚说完，一阵大风吹来，哐当一声，辛苦搭建的门倒塌了。孩子们站在那里目瞪口呆，但马上反应过来，继续搭建跟原来一样的门。可想而知，门一次又一次地倒下，孩子们一次又一次地重新搭建。

第二次搭建门的时候，他们带着第一次搭建后讨论的结果，全小组成员以搭一扇又高又不易被风吹倒的门为目标，换了一种建构门的方式，用了一块圆饼一块圆柱体叠高的方式，他们觉得这样更稳，会搭得更高，而且不惧大风。于是，他们开始搭建，但很快就发现了问题，封顶的时候，屋顶倾斜了，他们没有在游戏时间内完成搭建。

第三次搭建门的时候，有了前两次的经验，以及清晰的游戏目标，他们拿积木的速度更快了。只听到诺诺说："要拿一样高的圆柱体噢。"很快，城堡的门封顶了，但似乎他们还嫌不够高，还要往上搭一层。诺诺说："够了够了，已经很高了，再高又要倒了。"另一个孩子翕然说："再往上搭一层呗，这样哥哥（我们班最高的男孩子）就不用弯腰通过了。"很明显，孩子们分成了两种意见，最后商量下来，他们还是决定尝试再往上搭一层。他们真的又往上搭了一层，但有一点点摇晃，没有刚才的稳固。诺诺说："瞧，跟你们说不行，这样风一吹，又要倒了，不安全。"那一组孩子经过尝试，很快认同了诺诺，就赶紧将门的高度降了一层，再用半圆形积木进行了封顶。一扇牢固的城堡门搭建成功了。

解读与反思：

搭建城堡门的过程就是孩子们自主探索和学习的过程。他们有自己的游戏目标，在碰到问题时，并没有降低游戏的目标，而是为了完成这个小组游

戏目标，不断尝试解决问题。在这个过程中，我们可以看到孩子们一次又一次地思考和验证，也可以看到教师一次次适当的引导支持。

在第一次搭建中，我就预见到了可能出现倒塌的情况，在思考是否介入的思想斗争中，出于对安全的考虑，我还是选择了通过提问的方法去介入，并在提问时，有意识地将孩子们引到离门较远的位置进行思考，这样既能充分激发孩子们发现问题、解决问题的思维，又能维护游戏中的安全。"反复倒塌"其实是一个很好的教育契机，使幼儿对如何搭建又稳又高又好看的门有了更多的思考。

在第二次搭建中，幼儿用到了很多数学核心经验，比如AB的排列模式，即一块圆饼积木，一块圆柱体积木。我问他们："那为什么要先用圆饼积木而不是圆柱体积木呢？"他们说："因为试下来发现圆饼积木放在下面更加稳固。"这里就隐含着很多孩子们未来才要学习的有关重力、面积等深奥的数学知识，但是今天，他们已经埋下了一颗探究好学的种子。我又问："那封顶的时候，门为什么又会倾斜呢？"昕昕看了看门，连忙说："因为圆柱体的高度不同。"瞧，我们的孩子通过直接目测观察比较就有了答案。

在第三次搭建中，他们又快又好地完成了任务，但是又有了新的目标。在反复尝试后，他们决定使用四根长圆柱体，最终封顶时使用半圆形积木以增加城堡的美感。这样，又好看又牢固的门终于完成了。

三、从两个平行建构主题到"银河欢乐城"——问题驱动策略

《幼儿园保育教育质量评估指南》提出："鼓励幼儿表达自己的观点，提出问题，分析解决问题。每一个幼儿都有自己独立的想法，在不同事情中，

教师要鼓励幼儿表达自己的观点，提高独立解决问题的能力，这对幼儿的终身发展具有奠基作用。"教师就要抓住游戏中的每一个契机，积极倾听孩子们的想法，在肯定和鼓励后，用适宜的问题驱动他们再一次思考新的游戏问题，引导他们运用已有的生活经验去探究问题，寻找更多更好的解决方法。

实录：

"银河火车站""游戏城堡"在孩子们的几次搭建后都初具规模。搭建火车站的孩子们继续探索怎样使火车的轨道延伸得更蜿蜒曲折；搭建游戏城堡的孩子们在建构好牢固的门以后，将里面的休息区、游戏区、餐饮区也搭得像模像样，两组孩子都体验到了游戏带来的成就感。他们搭建的速度越来越快，从仅仅是建构，发展到在自己搭建的主题中玩起了角色游戏。有一次，昕昕跑过来问我："蒋老师，我能到他们的火车站玩吗？"我把这个问题交给了孩子们，他们进行了讨论，一致认为可以参与别的小组的游戏。随着游戏的不断开展，我发现两组孩子已经在互动游戏了，搭建火车站的孩子在完成建构后，也会到游戏城堡里去游玩一下，坐在积木椅子上休息，在搭建的游戏站台上依次排队往下跳。孩子们在游戏中自然顺利地开展人际交往，获得了愉悦的体验。持续了几天后，他们邀请我也去参与他们的主题活动，我很开心地融入两组的游戏，表扬并鼓励了他们，我问："你们这两组跳过来跳过去地玩，那你们觉得平时玩的游戏城堡里面有小火车吗？""有啊。"几个孩子一起回答我。我故意刁难了他们一下："那你们觉得你们这两个游戏可以合并起来吗？""当然可以。""那怎么合并呢？"这就是在今天的游戏分享交流中孩子们要讨论的重点。他们又开始拟定新的

计划书，然后想名字，他们觉得中间的游戏围栏可以改造成一条通道，这样就能变成一个更大型的游戏城堡了。"就叫银河欢乐城吧。"嘉言大声说，孩子们都拍手叫好。"哇！你们真厉害！"这时候，我毫不吝啬自己的表扬，和孩子们一起享受这精彩的"哇时刻"，和孩子们一起感受同伴交往合作的快乐。

解读与反思：

在"银河欢乐城"诞生的过程中，体现了孩子们良好的交往和合作。在昕昕提出要到火车站参观和游戏的时候，就有了两组合并的想法。然后孩子们自己协商，交流他们各自的想法。在第二次游戏中，我就发现两组孩子在频繁地交往，参与到对方的建构游戏中。他们也会互相提醒，知道要在同伴搭建完成后才能去玩，并且要爱护别人搭的建筑物。在他们邀请我参与的时候，我以同伴的身份参与了他们的游戏，在生生互动和师生互动中，又抛给他们一个新问题，如何将两个游戏合并？这个问题驱动孩子们再一次思考，从他们的讨论分享中，我看到了他们的分工和商议。他们从计划书开始调整，将银河火车站融入欢乐城堡，从图纸上就能看出他们协商的成果。到户外建构的时候，我发现他们很快找到了解决问题的办法，将两个游戏区域间的围墙打开，用各种图形的积木建构出一条通道。面对搭建时出现的问题，孩子们也能运用已有经验协商合作。就这样，在他们的齐心协力下，"银河欢乐城"诞生了，这就是孩子们的精彩时刻。

四、对"银河欢乐城"的思考

科学地观察、正确地解读、有效地支持，是师幼互动中教师应有的专业行为。在这个游戏中，孩子们不断迸发新的创意并付诸实践，他们自主、自信的状态感染着我，我也始终相信他们是积极主动的学习者，和他们一起将游戏推向深入。教师的支持还体现在以下四方面。

（一）尊重孩子，鼓励大胆创新

"银河欢乐城"是孩子们生活经验的产物。游戏城堡是孩子们喜闻乐见的设施，基本上每个孩子都玩过，而"银河火车站"的想法，是我们班的几个孩子在参观火车博物馆后，开始形成并一步步搭建出来的。在游戏中，我尊重孩子们的想法，允许他们按照自己的意愿去搭建。在遇到问题时，我会鼓励他们；在获得成功时，我会表扬他们。此时，教师的赞赏及同伴的掌声就是对他们最好的认可，这也给他们带来了不断探究的自信和勇气。

（二）持续观察，针对性地支持

在连续性观察的基础上，我及时地记录，对孩子们的游戏发展情况和需要做出客观的分析，提供有针对性的支持，但不急于介入或者干扰他们的建构活动。我是他们的游戏玩伴，以平等的身份参与孩子们建构的过程，并能抓住建构游戏中的契机，进行隐性指导。比如孩子们在建构中碰到问题时，我能通过问题引导和材料支持，推动他们继续开展游戏。当他们的建构停滞不前时，我会通过语言、动作、情绪等途径进行隐性推动。有针对性的支持能有效促进幼儿与环境、材料及其他事物产生积极的相互作用，从而提升他们的建构经验。

（三）适时讨论，引发深入思考

针对游戏中出现的问题，我会适时组织讨论，通过开放性提问引发幼儿的深入思考，引导他们在游戏中走向深入。比如他们在建构城堡门的时候，一开始门一直倒塌，我就组织他们讨论怎样搭建这扇门才牢固，才不会一直倒塌，以及选择什么形状的积木更好。通过现场讨论、照片或者播放视频让幼儿重温游戏过程，对问题进行讨论，然后在下一次游戏中去实践和解决这些问题。积木的AB模式摆放，充分体现了幼儿对空间方位的感知与判断；一样高的门柱，体现了幼儿对量的精确计数与比较；逐渐升高的门的设计，体现了幼儿对数量递增模式的掌握；一座稳固的门，体现了幼儿对稳定与平衡的精心设计；封顶时选择的半圆形积木，是幼儿审美的体现。建构活动将幼儿的专注、坚持和反思等学习品质体现得淋漓尽致。

（四）分享交流，支持游戏延续

在建构游戏中，教师有着非常重要的工作任务——支持和促进幼儿游戏的开展，使游戏真正对幼儿有益。在搭建"银河欢乐城"的游戏中，每一次游戏结束后的交流分享，都是很好的互相学习的机会。我看到了幼儿的主动学习，他们对建构游戏有着浓厚的兴趣，也有设计、协商讨论和解决问题的能力。我将跟随幼儿的兴趣，继续支持他们后续开展建构的想法，期待孩子们更多精彩的表现。

教师只有对建构游戏、对幼儿学习与发展的规律有充分认识，才能在建构游戏中更科学地观察幼儿、支持幼儿，使建构游戏的价值最大化。学思践悟，希望自己能反思和重新审视自己在幼儿游戏中的状态，进一步遵循"放手—解读—回应"的专业发展进程，用带有温度的专业陪伴和孩子们一起幸福成长！

"五育融合"视域下生活活动中"绿色生活方式"的实践与养成

张昕悦（上海市浦东新区恒宇幼儿园）

2019年，中共中央、国务院印发了《中国教育现代化2035》，提出了"大力发展素质教育，促进德育、智育、体育、美育和劳动教育的有机融合"的教育方针。当下，"五育融合"已成为幼教的新趋势，它强调德育、智育、体育、美育和劳动教育的全方位培养。生活活动是幼儿园一日活动的重要组成部分，蕴含着丰富的教育契机，能够促进幼儿生活习惯、生活技能、社会性和认知情感情绪等多方面的发展，能为幼儿的成长和发展打下坚实的基础。幼儿的年龄特点和身心发展的需要，决定了幼儿园保育教育相结合的教育原则。日常生活活动包含了丰富的、潜在的教育内容，对幼儿自理能力的提升、行为习惯的培养都有非常重要的作用。结合我园"绿色生活方式"的园所理念，倡导幼儿养成绿色生活方式，即"亲自然、有礼貌、能节俭、守规则、会合作、爱探究"六大要素，本文的核心在于探讨如何通过生活活动，有效实施"五育融合"，助推幼儿绿色生活方式的养成教育。

一、以德育为根，培育品行之花

在幼儿园的生活中，品德教育占据着举足轻重的地位。一日生活皆教育，品德教育更是潜移默化地渗透在一日生活之中。教师应当以儿童的方式开展活动，所谓儿童的方式，就是要坚持"儿童立场"、尊重"儿童本位"、落实"儿童优先"的原则，使品德教育变得有童趣、有策略、有实效，从而促进儿童品德教育质量的提升。

（一）有礼貌——礼仪教育贯穿始终

陈鹤琴先生曾说："习惯养得好，终生受其益，习惯养不好，终生受其累。"幼儿时期是培养文明礼仪、良好习惯的重要时期，是幼儿将来成功走向社会的第一块坚实的基石。良好行为习惯的培养是一个动态的过程，以幼儿每日的来园、离园为例，教师引导幼儿主动向老师、阿姨和同伴打招呼，能培养他们的礼貌和尊重意识，还可以巧妙地通过生活场景的创设，多主体评价方式的运用，进一步提高幼儿出现礼貌行为的主动性。教师可以通过同伴互相点赞的形式，鼓励幼儿生生互评，也可以通过"绿色生活方式"观察记录评价的"有礼貌"一栏，了解幼儿入园流程的完成情况，重视幼儿在此过程中的态度和表现，如是否情绪积极稳定、是否主动打招呼、是否常出现"谢谢"和"请"等礼貌用语，全面了解幼儿德育养成的情况。评价方式的多元化能有效促进幼儿德育教育的落实。

（二）能节俭——品德培养融入日常

进餐环节同样是德育的重要环节，尊重劳动、珍惜粮食、勤俭节约是中华民族的传统美德。幼儿时期是饮食行为建立和发展的关键时期，为了帮助宝贝们养成勤俭节约、健康文明的生活习惯，要鼓励孩子们多吃饭、吃好饭、不剩饭。下面以"光盘行动"生活活动课程为例做详细阐述。

1.餐前的感恩教育

为了让幼儿学会感激农民伯伯的辛勤劳作和食堂工作人员的默默付出，教师可以带领幼儿认识袁隆平爷爷，体验食物的来之不易，知道粮食成熟的过程很漫长，需要经过播种、育苗、插秧等一系列的过程，才能变成香喷喷的米饭，体会珍惜食物、避免浪费的重要性。

2.进餐时关注习惯养成

教师在幼儿进餐过程中，要细心观察他们的行为，如排队取餐、餐桌整洁、食物浪费、餐后漱口等情况，可以以此作为品德表现的评价依据。

3.餐后进一步激发幼儿"勤俭节约"的情感

为了让勤俭节约的美德在孩子们心中根深蒂固，我们的"光盘行动"结合多主体评价方式延伸至家庭，家园共育，鼓励幼儿将"光盘意识"带回家庭中，带动父母也加入"光盘行动"，家长将"光盘行动"的照片发布在"孩子通"平台上，家庭之间相互点赞，形成良好的多元评价氛围。

（三）守规则——规则意识保证行为底线

《幼儿园教育指导纲要》指出，要在共同的生活和活动中，帮助幼儿理解行为规则的必要性，学习遵守规则。幼儿期是萌生规则意识和形成初步规则的重要时期，规则意识及执行规则的能力是幼儿学习、生活的基础与保证。孟子说："不以规矩，不能成方圆。"一个和谐的社会离不开各种规则来规范人们的行为。

同样，组织幼儿在园的一日生活也需要良好的规则来保障。我们结合多主体评价墙面开展了以"运动中的规则意识养成"为主题的课程活动，希望以此来提高幼儿在户外运动中的自我保护意识和能力，持续推进幼儿深入的自我评价和互评。结合孩子们的现状，我们对"运动中的规则"进行了深刻的探讨，通过安全故事汇、集体讨论、规则的认知与制定等一系列跟进策略，在促进幼儿自我评价能力提升的同时，让孩子们在轻松愉快的环境中，理解规则、创造规则、遵守规则。有了规则的约束和指导，每个幼儿都生活在不超越底线的自由状态中，生活在和谐与秩序中。

二、以智育为干，滋养思维之树

（一）爱探究——创设问题情境

以智育为核心，教师可以在幼儿园中班的生活活动中融入智力的开发与培养。在进餐时，幼儿对食物的好奇心明显提升，经常会询问"这是什么菜"。因此，教师可以创设"小小营养师"的活动情境，邀请一名幼儿在餐前告知大家今日午餐中出现的各种蔬菜、水果及各种肉类的名称。"食物的种类非常丰富，它们各自蕴含不同的营养成分，怎样合理搭配食物才有利于我们的健康呢？"依托问题情境，教师再和孩子们一同观察食物金字塔的饮食结构，了解人体需要的各种营养。

教师可以让幼儿调查一天的食物，并根据不同的标准对食物进行分类，通过查阅资料、看食品配料表等方式，了解食物中的营养成分，或通过观察中国居民平衡膳食宝塔图，了解一天饮食中各种营养成分的适当摄入量，从而懂得科学、合理饮食的重要性，克服偏食、挑食的毛病，养成科学的饮食习惯；还可以让幼儿利用学到的食物营养知识，搭配成科学、合理的菜式，为家人制作爱心营养餐。通过调查一天的饮食、检验食物中的营养成分等一系列活动，能使幼儿了解人体需要的各种营养成分和合理的饮食结构，明白合理膳食对身体的好处，知道挑食、偏食有害身体健康。在探究过程中，幼儿的动手能力得到了充分锻炼，均衡膳食的观念得到了渗透。

（二）勤思考——时间利用化零为整

幼儿园一日生活在衔接时，常常会出现很多零碎的时间，如课前准备时、收玩具后、午睡前、散步时、离园前等。为了减少孩子们等待的时间，不妨利用零碎时间开展益智小游戏。有趣的游戏形式，结合当前主题、季节、集体活动等多种内容，能使幼儿在轻松愉快的活动中完成增长知识、发展智力的任务，益智小游戏是帮助幼儿认识事物、巩固知识、发展智力的一种十分有效的手段。如在"在动物园里"这个主题下，可以开展"动物园里有什么"语言类小游戏，让幼儿说出动物园里各种各样的小动物，幼儿在独立思考的同时也在聆听同伴给出的答案，能间接丰富对不同动物的认知。类似地，"我的家里有什么""马路上面有什么"等游戏都可以让幼儿在零碎的时间里开展。"说反话"的游戏更是对逆向思维的挑战，教师说"1、2、3"，幼儿回答"3、2、1"。午睡前和同伴三三两两地坐在垫子上晒晒太阳，做做小游戏，简单的数字游戏能让幼儿玩得不亦乐乎。

在离园过程中，增设"今日收获分享"的活动也是个不错的方法。在离园前，可以组织幼儿分享在幼儿园获得的新知识、新技能、有趣的经历，或总结一天中遇到的问题及解决方法。这样的活动形式不仅能锻炼幼儿的口才、增强他们的自信，还能提升他们归纳总结的能力。教师在此过程中应给予积极反馈，并鼓励生生互评、师生互评，使幼儿学会欣赏同伴，在分享中学习和进步。我们要合理利用时间，减少幼儿的无效等待，让智育渗透在点点滴滴的生活活动之中，丰富幼儿的知识网络，生发思维之树。

三、以体育为枝，强健体魄之林

（一）健体魄——日常生活体育化

幼儿的生活应该是一个整体，基本运动能力既是幼儿生活与游戏过程中的必要手段，也是通过生活与游戏来实现学习与发展的目标之一。所以，生活体育化的目的并非要把幼儿的生活活动全部转变为所谓的体育活动，而是要看到并理解幼儿的身体运动与日常生活和游戏的相互融合、相互作用、相互促进。冬季较为寒冷，教师可以创设一个"健康晨跑"的环节。每天早晨，在教师和同伴的陪伴下，幼儿进行短距离的慢跑，以这种方式来迎接新的一天。户外两小时的有效落实，有助于锻炼幼儿的身体，适应因季节变化带来的不同温度，感受自然之趣的同时，还能让他们养成早睡早起的良好习惯，培养健康的身体素质。

（二）强身心——餐后散步助健康

午餐后散步对于幼儿的成长有着无可替代的作用，适当的餐后散步可以提高肺部的通气量，增加血液循环，有利于呼吸系统的改善，并能增强人体的代谢功能，促进幼儿健康成长。散步的同时让幼儿多接触阳光，可以帮助幼儿获得维生素D，有利于身体健康，从而养成健康的生活方式。幼儿可以在愉快的气氛中学会与同伴交往，与同伴结下深厚的友谊。孩子们的想象力、创造力还能在愉快的餐后散步活动中不知不觉地得到提升。一日生活皆课程，而散步作为幼儿园午餐之后的一个小环节，虽然小，但却必不可少、不容忽视，它不仅在午餐和午睡之间起着承上启下的作用，其中也蕴含着丰富的教育契机，也是幼儿成长的有效时机。作为教师，要把握好这个小小的环节，优化散步活动的内容，把散步的自主权还给幼儿，将散步的行为内化为积极主动的行为，这样就能最大限度发挥散步活动的教育价值，让散步成为一日活动中最自主、最愉悦的时光。

1. 共同协商散步的路线规划

教师可以和孩子们一起协商散步的路线，解锁一些平时不常去的地点。幼儿在了解幼儿园的大致路线后，便可以着手绘制自己想要的"散步计划书"了，"想要去哪里散步？""想和谁一起散步？""散步的时候可以做什么？"，在和同伴的商议中，不难发现幼儿很喜欢这样的活动。这不仅提高了幼儿午餐的积极性，还能使他们在饭后散步中强身健体，帮助消化。

2. 一起"趣"散步

教师可以鼓励幼儿做家里面的"小小健康领航员"，在晚餐后也可以和爸爸妈妈、家中长辈一起到社区周围去散步。散步也是一种运动的方式，没有场地、设备等方面的要求，随时可以动起来。变速散步、计时散步等有趣的散步方式能让亲子一起感受运动的乐趣。

四、以美育为叶，点缀心灵之窗

（一）发现美——生活环境美育渗透

教师可以在幼儿园中班的生活活动中灵活融入美育理念，生活环境墙面的创设能助力幼儿良好习惯的养成，如"咕嘟咕嘟喝水站"通过吸管插杯子的方式，形象地呈现了幼儿喝水的情况，不仅可以提醒幼儿时常饮水，也能让教师关注到喝水较少的幼儿。在盥洗和如厕环节，教师可以通过洗手间环境的美化，或根据幼儿当下的问题创设有趣的"厕所文化"，来培养幼儿的审美和卫生习惯。

（二）欣赏美——提高美育素养

教师在午餐时间可以给幼儿播放一些柔和的古典音乐，在轻松愉快的音乐中，幼儿愉快地进餐。在环境创设中，教师也可以利用一些名家艺术的表达方式，如草间弥生的波点艺术、蒙德里安的格子画艺术等，让幼儿从日常生活中发现美、感受美。

（三）表达美——表征记录成长痕迹

环境是幼儿自由、自主表达，展现自我的空间。幼儿园打造"美艺环境"，让环境会说话、能育人。班级区域的每一处环境都是教师同孩子们共同思考、讨论后实施创设的场所，孩子们都熟悉且能与之互动，并能看到、能看懂、能表达、能参与。幼儿将自己绘画的内容一同记录在环境里，随着时间的推移，生成新的内容再进行记录，让幼儿的发展有迹可循。如"班级公约"内容的创设，公约的内容都是由幼儿自己绘画表达的：不能在教室里奔跑、和同伴友好相处等，一笔一画都是幼儿的"画"语，让幼儿真正成为环境的小主人。

五、以劳育为果，收获成长之乐

（一）会合作——"小小值日生"体验劳动的乐趣

教育离不开生活，有了生活的基础教育才会具有生命力。值日生工作是幼儿在园为集体服务的一种形式，是劳动教育的一个重要组成部分。做值日生有助于培养幼儿良好的劳动习惯，提高动手能力，增强自信心，培养初步的责任感。随着中班幼儿自我意识和社会认知能力的发展，孩子们在学会自我服务的基础上，开始尝试帮助他人，愿意为集体服务。

1. 共同商议"小小值日生"工作内容

教师要在活动前和幼儿谈话，从儿童视角出发，做生活中的有心人，发现在教室中哪些地方需要有值日生，并进行投票，票选出班级内最适合开展的几项值日生工作。

2. 多元评价——优秀值日生评价表

孩子们的工作需要得到肯定，工作也需要仪式感。为了提高幼儿的积极性，教师设置了值日生评价表，幼儿用自己的方式记录值日生是否准时到岗、是否完成值日任务、值日工作的情况，教师对表现优秀的幼儿进行表彰。

3. 值日升级——家庭值日总动员

陈鹤琴先生指出："良好习惯养成与否，家庭教育应担负重要的责任。"教师要有意识地去发现与利用家长特有的教育优势，同时赢得家长的理解，获得他们的支持和配合，使家园教育相辅相成。孩子们熟悉值日生工作后，教师可以结合劳动节开展"小小劳动者"打卡任务，鼓励幼儿在家帮助爸爸妈妈做一些力所能及的家务。幼儿在参与"小小值日生"系列活动中，不仅感受到了劳动的乐趣，更体验到了实现自我价值的满足感，增强了责任意识和自我服务能力。

（二）亲自然——"种植园地"劳动实践促成长

大自然蕴含着无穷的力量，教师应在不断的季节变化中引导幼儿亲近自然、探索自然、发现自然。幼儿园里的种植园地是幼儿观察自然、探索自然的窗口，蕴含着无限的教育契机。种植园地作为幼儿园劳动课程的场所之一，能够提升幼儿观察比较和动手操作的能力，培养幼儿坚毅、专注、责任等良好的品质，对幼儿发展起着举足轻重的作用。

1. 春日播种——认知植物的生长变化

教师可以开展早期调查，了解幼儿最想要播种的植物，结合适宜的季节，带领幼儿一同播种。挖坑、下种、填土、浇水，从"蔬菜认知"到"耕种实践"，幼儿收获颇多。幼儿会为种子发芽而感到欣喜，也会因枝叶枯黄而感到烦恼。幼儿在此过程中了解了植物生长的条件，体会了劳动付出的不易，也感受到了生命成长的力量。

2. 秋日丰收——探索植物的多种可能

种植园地里还有许多树，金橘树、柚子树、玉兰树、橘子树等，一到秋收的时候，个个枝头挂满了丰硕的果实。教师可以和幼儿开展讨论"它们还可以做什么"。以橘子树为例，幼儿可以剥橘子，用剥下来的橘子皮作画、泡澡，还可以用木棍将橘子果肉捣烂做果酱，在游戏中体验劳作的乐趣。

幼儿在劳动实践中了解春生、夏长、秋收、冬藏的自然规律，获得"一粥一饭，当思来之不易"的亲身体验。劳动教育是一项长期的教育任务，我们通过开展劳动教育系列活动，让劳动融合泥土的芬芳，让"亲自然"的底色在幼儿心中晕染，用劳动为他们的"绿色生活方式"打下坚实的基础。

六、结语

综上所述，在"五育融合"的视域下，我们对幼儿园生活活动进行了深入实践与研究。通过精心设计与组织活动，促进了幼儿在德育、智育、体育、美育和劳动教育方面的均衡发展。"五育融合"视域下的生活活动实践给幼儿教育带来了新的活力，同时也为"五育融合"教育理念的实施提供了有力的实证支持。随着研究的持续推进和教育实践的日益丰富，"五育融合"视域下的生活活动实践将能为幼儿营造更为全面、科学和有趣的成长环境，为他们未来的发展奠定更坚实的基础，助推绿色生活方式的养成。

家校社共育模式下幼儿语言发育迟缓干预效果与实践探索

杨润丹（上海市浦东新区三墩幼儿园）

摘　要：学前期是幼儿学习语言、掌握语言、发展语言能力的重要阶段，语言发育迟缓不仅会影响幼儿的交往能力，甚至对幼儿的正常学习和生活也会产生不良的影响。本文基于幼儿心理健康干预的视角，聚焦影响幼儿心理健康的语言发育迟缓问题，结合家校社共育理念及本园语言发育迟缓幼儿的具体指导个案，从多个方面深入探索家庭、幼儿园、社区共同促进学前阶段语言发育迟缓幼儿语言发展的科学干预策略及效果，为后期学前教育研究者提供关于家校社共育模式在类似问题上的参考和支撑，共同推动幼儿身心健康发展。

关键词：家校社共育；语言发育迟缓；个案研究

一、家校社共育模式的理论依据

（一）共同责任理论

美国教育家爱普斯坦将家校合作分为分开责任和共同责任两方面。所谓共同责任，即要求教师与家长对幼儿的教育过程肩负起同样重要的责任。这一理论为家校共育模式提供了理论基础，要求家长和学校之间建立紧密的合作关系。家长和学校应进行双向沟通，对于幼儿在园生活、学习情况和幼儿在家的生活表现及时交换信息，相互提出自己对于对方期望的行为，双方积极采取行动，并及时反馈实施过程中的问题和结果，共同关注幼儿的语言发展，确保干预措施的持续性和有效性。

（二）系统生态理论

系统生态理论是布朗芬提出的一种个体发展模型，他认为个体的发展是一系列环境综合作用的结果。系统生态理论将个体的生活环境分为"微观、中间、外层、宏观"四个系统。对幼儿而言，家庭、学校、社区就是其成长的微观系统，直接影响着幼儿个体的发展。幼儿处在家庭、学校和社区环境中，与之相互作用、相互影响，在家庭亲子关系和学校师生关系与同伴关系的影响下不断成长。家校社共育模式强调这三个系统之间的积极互动和合作，以共同促进幼儿的语言发展。

二、开展语言发育迟缓幼儿的家校共育个案实践研究

（一）个案背景

1. 问题表现

小齐，男（大班），目前5岁半，具有正常的生活自理能力，但是挑食情况较重（只吃白米饭）；平时较为安静，不开心时会有攻击行为；注意力短暂（小于5分钟），难以听从指令；与教师及同伴的交流意愿很低，且语言大多是模仿语言和简单词语，即以仿说和回声性语言为主，如"吱吱""嘶嘶"的音，词汇量和语法应用量均低于同龄幼儿。

2. 家庭背景

小齐出生于工薪家庭，2岁前由妈妈全职在家照看，2—4岁时主要由奶奶照看，每天妈妈下班到家时，小齐都已经入睡，长此以往，导致小齐抗拒妈妈的陪伴。此外，小齐的家庭语言环境复杂，爸爸妈妈说普通话，爷爷奶奶说本地话，而且奶奶内向，话很少。

3. 病情诊断

小齐3周岁半时，在教师的建议下，家长带他去上海儿童医学中心就诊，被诊断为"语言发育迟缓"，相当于24月龄的孩子。

（二）家校合作提出干预策略

针对小齐的日常表现，教师和家长进行了沟通与总结，发现主要问题集中在以下三方面：抗拒交流、语言表达能力受限、规则意识和交往意识缺乏。针对以上三方面的问题，我们聚焦小齐语言发育情况及背后深层次的心理健康问题，主要通过四个阶段的家校合作指导干预措施，促进小齐的语言表达能力及心理健康。干预思路和具体干预措施如下。

1. 培养幼儿信任感，改善语言认知

建立信任感能够给幼儿提供更为安全的生活环境，是开展幼儿园教育和家庭教育的基础。在幼儿园的一日生活中，教师要给予幼儿更多的关注和

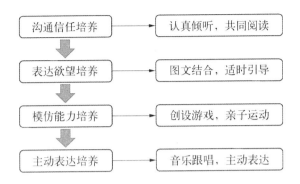

指导，特别是通过倾听游戏等方式，来提升教师与幼儿之间的亲密感和信任感，这也是帮助幼儿改善语言认知的第一步。在幼儿园的教学活动中，主要通过以下倾听活动，来建立幼儿和家长、教师之间的信任。

活动类型	活动名称	活动内容
谈话活动	快乐的晨间谈话	每天幼儿入园后，教师主动拥抱幼儿，与个案幼儿交流5分钟左右，话题以幼儿生活为主
倾听游戏	说说悄悄话	每组5人，个案幼儿参与其中，教师先对第一个幼儿低声说一句话（声音只能被第一个幼儿听见），再由第一个幼儿小声地传递给下一个幼儿，依次进行，再由最后一个幼儿说出听到的话，证实是否与教师说的一样

在家庭生活中，教师鼓励家长陪伴幼儿，增加语言交流，保证干预指导的持续性。例如建议家长在接孩子放学路上、吃饭前，和小齐聊聊自己一天发生的事情，帮助小齐通过倾听改善语言认知。同时，在社区方面，组织丰富的亲子活动，学校收到社区的活动节目单后，鼓励小齐家长带着孩子积极参加，如节气手工制作活动、暑假的幼儿太极拳活动等，为增进家长与幼儿之间的互动和沟通搭建平台。

经过一定时间的家校社共育，小齐的语言能力有了明显的提升。当教师主动和他说话时，小齐不会每次都只重复教师说的话语了。例如当教师提醒他喝水时，他会自言自语："找自己的名字，多喝水身体棒。"从他的回应中可以感受到，教师和家长平时经常对他说的话，虽然得不到回应，但已在幼儿的大脑中形成记忆，对他的语言表达发挥着一定的作用。

2. 激发表达欲望，提高表达频率

从幼儿的兴趣入手，增加和幼儿的互动，能够有效激发幼儿的表达欲望。对语言发育迟缓的幼儿来说，在建立信任之后，如何激发幼儿的主动表达欲望，是开启与幼儿沟通和走进幼儿内心的重要环节。

小齐喜欢看绘本，容易被声音和画面吸引。在故事教学活动中，教师通过设计有趣的课件，引起小齐专注看故事的兴趣，感受故事中的情感。同时，教师关注小齐的情绪变化，伺机提问，当他有离开座位的表现时，提醒他耐心倾听同伴的表达，教师和同伴一起鼓励他学着说一说。

在家庭指导方面，教师指导家长陪伴孩子进行绘本共读，通过色彩丰富的图片结合妈妈温柔的声音，刺激幼儿的听、视觉，从而拓宽小齐的认知能力、丰富词汇量、构建大脑中的语言体系，在生动的故事情境中，提高幼儿的表达频率。另外，社区图书馆和儿童活动中心有着丰富的绘本资源，为家长和孩子提供了温馨的学习空间，也可以供家长和幼儿借阅。学校与社区图书馆合作，共同组织早期阅读活动，激发了家长参与的热情。

3. 锻炼模仿能力，提高表达能力

模仿作为一种有效的学习方式，是幼儿阶段进行学习的重要方法，更是幼儿进行社交活动的第一步。在小齐的案例中，教师通过创设游戏环境，引导小齐模仿身边同伴的语言与动作，提高表达表现能力。

教师鼓励几个表达能力强的幼儿主动邀请小齐加入游戏。小齐几乎每次都只是安静地看着同伴游戏，或摆弄手中的玩具。于是，教师用角色扮演的身份进入游戏，用夸张的语言和肢体动作与小齐交流，同伴也耐心地提醒小齐该怎么做，促使他做出回应。

在愉快平等的游戏情境中，教师帮助幼儿将抽象的语言符号与同伴的具体行为联系起来，从而形成语言经验，激发幼儿开口表达的意愿。同伴给予的关爱，有助于激发小齐主动参与游戏的愿望，有利于促进语言表达能力的锻炼。

在家庭指导层面，主要通过亲子运动的方式进行指导。教师建议家长每天陪伴小齐进行15分钟左右有简单过程的亲子合作运动游戏，指导家长在游戏过程中身体力行，运用朗朗上口的儿歌式"指令"，引导小齐模仿大人边念儿歌边做动作。这样不仅能够加深幼儿的规则认识，也能促进其身心的健康发展，同时也增进了亲子关系。幼儿园积极与一公里内的共建单位合作，组织了"亲子徒步打卡集章"活动，在运动中增加放学后亲子相处的目的性和趣味性。

4.创新语言环境，引导主动表达

在经过上述三个阶段的干预措施后，小齐已经基本迈出了语言表达的第一步，开始尝试着与身边的教师和同伴进行交流。下一阶段，我们开始鼓励引导小齐主动表达。

音乐与语言是相互联系的，音乐本身形式多、变化快，有利于小齐语言能力的提升。因此，教师在幼儿园主要采用音乐的方式为幼儿创设语言学习的环境。小齐每次听见广播或课件中播放儿歌，都会开心地手舞足蹈。教师抓住他喜欢音乐的特点，选择一两首幼儿熟悉且歌词简单、结构重复、旋律欢快的儿歌，如《秋天》《大吊车》，全班一起合唱，鼓励小齐在聆听的过程中模仿、跟唱，以便教师及时纠正其发音不正确的地方。在快乐的音乐体验中，小齐神经兴奋，注意力集中，提升了语言学习效果。

在家庭指导方面，教师鼓励家长陪伴幼儿一起在音乐的环境中做幼儿喜欢的事情，如搭积木、亲子共读等，同时指导家长尝试记录小齐感兴趣的话题、熟悉一个绘本并进行复述等。在寒假期间，教师为小齐家长设计了一张运动记录表，让家长在陪伴小齐养成运动的好习惯的同时，用表征的方式共同记录，在宽松和谐的语言环境中激发小齐主动表达运动后的心情，以及喜欢的运动项目。在社区方面，则通过与琴行合作，定期举办儿童音乐会等活动，为幼儿提供展示和表达的机会。

（三）家校社共育成效

经过一年半家校社共育的语言培养实践活动，从横向对比来看，处于大班第二学期的小齐虽然和其他幼儿相比仍有语言能力上的差距，但从纵向对比来看，小齐的点滴进步皆是惊喜。从小班时期"复读机式"咿呀学语的状态，到现在已出现社交行为，譬如主动问早、在自主游戏中主动表达意愿，以及在运动中，和其他孩子合作搬器械、轮流游戏，这些都是家校社共育的积极结果。据小齐妈妈反馈，现在的小齐特别依恋妈妈，睡前会主动拿着绘本要求妈妈念，而且在一个月甚至更长的时间里，喜欢看同一本绘本，并进行语言模仿，睡觉前会主动戴好眼罩说"睡觉啦"。

对于像小齐这样存在语言发展迟缓等问题的幼儿，教师在幼儿园建立平等的育人、交往环境，为家长和幼儿提供心理支持，共同承担教育指导，具有重要的现实意义。对学校而言，教师要打破传统的线上沟通、线下交流的方式，邀请家长走进幼儿园，了解孩子在园的行为表现。通过邀请小齐的妈妈参与学校半日活动、社区联动特色活动，使她感受到了教师和同伴对小齐的关爱，放下了内心的担忧和顾虑，有效提高了家长参与共育的积极性，实现了家校共育的一致性。

三、家校社共育模式的干预效果

幼儿的语言发展是一个循序渐进的过程，需要家庭、幼儿园、社会（社区、医院、专业培训机构）的全面配合，特别需要家庭和幼儿园两方共同发挥作用，才能起到良好的效果。在与小齐的家校互动中，我们感受到家长只有拥有正确的价值观、科学的教育理念和教养方式，才能更好地促进幼儿身心健康发展。而教师在指导过程中，必须不断提升自身的专业能力，在丰富在园的指导形式和指导内容的同时，积极为家长提出有效的家庭互动策略，坚持不懈，积极实践，共同帮助幼儿提高语言表达能力。

通过上述个案的实践研究可以发现，在幼儿语言发展的过程中，应注重个体差异和兴趣爱好，采用多样化的干预策略和方法。此外，加强家庭、学校和社区之间的沟通与协作也是提高干预效果的关键，与传统的家庭教育或者幼儿园教育相比具有独特优势。首先，这保证了干预指导的持续性，能够实现对幼儿"不间断"的语言学习干预。其次，这提高了干预指导的效果。在校期间，幼儿主要置身在偏向于知识类的语言环境及偏向社交性的交流场景，为幼儿语言发展提供了锻炼和挑战机会。在家期间，幼儿处于父母的温情引导中，主要是对幼儿语言发展与应用的鼓励。社区丰富的资源，以及与学校和家庭的紧密合作，也为幼儿提供了更多表达表现、交往互动的机会。采用家校社共育的模式，能够同时使幼儿接受鼓励与锻炼两个维度的干预，能够从"被动"和"主动"两个方向实现对幼儿语言学习的激发。这一点不仅适用于语言发育方面，还适用于幼儿身体健康、心理健康等多方面的培育。未来，我们应继续深化对家校社共育模式的探索与实践，为幼儿提供更全面、科学的教育支持，共同推动幼儿身心健康发展。

参考文献

［1］刘娅.对语言发育迟缓儿童实施干预的个案研究［D］.郑州：河南大学，2021.

［2］何小涛.提升发育迟缓幼儿语言交往能力的家庭指导研究［J］.亚太教育，2021（9）：16-17.

［3］杨君美.幼儿园语言发育迟缓幼儿随班就读的个案分析与干预［J］.科学导刊，2021（8）：63-64.

家校协同视角下开展幼儿达义启蒙教育课程的探索与实践

周蕴雯（上海市浦东新区唐镇幼儿园）

摘　要：本研究以行动研究为主要研究方法，从家校协同开展达义启蒙教育课程实施目标、途径和方法的研究。在实施过程中，我们确立了共育目标，采用四个"一"实施途径，即一个阵地（课程共建意识）、一系列亲子活动（学会倾听孩子）、一路携手（提升育儿经验）、一本图册（共育赋力新能），通过榜样法、情景法、熏陶法来实现家校协同合作开展达义启蒙教育，让家长进一步了解幼儿特点、树立正确培养心态，和学校协同塑造幼儿良好的达义品质，促进幼儿全面健康地成长。

关键词：达义品质；家校协同；达义启蒙教育

《幼儿园保育教育质量评估指南》指出：以习近平新时代中国特色社会主义思想为指导，全面贯彻党的教育方针，落实立德树人根本任务，遵循幼儿发展规律和教育规律，为培养德智体美劳全面发展的社会主义建设者和接班人奠定坚实基础。党的二十大报告将"加强家庭家教家风建设"列入建设文化强国的战略部署。习近平总书记在关于家庭教育重要论述的话语体系中，明确了家庭教育要恪守立德树人根本任务，树立社会主义家庭文明新风尚，明确"为国教子"的责任担当。这样开阔的视野和深远的立意，打开了家庭教育新的格局。本着这样的认识与思考，我们明确了"加强智慧协作，实现共同成长"的家校合作共建课程理念，以课题研究为契机，构建渗透式、互动式的家园合作达义启蒙教育课程。

达义品质是指一个人具有正直的品性和高尚的道德修养，能够时刻想着如何利于他人、利于社会，并在行动中始终秉持公义。这种品质不仅体现在个人的道德行为和决策中，也贯穿人际交往和社会活动中，这种品质的培养能为幼儿未来的成长打下坚实的基础。而家长是幼儿园课程的重要参与者，因为在幼儿成长的环境中，家庭和幼儿园是最重要、最直接的环境。家长参与课程建设，不仅有助于家长与教师开展有效互动，更能够在达成科学育儿共识的基础上，真正构建家园合作的工作机制。

家校协同开展幼儿达义启蒙教育课程实施的实践研究，是以尊重儿童身心发展规律为前提，从本地区、本园实际出发，结合幼儿年龄特点与兴趣需要，选择适合幼儿年龄特点的教育素材和内容，通过家园合作，指导家长在达义启蒙教育课程实施中向儿童传递"知礼仪、明事理、讲情义"等核心达义品质，倡导"父母即教师，亲子共成长"，将幼儿和父母作为学习整体，实现高品质的家庭教育。

一、家校协同视角下开展达义启蒙教育课程实施目标

基于"达义启蒙·乐学成长"的办园理念，我园从"知礼仪""明事理""讲情义"三个维度来制定课程目标，旨在培养健康活泼、好奇探究、文明乐群、亲近自然、爱护环境、勇敢自信、有初步责任感的达义（知礼仪、明事理、讲情义）好儿童。结合幼儿的年龄特点和发展需求，形成小班、中班、大班的各年龄段发展目标，并将三个维度的课程目标细化为以下九个优秀品质：

知礼仪：品德修养，培养幼儿有礼貌、讲文明、爱祖国的达义品质。

明事理：行为准则，培养幼儿知善恶、辨是非、懂取舍的达义品质。

讲情义：人际关系，培养幼儿好交友、乐助人、会感恩的达义品质。

二、家校协同视角下开展达义启蒙教育课程实施途径

达义启蒙教育课程的实施单靠幼儿园和教师的努力是远远不够的，需要家长的理解、支持与合作。在实施过程中，我们的经验策略是四个"一"活动：一个阵地（课程共建意识）、一系列亲子活动（学会倾听孩子）、一路携手（提升育儿经验）、一本图册（共育赋力新能），只有通过通力协作，才能使达义启蒙教育课程的实施成为孩子们快乐成长的乐园。

（一）一个学习阵地，树立课程共建意识

我们通过家长开放日开展达义启蒙教育相关主题的活动，让家长了解基

于儿童视角的达义启蒙教育课程，这样有助于更新家长的家庭教育观念，还能帮助家长逐步掌握家庭中品德教育的科学知识和方法，与幼儿园形成合力，为幼儿的达义品质培养营造更为适宜的家庭教育环境。幼儿园开展此类活动，并不是让家长"看热闹"。活动结束后，幼儿园还通过园所公众号发布总结推文，帮助家长"看门道"，了解幼儿园园本主题活动中的达义启蒙教育在幼儿发展过程中的重要性。我们为家长梳理了达义启蒙教育课程。因为在达义启蒙教育课程实施中，要让家长对孩子的课程有根本性的了解，使家长充分认识到家长配合、家长参与到课程中来的重要性与价值，这就要求我们加强宣传和指导。我们对原有的家校课程进行了梳理，围绕校本特色课程摘取了网络上优秀的幼儿养育学习视频并进行梳理过滤，多途径地为家长提供专家科学有效的达义启蒙教育育儿观念。讲座内容的课程化让家长树立了达义启蒙教育的正确理念，把握了各年龄段达义品质培养的侧重点和方法。在实践中，我们积累了一系列家校授课、小型班会等适合各年龄段家长需要的讲座内容，使家长对达义品质培养的方法有了具体的了解和把握，重视了家园联动课程的共建。

（二）一系列亲子活动，倾听理解儿童

家庭教育指导需要真实教育情境的亲身体验与积极互动，这样，育儿观念才能得以理解与提升。因此，幼儿园以多个达义品质特色活动作为实施特色课程的重要途径，引导亲子共同活动，以丰富有趣的指导形式，帮助家长感悟教育，了解儿童成长规律，学会倾听孩子的想法，树立正确的教育观念，同时也增强家长参与家庭教育特色课程的积极性。

1. 亲子游戏

结合学校特色课程，我们通过一些有趣的达义品质绘本，衍生设计了各种达义品质游戏，家长可以利用每天下班回家的亲子时间，与幼儿共同开展有趣味、有意义的游戏，促进亲子关系融洽。亲子绘本导读让家长通过一些生动的故事画面讲述浅显的道理，使幼儿的达义品质在潜移默化中得到提升。基于有趣的绘本延伸而设计出的游戏选材简单，让家长操作起来更为方便，有助于增强亲子间的交流。这不仅让幼儿重新回味绘本的内容，还提高了幼儿的表达能力和协作能力，让他们在玩达义品质游戏的同时，逐步培养知礼仪、明事理、讲情义的好品质。如绘本《小浣熊误船了》，整个故事讲述了一起出来游玩的小伙伴们要午休了，他们都整齐有序地将自己的衣服、裤子和鞋子放好，只有邋遢的小浣熊把衣服、鞋袜随手乱丢。当大家准备出发去坐船的时候，小浣熊却因为找不到衣服而急得团团转。学完这本绘本后，我们指导家长和孩子共同制作故事盒，可以根据故事情节来摆放相应的小动物积木，从人物出现的前后顺序初步感知秩序感。对小猴、小兔及小猪而言，他们都能自主将换下的衣服整齐放到相应的位置，并能在起床后快速找到，家长可以设置穿衣服的操作卡，帮助幼儿体验有序摆放后便能顺利穿上衣服的成就感。小浣熊由于随意摆放而导致衣物不翼而飞，从而误了船，因此，请幼儿将小浣熊的衣物寻找出来并进行整齐摆放，不仅能帮助幼儿直观体验整齐摆放衣物，又能感受帮助小浣熊寻回衣物的喜悦感。在和故事盒的互动中，幼儿逐渐懂得有序收纳自己物品的重要性，在集体生活中，所有人都必须遵守相应的集体规则。

　　2. 亲子大活动

　　我园每学期安排亲子大活动，以亲子活动为契机，让家长和孩子在快乐的亲子游戏中建立了亲密无间的关系。亲子活动提升了幼儿的快乐指数。好交友、会助人等品质是在适宜的环境中熏陶而形成的，是一次次快乐的情感经验浸润积淀的结果。幼儿在亲子活动中，充分选择自己喜欢的活动，通过自己的不断尝试、努力来发现和体验亲子、同伴之间的情谊。整个活动过程中，孩子们没有失败的压力和恐惧，没有沉重的心理负担，充分享受到"当家做主"的快乐。这不仅有益于家长与孩子之间的情感交流，增进亲子关系，提升幼儿的快乐指数，还能促进幼儿各方面能力的发展。如"护蛋在手，责任在心"的活动，在护蛋前奏曲中，亲子共同制作护蛋工具。有的给"蛋宝宝"画上了漂亮的图案，有的把"蛋宝宝"装在了满是棉花的包包里，还有的用柔软的太空泥将"蛋宝宝"包裹了起来，"蛋宝宝"们的"蛋窝"都别具一格。幼儿兴致勃勃地带着"蛋宝宝"开启了一天的护蛋之旅，他们和"蛋宝宝"运动，早操活动排队时，放慢脚步，把"蛋宝宝"带到操场上，一边运动一边保护着自己的"蛋宝宝"，和"蛋宝宝"一起游戏、午睡，他们小心翼翼地把"蛋宝宝"放到枕头边上，带着"蛋宝宝"一起进入甜甜的梦乡。在护蛋过程中，幼儿之间相互提醒、相互鼓励、互相合作，共同完成护蛋任务，幼儿在和一个小鸡蛋的互动过程中，创造了生命的价值。当幼儿成为"蛋爸蛋妈"时，他们变得有爱，激发了幼儿的责任意识、感恩意识，获得了"爱"与"被爱"的双重体验。又如雷锋纪念日的"学雷锋 达义娃"行动、春田花花"绘"活动、"七彩童年·达义故事游"活动等，让家长与孩子共同感受基于儿童视角的亲子陪伴活动的美好和学习家庭达义品质培养的一些方法。

3.亲子社团

我们以亲子家庭为单位，以绘本为载体，定期开展"亲子故事"特色活动，共同开展不同形式、不同内容的亲子阅读活动。大手拉小手，爸爸妈妈和孩子一起，翻开书本，在一本本温馨、有趣的绘本中进行心灵的沟通与传递，让孩子爱上阅读、享受阅读。我们还不定期组织开展"达义故事表演"比赛活动，搭建"达义展示舞台"。通过亲子共同参与达义品质故事表演活动，为幼儿提供一个展现自我的平台，在活动中锻炼幼儿的胆量，培养幼儿的自信与勇气，提升人格品质，也最大限度地发挥了每一个家长的潜能。我们让家长进一步了解幼儿特点、树立正确培养心态，和幼儿共同塑造良好的达义品质，促进孩子全面健康地成长。

（三）一路携手共行，提升育儿经验

家长要善于思考自己在教养孩子过程中碰到的一些困惑，这样才能改变自己。当家长真正学会思考时，才能与孩子一起成长。我们邀请不同类型的家长开展了不同内容的家长专场沙龙，和家长一起探讨、学习幼儿达义品质养成的途径与方法。如开展"如何培养知礼仪的宝贝"的父辈专场沙龙，通过大家畅所欲言自己的想法，解决"幼儿的德育发展需求"等问题，提高了父辈参与幼儿达义品质培养的意识。也有面向祖辈家长开展的关于"保护并满足幼儿的好奇心和求知欲"的专场沙龙，以抛出收集的情况"孩子拆开昂贵玩具，祖辈家长一顿批评"为开场点，以"在养育幼儿过程中遇到幼儿提出奇怪问题是怎么处理的"为讨论点，祖辈家长朴实的话语、有趣的实例，教师专业的引导，使沙龙活动气氛异常活跃。通过沙龙的讨论和教师的指导，祖辈家长知道了如何正确对待幼儿的提问并加以引导，同时也理解了幼儿的"奇怪行为"，明白要鼓励其积极探索，满足幼儿的好奇心。教师为家长解读达义启蒙教育内容和方式方法，并对家长进行面对面指导；组织家长开展家庭达义启蒙教育活动的沙龙交流活动，进一步提升家长对幼儿达义启蒙教育的理解和指导能力。针对家长在达义启蒙教育中产生的问题和困惑，我们邀请家长群策群力，写出自己在育儿过程中遇到的难题，以及如何解决的妙招的短文、段子，并汇编成"达义品质育儿宝典"，制作成口袋书，让家长相互传阅。通过宝典中的小妙招、实用技巧，帮助家长解决家教指导中关于幼儿达义品质培养的问题。学习身边家长的实例，让育儿更直接、更简单。

（四）一本集章图册，共育赋力新能

达义集章图册可以有效地将达义启蒙教育课程延伸到家庭中，起到很好的延伸和联动作用。家长可以在家庭中创造幼儿学习达义的教育环境，可以按照每月教师提供的亲子任务单，自由选择亲子活动时间，让每个家长都能和孩子一起各取所需，个性化培养孩子的达义品质。我班设计的"达义幼儿"争章图册，每月有重点指导家长开展达义亲子时光，每月读1—2本绘本，玩一个亲子运动或者游戏，做一个亲子家庭小任务。集章图册的创建可以指导家长在自己的家庭创造幼儿知礼仪、明事理、讲情义的教育环境。其中的任务操作性强，能够持续一整月，家长在时间上可以根据家庭自行安排，每个家长都能自主参与，辅助孩子养成当月达义品质行为，展现教育成效，打造优质的亲子时光。同时，通过自评的形式，家长和孩子共同做好简单的记录，可以用涂色、打圈的方式，为自己当月完成任务的情况和孩子当月达义品质的行为表现做简单的自评与他评，完成亲子指导任务后可以盖上达义品质徽章。为了帮助家长更好地在家庭中开展指导，我们还配备了相应的指导要点，提供素材链接、操作提示等，让家长有目的地学会在家庭中如何指导幼儿，同时也帮助家长转变育儿观念，家校共建特色课程。此外，我们每月对达义启蒙教育做好回顾，让活动安排更为合理，让课程共建真正落实到位。

三、家校协同视角下开展达义启蒙教育课程实施方法

儿童视角下家园合作开展达义启蒙教育课程的研究，是幼儿健康成长的重要内容。由于孩子年龄尚小，我们在家园合作开展培养时，体现"低——要求低""浅——内容浅""细——措施细""活——方法活"，把示范、明理和训练结合起来，使之生活化、具体化、趣味化、形象化，通过幼儿亲身感知、实践，逐步培养幼儿良好的道德意识和道德行为，促进幼儿良好达义品质的养成。我们根据幼儿身心发展特点、年龄特点选择适宜的教育方法，有以下三种。

（一）情境法

情境法是通过创设富有情趣的环境激发幼儿兴趣的一种方法。家长在幼儿达义品质培养过程中，积极创设情境，烘托一种陶冶情感的气氛，把孩子引入喜、怒、哀、乐的情境之中，使其为情境所感动，产生情感共鸣。绘本是孩子们最喜欢也最容易接受的形式，我们利用文学作品给幼儿创设感知体验的机会与情境，在保留作品情感基调与内容实质的基础上，根据幼儿的当前经验和学习需要，引导家长对作品进行适当处理，开展亲子表演，消除无关细节，放大核心价值，让幼儿的认知转化成行为。学校每学期开展亲子童话剧表演，在教师的鼓励下，许多家庭之间相互结合，积极参与表演，他们不仅尽情展现才艺，同时也加强了与他人的合作，从中体验到了成功、快乐，孩子们变得更自信、更会交往了。我们引导家长利用各种节日来感受和培养幼儿讲情义的达义品质，比如在重阳节，让孩子精心准备节目和礼物，带孩子来到福利院，听老爷爷讲革命故事，让他们知道现在幸福的生活是长辈用鲜血和生命换来的，也让他们懂得自己的一首歌、一份小礼物、一句轻声的问候能让老人拥有无限的快乐。在妇女节，引导孩子自己亲手制作礼物送给妈妈、奶奶，喂她们吃蛋糕，并说上一句悄悄话。在"迎新年献爱心"义卖活动中，家长和孩子共同准备一份爱心物品，鼓励小朋友捐出自己的一样玩具或学习用品参加义卖，义卖活动中，家长和孩子一起写爱心卡、挂爱心卡、选玩具、捐款，每一个环节都让他们感受到了浓浓的爱意，他们也懂得了爱就是了解，爱就是付出，学会了感恩。

（二）榜样法

榜样激励的教育机制就在于榜样具有感染功能、激励功能、号召功能、启迪功能和警醒功能。一个榜样就是一面镜子，面对榜样，每个人都可以对照、检查自己，做到自警自策、修身养德。通过对榜样的学习和仿效，可以使先进的受到激励、平庸的受到推动、后进的受到震动，从而实现净化心灵、塑造人格、教育自我。模仿是孩子最早的学习方式，父母如何待人、如何做事、如何学习等行为，对孩子来说，就是一本没有文字的生动教材。所以，父母的良好品行是培养孩子达义品质的重要前提，父母的日常行为习惯是教育子女最好的典范。做父母的在日常行为中要处处小心谨慎，处处以自己的模范行为影响孩子、感染孩子。每月学校提供的达义品质图书推荐，是儿童的主要精神食粮，给幼儿的精神、情感、认知等方面以启迪。一些绘本中多样的形象、丰富的情节和蕴含美好品质的故事能强化幼儿的体验与学习。通过榜样，可以培养幼儿学会取舍、尊重等品质。

（三）熏陶法

熏陶法作为家园联动开展达义启蒙教育课程实践研究中的基本形态，是指受教育者在一定的家庭环境和氛围中受到无意识的感染、启示、教育，从而潜移默化地向教育目标转化的一种教育方法。熏陶法把教育目标融入环境，符合幼儿的认知特点，在达义启蒙教育课程实施中常常能收到"春风化雨，润物细无声"的功效。熏陶法可从物质环境和精神环境两个层面入手，引导家长做到家庭居室整洁、卫生、美观、井井有条等，让幼儿在自己的房间学着独立整理和布置。家长在布置环境的时候，最好让孩子参与，特别是孩子自己的起居室、生活学习用品，应让孩子自己去布置，玩具每次玩好要收纳归位，等等。培养孩子明事理的过程一定会伴随自主的行为，孩子真正体验过、经历过，才能明白。所以，要给孩子试错的机会，鼓励孩子去挑战、去尝试、去探索，一件亲身经历的事，即使不是"对的"，也比说教更有用。比如大部分家长反映孩子没有阅读的好习惯，我们便制作了亲子阅读挑战打卡，鼓励每个家庭每天陪孩子阅读15—25分钟，通过21个有趣的阅读小挑战帮助孩子养成自主阅读的习惯。比如带一本书坐地铁、高铁或飞机，给自己的小宠物或者小植物读一本书，在图书馆读一本书，下雨天读一本书，在有星星和月亮的夜晚读一本书，等等。一家人每天亲子共读，互相监督，互相竞争，并且在阅读的过程中可以互相交流对某本书的看法及读书心得，进而提高彼此阅读的兴趣和效率。在慢慢培养的过程中，孩子就会明白为什么每天要阅读。每个家庭成员都要自尊、自爱、自重，严格要求，互敬互爱，自觉按照讲礼仪、明事理、讲情义的道德行为规范行事，那么孩子也就会形成良好的达义品质。

四、结语

自家校协同开展达义启蒙教育课程研究以来，我们的家长享受着与孩子同步成长的快乐，获得了教育孩子的有效方法及理念提升，逐渐成为智慧型家长。而在成长的过程中，更多家长与教师建立了朋友或者伙伴式的关系，信任与合作落到了实处，家长能积极与孩子一起参与达义品质培养教育活动，在活动的前期收集相关资料、创设适宜环境、记录有关数据等，与孩子一起学习、游戏，不再居高临下。更多的时候，家长、教师、幼儿成了共同的学习者、探索者与实践者，三方关系发生了明显的改善，家长更注重幼儿身心健康、人格情操的培养，真正让达义启蒙教育课程成为家长与幼儿园、与幼儿、与家长互动沟通的重要平台。

参考文献

［1］牛楠森，李菊.从国之大者的战略高度理解新时代家庭教育——习近平总书记关于家庭教育重要论述的实证解析［J］.教育科学研究，2023（6）：5-12.

［2］季琳.幼儿入园适应及其相关环境因素的研究［D］.上海：上海师范大学，2014.

［3］冯美丽.幼儿园开展亲子互动活动实践与研究［C］.北京：面向21世纪的中小学教师继续教育高峰论坛，2018.

［4］张凤英.幼儿数学教育中的分类活动［J］.小作家选刊（教学交流），2014.

［5］佚名.幼儿园活动心得体会［EB/OL］.（2023-05-16）［2024-08-26］.http：//www.unjs.com/fanwenwang/xdth/20200531160050_2393735.html.

［6］李秀娟.浅谈职业学校如何实施德育教育［J］.中学课程辅导（教学研究），2014：156-157.

［7］黄阿香.《指南》背景下社会领域教育促进幼儿健全人格培养的新思考［C］//泉州市教育局.第十一届凯辉校长论坛论文集，2018：317-321.

［8］王保安.我国利益主体博弈的现代伦理透视［D］.武汉：武汉理工大学，2007.

［9］王嘎.怎样培养孩子良好的生活学习行为习惯［EB/OL］.（2022-01-01）［2024-08-26］.https：//zhidao.baidu.com/question/748462938562240212.html.

［10］王素萍.从绘本中榜样形象看幼儿品格榜样的选择原则——以小兔波力绘本系列为例［J］.课程教育研究（新教师教学），2012（13）：43-44.

［11］赵瑞峰.关于七年级学生养成教育的探索［D］.呼和浩特：内蒙古师范大学，2010.

［12］范三成.在家庭设"阅读时间"［N］.京郊日报，2013-11-15（03）.

［13］谢华，荀萍.大教育观视野下隐性课程体系的构建［J］.教学与管理（理论版），2008（6）：56-57.

泥土中的教育

——幼儿种植劳动体验课程的探索与实践

陶清清（上海市浦东新区万祥幼儿园）

随着教育理念的不断更新，越来越多的教育者认识到劳动教育在幼儿成长过程中的重要性。种植劳动作为一种生动有趣的实践活动，不仅能够培养幼儿的劳动技能和环保意识，还能激发其创造力和想象力。本文将从幼儿种植劳动的乐趣体验入手，分析其在幼儿成长过程中的积极作用，并探讨如何更好地开展幼儿种植劳动活动。

一、幼儿园种植劳动课程开发价值

（一）培养幼儿的劳动习惯与技能

幼儿园开设种植劳动课程，首要价值在于培养幼儿的劳动习惯和技能。通过参与种植活动，孩子们能够亲身体验到劳动的过程，学习如何种植、浇水、施肥、除草等基本技能。这样的活动不仅能锻炼孩子们的手眼协调能力，还能培养他们的耐心和责任感。孩子们在参与种植的过程中，会逐渐形成勤劳、自律的良好品质，为将来的生活和学习打下坚实的基础。

（二）激发幼儿的探索精神和创新意识

种植劳动课程能为孩子们提供一个亲近自然、探索未知的舞台。在种植的过程中，孩子们可以观察植物的生长变化，了解自然规律，发现新的问题和现象。这种探索的过程能够激发孩子们的好奇心和求知欲，促使他们主动思考、解决问题。同时，种植劳动也能为孩子们提供发挥创意的空间。他们可以尝试不同的种植方法，探索植物生长的奥秘，从而培养创新意识和实践能力。

（三）增强幼儿的环保意识和社会责任感

种植劳动课程在培养孩子们的环保意识和社会责任感方面也具有独特

的作用。通过参与种植活动，孩子们能够深刻体会到自然环境的珍贵和生态平衡的重要性。他们能学会珍惜水资源、减少化肥和农药的使用，从而树立保护环境、关爱生命的观念。同时，种植劳动课程还能引导孩子们关注社会问题，如粮食安全、贫困地区的农业发展等。通过参与社会实践活动，孩子们逐渐培养起对社会负责的态度和奉献精神，想为未来的社会建设贡献自己的力量。

二、幼儿种植劳动体验课程的设计与实施

（一）明确课程开发目标

幼儿园种植课程须明确目标，按《幼儿园教育指导纲要（试行）》的要求，利用自然资源让幼儿参与种植，体验生命生长，感受植物与人类生活的紧密关系，树立环保观念。课程开发要考虑幼儿思维特征，营造自然氛围，引导幼儿观察植物生长规律，感受生命循环，形成生命观念。确定目标后，可划分种植区域，选择合适的植物供幼儿种植，培养其责任感和爱心意识。实施阶段，幼儿可感受自然之美，树立环保意识。同时，我们将课程与主题活动结合，带领幼儿到室外观赏植物，参与游戏，积累学习经验，掌握科学知识，形成生命意识，完成课程目标。

如在以"小小农场主"为主题的种植活动中，教师根据小班幼儿的学习经验，设计了以下项目活动计划。

"小小农场主"	
活 动 环 节	具 体 内 容
确定种植植物种类	教师与幼儿讨论，选择容易生长、易于观察的植物，如青菜、番茄等
介绍植物生长环境和特点	教师向幼儿介绍所种植植物的生长环境和生长特点，让幼儿对植物的生长有初步了解
制作种植时间表	教师根据植物的生长周期和季节特点，制作详细的种植时间表，包括播种、浇水、施肥等环节
组织实践活动	在种植活动过程中，教师组织幼儿亲身参与种植的各个环节，如挖土、播种、浇水等

续　表

"小小农场主"	
活　动　环　节	具　体　内　容
观察记录	教师鼓励幼儿在种植过程中进行观察和记录，用图画、文字等方式记录自己的观察结果，培养观察力和表达能力
成果分享	当植物成熟后，教师组织幼儿一起采摘果实，分享自己的种植成果。幼儿可以展示自己的作品、分享种植经验，并学习其他幼儿的种植技巧和经验

（二）丰富课程实施内容

1. 基于节气，捕捉偶发性因素

实施班本化实践活动时，教师可以从节气的角度出发，根据不同的节气特点设计相应的活动。

节气	教学目标	教学活动内容	所需材料	注意事项
春分	1. 了解春分的节气特点	1. 组织幼儿进行春分种植活动，亲手种植蔬菜和水果	种子、土壤、花盆、水壶等种植工具，记录本、笔等观察工具	注意植物生长环境的适宜性，保证安全
	2. 培养幼儿的观察力和动手能力	2. 引导幼儿观察植物的生长过程		
夏至	1. 了解夏季的特点	1. 引导幼儿观察夏季植物的生长情况	放大镜、记录本、笔等观察和讲述工具	注意夏季高温，注意幼儿的防晒和补水
	2. 提高幼儿的观察力和语言表达能力	2. 组织幼儿讲述自己观察到的植物生长变化		
秋分	1. 了解秋分的节气特点	1. 组织幼儿进行秋收活动，采摘自己亲手种植的蔬菜和水果	采摘工具、餐具、食材等，展示板、笔等分享工具	注意采摘过程中的安全，确保食材的新鲜和卫生

续　表

节气	教学目标	教学活动内容	所需材料	注意事项
秋分	2. 培养幼儿的团队协作能力和分享意识	2. 鼓励幼儿分享自己的收获和感受		
冬至	1. 了解冬季的特点和植物保护措施	1. 引导幼儿了解冬季植物的保护措施	材料包、剪刀、胶水等制作工具，展示板、笔等记录工具	注意活动过程中的安全，确保幼儿使用的工具的安全性
	2. 提高幼儿的保护意识和动手能力	2. 组织幼儿动手制作简易植物保护工具		
......				

比如在春天时，在一次教师精心组织的"过家家"社团活动中，中班和大班的幼儿共同参与，体验混龄游戏的乐趣。游戏中，一名中班幼儿出于好奇，将三叶草放入了大班幼儿的汤中。大班幼儿对此表示反对，坚称"草不能吃"。中班幼儿则据理力争，表示"家里就有这种草，可以吃"。这一小插曲揭示了一个问题：幼儿对于可食用的植物存在混淆，将苜蓿草与三叶草误认为同一种植物。为了培养孩子们解决问题的能力，教师巧妙地为他们设计了一个解题思路。这个思路分为三个步骤：第一步，向大班幼儿询问这两种草的相关信息，了解它们的特性和用途；第二步，请教师帮忙查阅资料，获取更准确的信息；第三步，通过仔细观察和辨认，区分这两种植物的不同之处。

向大班幼儿询问这两种草的相关信息，了解特性和用途。　　第一步

请教师帮忙查阅资料，获取更准确的信息。　　第二步

通过仔细观察和辨认，区分这两种植物的不同之处。　　第三步

在教师的指导下，幼儿开始付诸实践。他们积极收集资料，最终发现苜蓿草和三叶草都是可食用的野草。这时，教师又不失时机地引导孩子们思

考：怎样才能记住这些草的名字呢？幼儿通过观察，总结出这两种草的特点：苜蓿草颜色深绿，每根草上有三片爱心状的叶子，叶子的边缘呈锯齿状；而三叶草颜色浅绿，一根茎上同样由三片爱心状的叶子组成，但叶子的边缘却呈光滑状。

为了进一步巩固幼儿的认识，教师还设计了丰富多彩的主题活动。这些活动将"探寻苜蓿草"和"春天挖野菜"等户外活动有机结合，让孩子们在亲身参与的过程中，不断挖掘教育资源，提升分析和解决问题的能力。同时，通过种植类活动的组织，孩子们的观察力、动手能力和团队合作精神也得到了充分的锻炼与提升。

2.深入推进，激发探究性思维

教师精心策划了一系列关于植物生长的实验，旨在通过实践操作和观察，让幼儿深入了解不同条件下植物的生长状况。教师巧妙地将幼儿分为若干小组，并为每个小组分配了相同的蔬菜或水果种子，但每组所使用的肥料、水源及种植方式却各不相同。这样的设置确保了实验的多样性和可比性。

实验名称	实验目的	实验材料	实验步骤	实验结果
不同肥料对植物生长的影响	观察不同肥料对植物生长的影响	植物种子、不同种类的肥料	1. 准备相同条件下的植物种子 2. 分别用不同种类的肥料进行施肥 3. 观察记录植物的生长情况	记录不同肥料下植物的生长情况，比较分析不同肥料对植物生长的影响
不同水源对植物生长的影响	观察不同水源对植物生长的影响	植物种子、不同种类的水源	1. 准备相同条件下的植物种子 2. 分别用不同种类的水源进行浇灌 3. 观察记录植物的生长情况	记录不同水源下植物的生长情况，比较分析不同水源对植物生长的影响

续　表

实验名称	实验目的	实验材料	实验步骤	实验结果
不同种植方式对植物生长的影响	观察不同种植方式对植物生长的影响	植物种子、土壤、容器	1. 准备相同条件下的植物种子和土壤 2. 将种子分别以不同的方式种植在容器中 3. 观察记录植物的生长情况	记录不同种植方式下植物的生长情况，比较分析不同种植方式对植物生长的影响

随着实验的推进，幼儿通过亲手照料和观察植物的生长变化，逐渐发现了不同条件对植物生长产生的不同影响。他们惊叹于肥料种类对植物生长速度的影响、水源质量对植物叶片颜色的影响，以及种植方式如何影响植物的整体形态。这一系列的发现不仅激发了幼儿对自然科学的好奇心和探究欲望，更在无形中培养了他们的观察能力和科学思维。

这种对比实验的方式，不仅让幼儿亲身体验了科学探究的过程，还让他们在实践中学会了如何观察、分析和总结实验结果。这种寓教于乐的教学方法，不仅提升了幼儿的学习兴趣，更为他们未来的科学学习奠定了坚实的基础。

3. 手脑并用，融合游戏化课程

为了让幼儿充分体验种植劳动的乐趣并促进其全面发展，我们采取了一系列策略，特别是注重手脑并用和融合游戏化。

以"青菜剁馅包饺子"活动为例，我们首先引导幼儿亲手种植青菜，让他们参与播种、浇水、除草等整个种植过程。这不仅锻炼了他们的动手能力，还培养了耐心和观察力。在青菜成熟后，我们组织幼儿进行剁馅包饺子的活动。为了增加游戏的趣味性，我们设置了不同的角色和任务，如"小农夫"负责采摘青菜，"小厨师"负责剁馅和包饺子，还有"小助手"负责整理和清洗。这样的分工让孩子们充分体验了团队合作的乐趣。在剁馅和包饺子的过程中，我们不仅鼓励孩子们发挥创意，还通过游戏化的方式引导他们学习技巧。例如我们设置了一个"包饺子大赛"，看谁包得又快又好。这不仅激发了孩子们的竞争意识，还让他们在比赛中不断提高自己的技能。最后，当香喷喷的饺子出锅时，孩子们围坐在一起分享美食。这种从种植到收获的完整体验，让孩子们深刻体会到了劳动的快乐和成就感。整个活动不仅锻炼了孩子们的手脑协调能力，还培养了他们的团队合作精神和创造力。

（三）创新课程实施流程

种植劳动对幼儿来说，不仅是一种身体的活动，更是心灵的触动。它让孩子们触摸到生命的成长，感受到自然的力量。在这样的体验中，家园共育活动扮演着至关重要的角色，它们不仅将种植劳动的乐趣延伸至家庭，也促进了家长与孩子、教师与孩子之间的互动和合作。

以秋收为例，当稻谷成熟时，我们组织了一次秋收活动。我们邀请了家里有稻田的家长作为农场主，孩子们在教师和家长的带领下一起来到稻田中，亲身体验收割稻子的过程。首先，教师向孩子们详细介绍了稻谷的生长周期和收割技巧，强调了安全和环保的重要性。接着，孩子们和家长一起拿起镰刀，小心翼翼地割下一束束金黄的稻谷。在这个过程中，孩子们不仅学到了劳动技能，还学会了珍惜粮食和尊重劳动。完成收割后，大家又来到空旷的地方，共同体验打稻子的乐趣。孩子们和家长一起用力敲打稻束，将稻谷从稻穗上打下来。在这个过程中，稻谷飞扬，欢声笑语此起彼伏。孩子们体会到了劳动带来的成就感和喜悦，也体验到了团队合作的力量。活动结束后，我们还组织了一个分享会。孩子们和家长纷纷展示自己收获的稻谷，分享自己的感受和体会。这不仅增进了亲子间的沟通，也让孩子们在交流中收获了更多的知识和经验。

三、结束语

通过本研究，我们深入探讨了在幼儿种植劳动中提升乐趣体验的策略和方法，发现其在激发幼儿兴趣、培养观察力和责任感方面效果显著。在实践中，我们收获了宝贵的经验，深感种植劳动对于幼儿成长的独特价值。未来，我们将继续深化和完善相关策略，创新活动形式，以更好地适应不同年龄段幼儿的发展需求。同时，我们也将重视家长的参与，形成家园共育的良好氛围，共同促进幼儿全面发展。我们坚信，通过这些努力，幼儿能在种植劳动中收获更多乐趣，实现自我成长。

参考文献

［1］邹佳宏，朱九玲.基于劳动能力培养的幼儿种植活动的开展［C］.西安：课程教学与管理研究论文集（四），2021.

［2］陆晓琳.大班幼儿种植活动的实践与探究［J］.读与写，2022（31）：214-216.

［3］朱慧萍."活教育"理念指导下的幼儿种植活动探索［J］.新课程研究（下旬），2021（12）：129-130.

幼小衔接视角下的语言教育

万蕴韵（上海市浦东新区星韵幼儿园）

摘　要： 本论文聚焦幼小衔接视角下的语言教育。首先阐述幼小衔接是儿童从幼儿园过渡到小学的重要过程，关乎其多方面能力发展，有效衔接可助幼儿平稳过渡。接着强调语言教育在幼小衔接中居核心地位，指出幼儿园阶段侧重通过游戏等培养听说能力，小学阶段更重读写能力培养，且说明了良好语言能力对儿童思维、交往及学科理解等有直接影响。在幼小衔接阶段，语言教育既要确保幼儿具备基本语言技能，又要使其适应小学阶段对语言的更高要求。

关键词： 幼小衔接；语言教育；幼儿园语言教育特点

幼小衔接是指儿童从幼儿园阶段过渡到小学阶段的过程，这一阶段对于儿童的成长具有至关重要的影响。它不仅是学习环境和教学方式的转变，更是儿童心理、社会适应性和认知能力的综合发展关键期。在这一时期，幼儿需要逐步适应更为规范化的学习模式，学会自我管理，建立良好的学习习惯，以及建立与同伴、教师的新型关系。有效的幼小衔接能够帮助幼儿平稳过渡，减少因环境变化带来的不适应，为后续的学习生活打下坚实的基础。

语言教育在幼小衔接中扮演着核心角色。幼儿园阶段，语言教育主要通过游戏和互动活动，培养幼儿的听说能力，激发他们的语言兴趣。而进入小学后，语言教育则更加侧重于读写能力的培养，需要幼儿具备一定的词汇量，理解复杂的语句结构，并能够进行独立的书面表达。语言是思维的工具，也是人际交流的桥梁，因此，良好的语言能力对儿童的思维发展、社会交往及学科理解都有直接影响。在幼小衔接阶段，语言教育不仅要确保幼儿具备基本的语言技能，还要帮助他们逐步适应小学阶段对语言更深层次的要求，如逻辑思维、批判性思考等。

一、幼小衔接视角下的语言教育价值

（一）幼儿园语言教育的特点

幼儿园阶段的语言教育着重于基础的口语交流和听力理解能力的培养。教师通过故事讲述、歌曲谣唱、角色扮演等活动，激发幼儿对语言的兴趣，提高他们表达自我和理解他人意图的能力。游戏化和情境化的教学方式让幼儿在轻松愉快的环境中自然而然地学习与运用语言。幼儿园还注重培养幼儿的社会交往能力，通过小组活动和互动对话，帮助他们学会倾听、轮流说话和尊重他人。

（二）小学语言教育的重点

进入小学后，语言教育的内容和目标有所提升。小学阶段开始强调书面语言的使用，包括阅读理解、写作技巧和拼写规则的学习。教师会引导学生接触和理解更复杂的文本，培养他们的批判性思维和信息提取能力。小学阶段的语文课程还会引入文法教学，帮助学生理解和运用语法规则，为写作和表达搭建更严谨的知识结构。课堂讨论和报告写作成为提升学生表达能力的重要途径。

（三）两者衔接难点

从幼儿园到小学的过渡期，语言教育面临的主要挑战是如何平稳地将口语交流的技能拓展到书面表达。许多孩子在进入小学时，可能在阅读理解、写作和文法等方面存在困难，这需要教师进行有针对性的引导。幼儿园的教育更注重游戏和探索，而小学则要求更系统化的学习，这可能导致部分孩子在学习方式和学习环境的适应上遇到挑战。因此，如何保持幼儿对语言学习的热情，同时帮助他们逐步适应更结构化和学术化的教学环境，是幼小衔接阶段语言教育的关键问题。教师需要设计过渡性的教学策略，如结合游戏和前书写练习，减少幼儿的学习困扰，确保他们在新的学习阶段能够顺利成长。

二、幼小衔接视角下的语言教育困境

（一）缺乏明晰的目标指引

在幼小衔接阶段，语言教育的重要性不言而喻。然而，当前实践中存在的一个显著问题是教育目标的不明确。缺乏清晰、具体的教育目标，不仅使得教育内容的选择变得随意，更导致教学方法的运用缺乏针对性，这无疑对儿童的语言发展构成了障碍。每个儿童都是独特的个体，拥有不同的语言发展水平和学习需求。因此，明确的教育目标是确保教育活动有效性的关键，也是满足儿童个性化需求的基础。目标的模糊可能导致教师无法准确评估儿童的学习进度，进而无法提供及时、有效的指导，这对儿童的语言能力提升无疑是一种阻碍。因此，一个清晰、具体的教育目标对于确保教育活动的有效性和满足儿童的个性化需求至关重要。

（二）缺乏体系的培养路径

在幼小衔接的语言教育过程中，部分教师过于注重知识的单向传授，却忽略了孩子们兴趣和个性的差异。这种"一刀切"的教学方式，往往采用灌输式教学和机械记忆等单一、刻板的方法，不仅无法激发孩子们对语言学习的兴趣，反而可能让他们产生厌学情绪。

每个孩子都是独一无二的个体，他们有着不同的兴趣点、学习方式和接受能力。因此，教师在语言教育中应该更加注重因材施教，尊重每个孩子的个性差异。通过多样化的教学内容和灵活多变的教学方法，教师可以更好地满足孩子们的学习需求，激发他们的学习热情，培养他们的思维能力和创造力。

（三）缺乏连续的发展支持

在幼小衔接的关键阶段，语言教育的重要性不言而喻。然而，当前家园合作的不紧密，却成了制约儿童语言能力发展的一大瓶颈。家庭作为儿童语言启蒙的第一站，其地位无可替代。但现实中，家庭与幼儿园之间的沟通和合作往往流于形式，缺乏深度和实效性。

家长对孩子在幼儿园的语言学习表现知之甚少，这导致家庭教育无法与学校教育形成有效合力。家庭教育与幼儿园教育在目标和方法上的不一致，也进一步加剧了这种脱节现象。这种不紧密的合作状态，不仅影响了儿童语言学习的连贯性和系统性，更可能让他们在不同的教育环境中感到迷茫和不适。

三、幼小衔接阶段儿童语言发展特点

幼小衔接阶段是幼儿成长中的一个关键时期。此时，幼儿的语言发展呈现出鲜明的特点，这些特点既体现了他们认知能力的提升，也为日后的学习和社交能力打下了坚实的基础。

（一）口语表达能力逐渐提升

幼儿进入大班后，口语表达能力得到了明显的提升。他们已经掌握了丰富的口语词汇，能够运用这些词汇来构建更为复杂、精确的句子，从而更流畅、准确地表达自己的想法和感受。这种能力的提升，不仅表现在日常交流中，也体现在故事讲述、角色扮演等语言活动中。他们能够更生动地叙述故事，更深入地理解角色，展现出更高的语言表达水平。

（二）阅读兴趣开始萌发

随着认知能力的不断发展，大班幼儿对阅读材料产生了浓厚的兴趣。他们对图画书、故事书等充满了好奇，喜欢主动翻阅并尝试理解其中的内容。在这个阶段，幼儿的阅读理解能力也在逐步提高。他们开始能够关注到图画中的细节，理解文字与图画之间的关系，进而初步理解文本的意义。这种阅读兴趣与理解能力的提高，对于培养幼儿的阅读习惯和阅读能力具有至关重要的作用。

（三）书写意识初步显现

在幼小衔接的关键阶段，大班幼儿的书写意识如同一棵嫩芽，开始破土而出。他们对纸笔展现出浓厚的兴趣，喜欢拿起笔、纸进行书写尝试，对能够自己动手完成任务感到满足和自豪。幼儿的书写动作也逐渐规范，开始掌握正确的握笔姿势，创意书写经验逐步积累。他们的书写内容丰富多样，能够书写自己的名字，也能够通过书写来表达自己的想法和感受。虽然笔触稚嫩，但每一笔都蕴含着他们对世界的探索与认知。前书写能力的提高为幼儿今后的学习和生活奠定了良好的基础，亦为幼儿日后的书写能力发展奠定了坚实的基础。

四、幼小衔接视角下语言教育的策略

（一）梳理明晰的目标指引

为确保幼小衔接阶段语言教育的顺利进行，首要任务是明确教育目标。教师应根据儿童的年龄特征、认知水平和发展需求，制定出既符合幼儿园教育特点，又能顺利过渡到小学教育的语言教育目标。这一目标应涵盖口语表达、阅读理解、前书写技能等多个方面，以确保儿童在各个方面都能得到均衡发展。

在明确目标的基础上，制订科学的教育计划是关键。计划应详细列出每个阶段的教育内容、教学方法和预期成果，确保教师能够有条不紊地开展教学活动。计划还应具有一定的灵活性，以适应不同儿童的发展差异和个性化需求。

表1　大班幼儿语言教育目标与内容

教育内容	一级教育目标与内容	二级教育目标与内容
理解与表达	认真听，并能听懂常用语言	1. 能结合情境感受和理解不同语气、语调所表达的意思 2. 能耐心等待他人发言，听不懂时能主动提问 3. 能结合情境，理解含因果、假设、转折等关系的句子
	愿意用语言进行交流，并能清楚地表达	1. 愿意用语言表达自己的想法和需求 2. 能用较清楚、连贯的语言讲述自己的所见所闻 3. 讲述时能使用常用形容词，语言较生动
前阅读	喜欢听故事、看图书	1. 能主动、专注地阅读图书，不受外界干扰 2. 喜欢观察生活中常见的标志与符号，了解文字符号表达的一定意义 3. 乐意与同伴、教师交流讨论故事、图书中的内容
	具备一定的阅读理解能力	1. 能通过观察图书的连续画面，大致说出主要内容 2. 能体会文学作品所表达的各种情绪和情感，感受作品中的语言美
前书写	养成正确的书写姿势	1. 在教师提醒下，画画、书写姿势正确 2. 桌面摆放整齐，活动后物归原处
	具有书面表达的愿望和初步技能	1. 能用图画和符号表达自己的愿望与想法 2. 能认识并写自己的名字

（二）建构体系的培养路径

在幼小衔接的关键阶段，如何有效丰富语言教育的内容和方法，以激发大班幼儿的学习兴趣，是每位教育工作者需要深思的问题。

1. 口语表达方面

口语表达作为儿童语言发展的基石，其重要性不言而喻。在幼小衔接阶段，教师应积极创设多元化的语言环境，鼓励幼儿主动参与口语交流，以提升其口语表达能力。

（1）创设丰富多样的语言环境

教师可以通过定期开展故事分享会、角色扮演游戏等活动，为幼儿提供展示自我的平台。在故事分享会中，孩子们不仅可以聆听他人的故事，还能在讲述自己故事的过程中锻炼口语表达能力。角色扮演游戏则能让孩子们在模拟的真实场景中，学会如何运用语言进行交际，从而培养他们的社会适应能力。

（2）培养倾听习惯和理解能力

倾听是口语表达的前提，也是有效沟通的关键。教师可以通过讲述生动有趣的故事、播放富有教育意义的音频材料等方式，引导幼儿学会倾听。在倾听过程中，教师还可以适时提出问题，激发幼儿的思考欲望，培养他们的理解能力。

2. 阅读方面

阅读是儿童认识世界、丰富语言积累的重要途径。在幼小衔接阶段，教师应注重培养幼儿的阅读兴趣，提高其阅读能力。

（1）提供多样化的阅读材料

为满足幼儿不同的阅读兴趣和需求，教师应提供丰富多样的阅读材料，如图画书、故事书、科普读物等。这些材料不仅能激发幼儿的阅读兴趣，还能帮助他们在阅读过程中拓宽视野、增长知识。教师还应根据幼儿的阅读水平，推荐合适的书籍，以确保他们在阅读中能够获得成就感，从而保持对阅读的热情。

（2）组织多样化的阅读活动

为激发幼儿的阅读兴趣并培养其良好的阅读习惯，教师可以策划并组织多样化的阅读活动。例如亲子阅读活动能够增进家长与孩子之间的情感交流，同时让家长更加了解孩子的阅读需求和兴趣点；图书漂流角则可以让孩子们在交换和分享图书的过程中感受到阅读的乐趣，并学会珍惜和尊重他人的书籍。教师还可以定期开展阅读分享会、阅读竞赛等活动，为孩子们提供更多展示自己阅读成果的机会。

3. 前书写准备

在幼小衔接的关键时期，前书写准备显得尤为重要。它不仅关乎幼儿未来的学习基础，更是其认知、情感与社交等多方面发展的综合体现。因此，前书写能力的培养对于促进幼儿全面发展具有重要意义。

（1）前书写能力的培养应立足于幼儿的兴趣与需求

教师可以通过创设丰富多样的纸笔体验环境，提供有趣的书写工具和材料，激发幼儿对书写的好奇心和探索欲望。教师应尊重幼儿的个体差异，给予每个幼儿充分的体验时间和空间，让他们在自由、宽松的氛围中感受书写的乐趣。

（2）前书写能力的培养应注重幼儿良好书写习惯的养成

教师应有意识地为幼儿提供一些与符号、文字相关的图画书，让幼儿在阅读、讨论中感受书写的不同表现形式，了解书写的多种方式，积累创意书写的有益经验。此外，还可通过日常活动中的渗透式教育，如"图画日记""阅读笔记"等，引导幼儿将书写融入一日生活，自然而然地形成良好的书写习惯。

（3）前书写能力的培养还应与家庭教育相结合

家长在幼儿书写能力发展过程中扮演着举足轻重的角色。教师应积极与家长沟通，积极引导家长认识到前书写对幼儿发展的价值，指导家长形成一定的分析解读幼儿前书写作品的能力，为家长在家庭中鼓励和支持幼儿做好书写准备提出具体的建议。要通过家园共育，形成教育合力，共同推动幼儿前书写能力的提升。

在幼小衔接视角下丰富语言教育内容和方法的过程中，教师应注重口语表达和阅读两方面的均衡发展。通过创设多元化的语言环境和提供丰富多样的阅读材料及活动，教师可以有效激发大班幼儿的学习兴趣，帮助他们在这一关键阶段打下坚实的语言基础。而前书写能力的培养则是一个系统工程，需要幼儿园、家庭和社会多方面的共同努力。作为教师，我们应秉持专业理念，关注幼儿书写发展的每一个细节，为他们的未来学习奠定坚实基础，促进他们的全面发展。

（三）提供连续的发展支持

家庭是幼儿最初接触语言的场所，家长无疑是幼儿语言发展的启蒙者。在幼小衔接阶段，家长的作用越发凸显。他们不仅需要为孩子提供丰富的语言刺激，还需要关注孩子语言运用的准确性和流畅性，帮助孩子建立良好的语言习惯。然而，仅凭家庭的力量是远远不够的。幼儿园作为儿童成长的重要阵地，同样承担着不可推卸的责任。

教师应通过定期举办家长讲座和亲子活动等方式，主动与家长建立紧密的合作关系。这些活动不仅可以增进家园之间的了解与信任，还能为家长提供科学的语言教育指导。通过讲座，家长可以了解到幼小衔接阶段语言教育的重点和方法，从而在家中更有针对性地对孩子进行辅导。亲子活动则为家长和孩子提供了共同学习和交流的平台，让孩子在轻松愉快的氛围中提升语言能力。

家长与幼儿园的密切配合，能够形成强大的教育合力。这种合力不仅体现在双方教育资源的共享上，更表现在对孩子教育理念的一致性上。家园双方应共同致力于为孩子创造一个连续、稳定且富有支持性的语言环境，让他们在幼小衔接阶段能够顺利过渡、自信成长。

五、结论

幼小衔接是儿童教育中的关键环节。语言教育作为儿童成长的重要组成部分，其在这一阶段的顺利过渡对幼儿的学习和情感发展具有深远影响。通过明确教育目标、丰富教育内容和方法、加强家园合作等策略，能有效地提高幼儿的语言能力，为他们的未来发展奠定坚实的基础。

展望未来，幼小衔接阶段的语言教育改革和优化仍是一项长期且持续的任务。教师要不断提升专业素养，以适应幼儿在成长过程中的语言学习需求并提供相应的引导。这不仅包括对幼儿语言技巧的培养，也包括对他们情感和社会技能的引导。我们期待构建一个更加综合和全面的语言教育体系，能够关注到每个孩子的个体差异，激发他们的语言潜能，同时关注他们的心理健康，确保幼小衔接的平稳过渡。

参考文献

[1] 张淑霞.做好前书写准备，助力科学幼小衔接[J].山西教育（幼教），2022（6）：37-38.

[2] 朱桂林.如何做好幼小衔接的教学策略研究[J].当代家庭教育，2022（27）：14-17.

数据赋能背景下提升幼儿中高强度运动量的实践与思考

潘佳丽（上海市浦东新区惠南西门幼儿园）

在冰厂田教育集团的引领下，我们依托数据平台的可视化优势，凸显技术赋能，支持户外两小时活动的不断调整和优化，从而切实提升幼儿的运动强度，保证幼儿的运动量，助力幼儿的健康发展。

我们每日有组织地开展各种形式的体格锻炼，保证适宜的运动强度和运动量，提高儿童的身体素质。因此，确保幼儿运动强度成了提高"幼儿园户外两小时"质量的重要依据和考量。譬如在"勇敢者道路"中，我们在实践中有所思、有所做、有所得。

一、有效反思和对比，成就运动中的无限可能

在相同的45分钟户外时间内，在手环的数据支持下，我们观察孩子们的平均中高强度、平均心率及活动步数之间的联系与成效。

（一）初体验：户外运动，成效缺失

在技术赋能的背景下，孩子们知道戴着手环可以监测到户外运动的时间、心率后，早已兴奋不已。孩子们到了运动场地后，开心地自主搭建起了运动区域。他们有的去搬了垫子，有的去搬了攀爬架，他们根据自己的所思所想，搬运器材，在经过很长时间的搬运后，户外运动终于开始了。

过了一会儿，我发现铮铮和昀昀两个孩子坐在休息椅上，久久没有参与其中。于是，我上前询问了原因，原来这两个孩子认为在攀爬道路上，已经造成了严重的堵车现象。所谓的堵车，是因为木质区木架过长，孩子们很多时间都在等待。基于对孩子们的观察，我发现在充裕的自主时间中，幼儿的自主活动一直处于"漫游状态"，他们没有明确的目的，没有兴趣的激发，没有高效的协同，也就没有理想的效果。从幼儿的面色、精神状态、呼吸、

出汗量及对锻炼的反应来看，幼儿的活动强度和运动量都不理想。信息平台的数据也证实了这一点：幼儿的户外时长为45分钟，平均中高强度为8分钟，平均心率为78次/分，活动步数为1265步。

针对这一现象，我反思了导致成效不理想的原因是什么。

1.运动场景入口少

由于孩子们在运动中存在个体差异，独木桥的路线单一且距离较长，导致"堵车"的现象较严重，幼儿在该区域的体验感不佳，兴趣明显不足。

2.搬运器材时间过长

幼儿仅仅是为了搬器材而搬，在玩之前没有构思好自己想玩什么、怎么玩，导致出现这个问题。

3.器材组合较单一

孩子们的选材较局限，在户外运动中的运动器材组合没有变化，他们玩了多次后，就会觉得无聊。

由此可见，幼儿的运动兴趣还未得到有效激发，户外运动的价值还未得到有效发掘。教育的契机或者推进的方向，隐藏于幼儿身上，隐含于幼儿的表达表现之中，教师要做的是倾听幼儿，是基于倾听的环境支持，给孩子们"想要的"。

在此之后，孩子们开展了"圆桌会议"。情景再现等手段，不仅链接了幼儿的经验，唤起了幼儿的兴趣，更提升了活动的计划性、目的性。同样的自主运动，幼儿参与的积极性和活动的深入度都有了不同的体现。

（二）大升级：赋能幼儿，彰显自主

到了场地后，孩子们你一言我一语，商量着路线的摆放。经过"圆桌会议"的热情参与，我发现孩子们这次将垫子放在了轮胎的上面。这时，浩浩喊了一句："好像跑酷噢!"大家都觉得这样的组合很酷，于是将垫子放得斜斜的，当作一面墙，这样就像在墙上跑起来。在浩浩的带领下，其他孩子一起创设了一个类似的情景。

同时，我发现孩子们调整了之前入口过少的问题，在齐心协力下，孩子们很快完成了道路的组合，快速、高效、有机地进入运动状态。在运动过程中，之前出现的"堵车"现象消失了，取而代之的是孩子们能在垫子上双腿交替地跑起来了。他们开始在垫子上翻滚起来，这些新动作和新玩法的出现让我眼前一亮。

　　幼儿发展心理学的研究强调，只有当幼儿真正自主地参与相关活动时，该活动才能真正促进幼儿的身心发展。所以，我们立足于对幼儿主体地位的认同，充分赋能幼儿在户外活动中自主地位，鼓励和支持幼儿自主选择、自主推进，真正激发了幼儿的参与热情，运动量和运动强度的提升就变成了自然而然的结果。信息平台记录的数据显示：户外活动时长为45分钟，平均中高强度为12分钟，平均心率为112次/分，平均步数为1347步。

　　从数据中可以看到，我们的户外运动组织与实施优化已初显成效。

　　但是，深入挖掘数据，我们还发现：户外活动中的幼儿，个体差异比较大，有一些运动能力比较强的幼儿反而运动量不足，明显低于平均水平。针对这一反常现象，我结合视频、深度复盘，探寻原因。原来，平面跳跃对能力强的幼儿而言，已经没有了挑战的价值，从而导致幼儿运动兴趣的降低。

　　基于此，我开始反思户外活动层次的叠加，以适应个体差异，推进因材施教。我打算践行"一对一倾听"的价值理念，在户外活动中，提供个性化的支持，引导幼儿在自己的水平上，拓展活动经验，提升活动实效。

（三）再挑战：班本理念，个性支持

　　注重"儿童视角"并不意味着淡化或忽略"教师视角"。我尝试在尊重幼儿自主的基础上，有机渗透教师视角的经验，丰富和拓展幼儿活动的形式与空间。

　　1. 为遇挫幼儿提供情感支持

　　每当户外运动时，我们班的肥胖儿良良就容易退缩在后，特别是其他孩子在相互追逐时，良良会跑一小段就停下来，不愿意继续前行了。于是，我以玩伴的身份介入，以渐进式的方式陪同良良一起跑，为他提供情感支持。我的陪同和鼓励激起了良良的运动兴趣。

　　2. 为困惑幼儿提供认知支持

　　平时话较少的乔乔则在跑道上玩起了降落伞的运动。她玩了一会儿后，垂头丧气地来找我。在和乔乔的交流中，我发现乔乔对降落伞的兴趣已经快消失了，于是我告诉她："速度不同会有不一样的效果，风向不同也会有不一样的效果，不妨去试一试。"在这次交流中，她对降落伞有了新的认知和探

索欲望。

3. 为自信幼儿提供拔高支持

在由垫子搭建的山坡上，羿羿和峥峥爬到了山顶，从这个山顶跳到了另一个山顶。片刻后，我观察到这对他们俩来说似乎太容易了。于是，我给予了关注和支持，引导他们一起增高了一块垫子，使其更具有挑战性。

每一个孩子都在自己的水平上获得了充分的锻炼和综合的提升，窄道平移、行走、悬垂、翻滚、钻爬、跳跃，这些运动玩法相继出现。我看见孩子们面色红润、呼吸声较大、出汗量较多。我打开平台查看数据，孩子们的户外活动时长45分钟、平均心率117次/分、中高强度为19分钟，平均步数1445步。

在这三次数据赋能下的运动活动中，我发现我们的户外运动一次比一次精彩，一次比一次有成效。

二、解读幼儿，为幼儿中高强度运动的提升实施针对性支持

众所周知，数据是为了更好地让每一个孩子更有效地进行科学运动。除了在数据的支持下可以更好地了解孩子们的运动活动情况，其实在运动中，教师的调整也能支持幼儿中高强度的运动。

（一）看数据，追踪幼儿的兴趣和问题

数据在我们的运动中是不可或缺的，它是中高强度运动的佐证。

1. 看什么

我们主要看户外活动的时长、中高强度的时间，以及孩子们在户外活动中的平均心率、活动步数和达标统计（达标统计的数据对我们一线教师来说非常便捷，在减轻统计工作量的同时，也能让我们更好、更全面地了解班级里每个孩子户外活动的情况）。

2. 什么时候看

在每个户外活动环节（户外运动、户外游戏）后，我们都会第一时间去看一下平台上的数据，同时也会和历史数据做对比。由于我们一周换一次场地，不同场地的运动量和兴趣，对孩子们来说也会有差异。所以，通过平台的统计功能看孩子们一周的数据，对于后续组织实施户外活动也有很大的帮助。

3. 怎么用这个数据

每次户外活动后，我们都会去看数据，这个数据后续对幼儿运动量的把

控能起到重要作用，比如在上一个户外活动中孩子们的中高强度普遍较高，那么在下一个户外活动中我们会让他们开展一个较为轻松的活动。

数据俨然成了我的"好伙伴"，每一次活动的数据都能引发我的进一步思考。

（二）做调整，助力幼儿提高中高强度运动量

1. 器械调整

教师要根据孩子们对材料的感兴趣程度来及时调整运动材料，让他们始终保持兴奋状态，这对提高中高强度运动量很有帮助。在器械的调整方面，可以根据中班幼儿年龄特点和发展水平投入挑战性器械。

2. 玩法调整

（1）规则调整

基于儿童视角，教师可以请孩子们自己制定运动时的规则，让运动更好玩。孩子们玩得很开心，运动量也就自然而然地会上去。教师还可以在活动后邀请孩子们一起查看即时数据，看看不同的玩法中高强度的数据如何，从而让他们参与到规则的调整中来，孩子们自然而然就会爱运动，"慧"运动。

（2）动作调整

让孩子们尝试具有挑战性的动作也是提升中高强度运动量的关键。由此可见，除了走、跑、跳等常规性动作，力量型、耐力型的动作练习也可以提升幼儿中高强度运动量。我们在后续的运动中，可以引导幼儿开展多种类的动作练习。

3. 视角调整

从"教师视角"切换到"幼儿视角"，可以重新激活户外自主运动的活力，唤起幼儿的热情。在"幼儿视角"中，可以适当渗透"教师视角"，有趣的运动情境、有用的经验提升，能让运动变得更好玩。要彰显教师的引导，不断丰富和拓展户外自主运动的层次与内涵。

（三）多元支持，提升幼儿的运动品质

对于遭遇挫折、情绪低落的幼儿，我们要给予情感的支持；对于遭遇瓶颈、无法突破的幼儿，要给予认知的支持；而对于能力突出、探索流畅的幼儿，则要给予拔高支持。

在实践中，我们时常默默地陪伴在孩子们身边，是他们语言上的玩伴，如挑战度大的、危险系数高的地方，往往都有教师的身影。我们会用语言和肢体的鼓励，让孩子们尝试一下，挑战自己等于胜利。同样，当我们发现孩子们不能很好地判断出潜在的危险时，就会马上介入，我们就像一张充满弹性的"安全网"，让孩子们在运动场肆意撒欢的同时，有着满满的安全感。

以儿童视角为出发点，教师要始终尊重幼儿身心发展规律，基于幼儿动作发展水平设置不同层次的运动，注重幼儿运动发展的全面性。作为玩伴，教师要与幼儿始终保持一种平等的关系，积极发现和理解幼儿的想法，尊重幼儿的行为，发现真实问题和需求，从而做出有成效的儿童视角下的改变与突破。

高质量的陪伴是提升幼儿中高强度运动量的重要支点。孩子们在户外活动中，离不开教师的陪伴，我们也始终与孩子们同在，一起畅享户外，一起收获健康。

在运动的后续发展中，教师要让孩子们理解、了解户外运动，并且在此基础上不断探寻适宜的方法和手段，激发他们户外运动的兴趣，深度推进户外运动的过程，促进孩子们动作发展与运动能力的提升，从而实现中高强度户外运动的目标。

幼儿运动能力的提升是一个需要持续坚持、循序渐进的过程，让我们用发现和欣赏的目光陪伴、支持幼儿在"探究、重复、试错"过程中共生共长。

"五育融合"视角下基于"2+2+N"模式实施劳动教育课程路径

——以"种植草莓"为例

徐思佳（上海市浦东新区鹤沙之星幼儿园）

摘　要：《3—6岁儿童学习与发展指南》强调"理解幼儿的学习方式和特点。幼儿的学习是以直接经验为基础，在游戏和日常生活中进行的"。这也是开展劳动教育课程的基本要求，更是实现"五育融合"的有效路径。本文即基于此，以"种植草莓"为例，从"2类交互""2种实操"及"N维认知"三个环节展开论述。融合"德智体美劳"，助力幼儿全面发展，借此提升劳动教育课程实施质量。

关键词："五育融合"；劳动教育；交互；实操；认知

在劳动教育中表现"五育融合"，须从环境、资源及流程等层面进行细化，能在表现活动趣味性的同时，引导幼儿深入探究，表现幼儿的行为表征，助力幼儿合作互动，并且可以在劳动教育类活动中形成深入思考。其间，教师须关注幼儿的个性化问题，及时地提供支持，转化幼儿的经验，增进幼儿的劳动认知，丰富"五育"的整体体验。

一、"2类交互"：情境引入，调动经验，建构课程基础

"2类交互"指的是幼幼交互与师幼交互。前者表现的是幼儿的主观想法，基于此调动幼儿的劳动经验；后者为的是引出劳动课程的主题，强化幼儿的兴趣表现，建构劳动教育课程的基础，并带领幼儿进入"五育融合"的课程情境之中。

（一）生活为"引"，经验中"问答"

从"五育融合"的角度，在劳动教育课程的初期，可融入幼儿的"德

智"元素，结合生活感知，调动经验，并形成初期的劳动感知，可助力幼儿对劳动形成新的思考，由此创设具体的劳动教育情境。

情境中的多方交互

孩子们围绕着"我的种植园我做主"这个话题展开了热烈的讨论。他们纷纷表达了自己的喜好和期望，有的说："我喜欢吃甜甜的东西，我要种草莓！"有的则兴奋地喊道："我喜欢吃西瓜，所以我想种西瓜！"这场讨论激发了孩子们的积极性，也让身为教师的我觉得十分欣慰。

看到孩子们热情高涨，我趁机引导他们："那你们知道该如何种植吗？"这个问题一提出，立刻有孩子举手示意，愿意分享他们的经验。他们详细地讲解了种植的方法，从选种、播种到浇水、施肥，甚至还包括防治病虫害的技巧。孩子们的认真态度让我深感敬佩。

然而，我又想到了一个问题："那我们究竟种植什么？是不是应该看看我们的种植场地呢？"我提醒孩子们，我们所在的小菜园面积并不大，他们在选择种植作物时需要考虑到这一点。听到这里，孩子们纷纷表示同意，开始认真思考起究竟要种植什么作物。在这个问题上，孩子们各抒己见，展开了激烈的讨论。我看着他们，觉得他们就像一群小大人，为自己的种植园规划未来。

经过一番讨论，孩子们终于达成共识：既然菜园面积有限，那就种一些既好吃又容易管理的作物。于是，他们决定在菜园里种上草莓。我相信，在孩子们的精心照料下，这片种植园一定会收获丰硕的果实。

这次讨论让我看到了孩子们的热情和责任感，他们不仅关注自己喜欢的作物，还学会了根据实际情况做出合理的选择。我相信，通过这次种植体验，他们能更好地体会到劳动的艰辛和收获的快乐。

在活动初期，我给予幼儿交互的机会，引导幼儿之间形成交互，针对活动形成经验化的思考，并将这种经验表达出来。与此同时，教师也参与其中，形成"2类交互"，其目的是引导幼儿深入思考，引出"智力元素"，并且可以培养幼儿懂得理解他人的思想品格，关联德育的内容。教师还可与幼儿的现实生活相联系，增加活动本身的趣味性，提升幼儿参与此类种植活动的积极性。

（二）劳动为"题"，互动中"优选"

对课程主题的引入，应使之自然而然地形成。可以明确的是，这种以种植为形式的劳动教育课程，本身具备自然属性，可延伸与自然相关的探究内容。而从种植内容的层面，也可结合幼儿的自然认知，形成新的互动，并变化互动的方法，在选择种植的内容时，凸显理性思维，助力幼儿智力发展。

表1 "优选"的具体方式及活动引导

具体方式	活动引导	融合表现
1. 统计幼儿想要种植的植物 2. 投票选择最终种植的植物	将幼儿在互动中提到的植物，展示在电子白板上，用作观察和选择	融合德育与智育，同时也包含美育的元素

对于所要种植植物的选择，可以基于投票进行互动，引导幼儿在互动中说出自己想要种植的植物，然后选择出现次数最多的三种，再进行投票选择。幼儿会参与到这个过程中，感受从统计到投票选择的过程，其中包含了数学元素，可从智力发展的层面对幼儿进行针对性训练。

步骤一：罗列幼儿感兴趣的种植内容

所谓的"罗列"，可以通过绘画的方式进行，幼儿可以通过绘画的方式表达自己想要种植的植物，教师将幼儿的绘画粘贴在黑板上，用作展示。

步骤二：投票选择具体的种植内容

在投票选择中，幼儿可以给自己想要种植的植物贴上"小花朵"。由于在以往的活动中，幼儿已经有了种植土豆的经验，而且在水果中，幼儿普遍偏爱草莓，所以很多幼儿对种植草莓比较感兴趣。

二、"2种实操"：创建项目，尝试体验，延伸课程实践

"2种实操"指的是创建项目及完成任务，并且在这个过程中，幼儿会选择不同的种植方式，可以形成一种实践行为层面的劳育与体育，这也是智育的发展，从而实现"五育融合"。这是幼儿深入实践的过程，应具备一定的拓展性。

（一）尝试中种植，基于种植方法建构项目

在进入种植阶段之后，在种植方法上，应具备思辨性，可关联智育；在种植流程中，则有劳育与体育；而对于种植的结果，则可关联美育；在整体上，幼儿之间相互合作，互动帮助，则有德育的元素。在此时，以项目为形式，可提升种植的实践性。

案例2

分组中的不同种植方法

在进入种植区之后，我为幼儿划分了不同的种植区域，孩子们也被划分成了不同的种植小组。"应该怎么种植呢？"乐乐看着小口袋里放着的草莓种子问道。"我们应该选一选种子，把坏种子挑出去！""对，但是之后呢，应该怎么种下去？是埋在土里就行了吗？"大家有了分歧，这个时候我提示大家："那都有什么样的种植方法呢？大家不如分组试一试！"大家觉得这样有道理，于是，有的直接把种子撒在了土里，有的直接撒在地上，有的用脚轻轻踩了踩，有的用力踩了踩，踩得很实……

在上述的片段中，对于种植的方式，我以项目化的方式进行了区分。这也是幼儿实操的初期阶段，其中有幼儿的思考与尝试，借此可拓展与智育、德育、劳育和体育等相关的内容，包括种植行为、合作互助、使用工具及安排种植的区域等。

（二）观察中记录，基于种植成果拓展探究

从"五育融合"的角度，在观察与记录的过程中，幼儿可进行思考，对比不同种植方法下草莓种子的生长状态，对阶段化的种植成果进行总结。这

能让幼儿在实践中对不同的种植方法形成科学的认知。在此过程中，幼儿可以通过绘画的方式记录种子发芽的状态，借此将"德智体美劳"融合起来。

表2 "2种实操"的具体内容及"五育融合"的表现

具体内容	融合表现	课程支持
验证不同的种植方法	"德智体美劳"在种植中实现了融合，并且具备一定的思辨性	1. 表征支持：引导幼儿用绘画的方式记录 2. 互动支持：从科学认知的层面分析种植方法
观察种子的发芽状态		
分析种植方法		

在观察与记录种子发芽的状态之后，可将幼儿绘画记录的内容贴在种植园内，用来表示现阶段的种植成果。同时，可以引导幼儿观察不同种植方法的有效性，进行思辨，展开新的互动。"这个草莓的种子应该埋在土里，而且不能踩得很用力！"大家看了种植的结果之后，得到了这个结论。"那我们现在赶紧再种植一遍吧！"在总结之后，幼儿以小组合作的形式，继续参与种植。此时，幼儿的劳动行为也变得更加有目的性。

"五育融合"表现一：种植实践中的劳育、体育与德育

在种植中，幼儿的种植行为明显，这是劳育的表现。幼儿锻炼了四肢力量与协调性，这是体育的表现。而幼儿在团结合作中进行种植，则是德育的表现。

"五育融合"表现二：种植结果分析中的智育与美育

在分析结果时，幼儿基于观察进行记录，这是美育的表现。而幼儿对结论的总结，则是智育的表现，具备一定的科学性，也是幼儿实践探究的结果。

三、"N维认知"：转化经验，主观表现，拓展课程空间

"N维认知"可细分成生活维度、实践维度，以及幼儿维度、教师维度和家长维度。前两者是从整体上对劳动课程进行的概括，而后三者则是对课程空间的拓展，也是对"五育融合"形式的延伸。要以劳动为中心，延展"德智体美劳"融合教育类活动的体验。

（一）多维融合，关联户外活动，增进体验

从"五育融合"的角度，在进入对劳动教育课程活动梳理和总结的阶段之后，当以转化幼儿的个体经验为导向，助力幼儿全面发展。其间，还应联系劳动教育的成果，将不同的户外活动关联起来，在增进幼儿体验的同时，以实践促生活，丰富"五育融合"的实现路径。

"休息区"中的课程总结

在结束了有趣的草莓种植活动之后，孩子们每天满怀期待地观察草莓苗的成长。随着时间的推移，那些曾经只有小小绿芽的草莓植株，如今已经茁壮成长，逐渐展露出红色的果实，让人看了心生欢喜。

在种植区的旁边，有一块休息区，为孩子们提供了一个交流互动的空间。一天，我以"我是小园丁"为话题，组织了一场写生活动，旨在通过绘画、建构及角色扮演等多种方式，让孩子们充分表达自己的课程活动体验。

孩子们纷纷拿起画笔，开始描绘自己的种植经历。有的孩子画出了自己挖坑、播种、覆土的整个过程，画面生动有趣，充满了童真童趣；有的孩子则着重描绘了给草莓苗浇水的场景，他们细心地勾勒出每一滴水珠的轨迹；有的则静静地画下了目前的草莓园。

在绘画的过程中，孩子们还积极地分享了自己的心得和体验。一个孩子兴奋地说："这是我画的，上面有我种植的过程。一开始我不知道怎样挖坑，后来乐乐帮助了我，我才知道原来挖坑也是有技巧的！"另一个孩子则指着自己的画作说："这个时候我正在给草莓苗浇水，感觉浇水的工具不太方便。后来我和妈妈一起动手做了一个新的浇水器，用起来可方便了！"

听到这里，其他孩子纷纷表示对制作浇水器产生了浓厚的兴趣。于是，我顺水推舟，组织了一场以"制作浇水器"为主题的手工劳动活动。孩子们在教师和家长的指导下，动手制作起了各种形状和功能的浇

水器。有的孩子用塑料瓶和吸管制作了简易的浇水器,有的孩子则用废旧的材料进行了创意改造,制作出了既实用又美观的浇水工具。

在制作浇水器的过程中,孩子们不仅锻炼了动手能力和创造力,还学会了如何与他人合作、分享和解决问题。他们通过亲身实践,更加深入地了解了种植草莓的过程和注意事项,也对"小园丁"这个身份有了更加深刻的体会。

这次活动不仅丰富了孩子们的课余生活,也让他们在快乐中学习、在成长中收获。相信在未来的日子里,这些"小小园丁"会继续努力,用自己的双手和汗水,为这片绿意盎然的土地增添更多的生机与活力。

在上述的片段中,结合活动的总结,幼儿发现了新的兴趣点,将现阶段的活动与拓展性的手工活动关联了起来。而从"五育融合"的角度来看,这使得幼儿的"德智体美劳"全面展现,并且能够细化到后续的拓展性活动,使得幼儿的体验更丰富,全面发展的状态也更加突出。

(二)多层链接,助力协同参与,拓展空间

从课程建构的角度,课程本身不是孤立的,应以协同共育的姿态,将其渗透到幼儿的日常生活之中,形成持续性的课程活动,这样可以持续地锻炼幼儿的各项能力,对于劳动教育课程也是如此。为了助力幼儿全面发展,提升"五育融合"的质量,也可引导家长参与进来,拓展劳动课程活动的空间。

表3 协同视角下"五育融合"的形式及内容

基本形式	主要内容	融合表现
链接生活 回归日常 持续锻炼	1. 拓展劳动教育课程活动,将其渗透到日常生活之中 2. 家长参与,提供帮助与支持	1. "德智体美劳"持续发展,环境更开放 2. 幼儿个体体验更好,针对性更强

在"种植草莓"劳动课程活动中,我们选用了草莓籽进行播种。后续可选用"草莓秧栽培"的方式开展亲子拓展活动,让家长参与进来,带着孩

子一起参与草莓秧的栽培活动，并与幼儿现有的种植经验进行对比，这样也可从智育的角度延伸幼儿的思考，拓展幼儿对种植方法的认知。在这个过程中，依旧以劳育为形式，帮助幼儿观察记录，培养他们热爱自然、亲近自然的意识，关联德育。这样才能以拓展化的方式，为"五育融合"提供更为多元化的实践路径，也可提升劳动教育课程活动的持续性。

总之，在"五育融合"视角下，教师应发现课程活动中可拓展教育内容的角度。而在劳动教育课程活动中，教师还应注重表现幼儿的自主性，使得活动本身具备开发性、持续性及互动性。其间，教师还应观察幼儿的真实状态，从幼儿的角度思考，转化幼儿的实践思维，促使其在劳动中感受其中的不同内容，形成"德智体美劳"的综合认知，实现全面发展。结合协同共育，可延伸"五育融合"的路径，也可为课程活动的开展创设更为丰富的环境。

参考文献

［1］黄琰琰."五育"融合视角下幼儿园早期阅读的实践探析［J］.基础教育研究，2022（24）：98-100.

［2］游燕.游戏在幼儿园教育教学中的运用与融合［J］.教育现代化（电子版），2022（1）：107-108.

［3］刘颖艳.五育融合视域下幼儿劳动教育的实施策略——以厦门市嘉华幼儿园为例［J］.教育观察，2023（24）：122-124.

［4］牛丽君.在幼儿教学活动中如何渗透五育融合教育［J］.智力，2022（29）：183-186.

［5］胡萍."五育"融合视域下幼儿园高品质课程建设的价值，目标与路径［J］.教育科学论坛，2023（29）：71-74.

［6］王迎."五育"融合背景下的幼儿园管理策略［J］.江西教育，2023（19）：92-93.

看见、听见、支持和助推

——儿童视角下，从运动集体活动中探寻有力的师幼互动

倪怡文（上海市浦东新区汇贤幼儿园）

《幼儿园教育指导纲要（试行）》中指出：教师要关注幼儿在活动中的表现和反应，敏感地察觉他们的需要，及时以适当的方式应答，形成合作探究式的师生互动。在2022年2月教育部颁布的《幼儿园保育教育质量评估指南》（以下简称"《评估指南》"）中提出的师幼互动，贯穿在幼儿园的各个场景和环节，渗透于幼儿的一日活动中，是评估幼儿园保教质量的关键指标，是影响幼儿园教育教学质量的重要因素。

"师幼互动"质量，是评估幼儿园保教质量的关键指标，它是教育过程质量的核心命脉，深刻影响着儿童各方面的发展。那么，在运动集体教学活动中，如何更好地与幼儿互动，以提升教学质量呢？

一、看见幼儿的需要，激发师幼互动

（一）制定适宜的教学目标

在制定目标时，我们要考虑目标的全面性、适切性和操作性这三个要素。全面性是指自然地渗透和涵盖知识与技能、习惯与能力、情感态度与价值观这三个维度，即我们通常说的三维目标。适切性指的是要符合幼儿的年龄特点和班级实际，也就是既要符合幼儿的已有经验，又要有一定的挑战性。操作性就是指目标要具体明确，突出对幼儿创新精神和实践能力的培养。

（二）把握每一个教学环节

在运动集体活动中，为了与幼儿有良好的师幼互动，我觉得还要把握好每一个教学环节。一个有效的集体教学活动，除了选材好、选点妙、目标适切之外，教学环节的合理设计也是关键。一般来说，要注意以下六方面：激发兴趣、引发问题、唤醒守望、注重体验、尊重差异、关注全体。比如在开

场环节，教师可以与幼儿一起做一个小游戏，与幼儿一起热身，等等。参与到幼儿中，能够拉近与幼儿的距离，让幼儿在想表达的时候不惧表达，勇敢表现自己。

（三）预设对幼儿的提问

在运动集体教学活动的过程中，教师的提问很关键。好的问题设计能够有效地激发幼儿探索的兴趣，能够引起幼儿的思考，能把活动引向深入。那么，到底怎样设计问题呢？首先要考虑提什么问题，以及这个问题与本次活动有关吗。比如在与幼儿进行"玩球"的活动中，通过问幼儿"你有什么好办法玩球吗？""你有和他不一样的办法玩球吗？"等问题，能够快速引发幼儿思考和表达。

另外，在运动集体活动中，我们设计的问题要具有一定的开放性和挑战性。比如玩球其实有很多种方式，要鼓励和肯定幼儿的想法，对于难度比较大的玩球方式，我们可以请有经验的幼儿进行示范，引发其他幼儿的模仿和思考。

设计的问题也要有层次性，以满足不同层次的幼儿。如对难度较大、灵活性较强的问题，可以请运动能力较强的幼儿回答；对基础性的、综合性的问题，可以请中等能力的幼儿回答；对比较简单的问题，可以请能力相对弱的幼儿回答和尝试。要尽量让每个幼儿都有机会、有能力回答教师提出的问题，这样可以帮助他们建立自信，提高参与活动的兴趣。

（四）采取有效的互动回应措施

要对来自幼儿的信息做出价值判断。作为教师，要以新课程理念为基础，以现代儿童观为指导，要有敏锐的观察力和判断力，来捕捉分析来自幼儿的信息，然后做出判断，该不该回应，要不要拓展。

设疑，就是用疑问的方式，促进幼儿去思考、探索，使幼儿的行为具有一定的方向性。比如在玩椅子的活动中，可以问幼儿"椅子也可以用来玩吗？""椅子可以怎么玩呢？""椅子一定要正着放吗"等问题，把幼儿的探索欲望一步步引向深入。

追问，就是不断提出问题，帮助幼儿对零星的、不完整的经验进行总结和梳理，深化幼儿对事物的认识。当我们观察到幼儿发现了运动活动中的一些技能或技巧时，要进行追问式引导，帮助幼儿梳理总结经验。

参与，我觉得也是一种师幼互动的策略。幼儿在活动中有时会表现出没兴趣，有时碰到困难会放弃。这时，教师的适时参与能有效地激起幼儿参与活动的积极性。比如在竞赛活动中，教师也可以参与进来，我会和幼儿说："我也要来参与比赛了噢，看看哪个很厉害的小朋友能把我打败！"幼儿的兴趣会一下子变高，很希望能够赢过教师。

二、听见幼儿的声音，促进师幼互动

教师用耳朵听，也是在用眼"听"，更是在用心"听"。教师应始终保持一颗好奇心，去听见孩子、听懂孩子。儿童是一个独立的个体，我们在开展集体教学活动的时候，无论是在活动前、活动中还是活动后，都应该关注孩子的情感、关注孩子的兴趣和好奇心、关注孩子的探索和学习方式，也就是用孩子的眼睛去审视他们所看到的世界。

（一）创设有趣情境，营造互动氛围

森林奇遇记

在中班的运动集体教学活动"森林奇遇记"中，活动的设计以森林探险的情境贯穿始终，教师创设了宽松、和谐的师幼互动氛围，用亲切的语言、鼓励的眼神，以及与幼儿交流时蹲下的体态，来引导、鼓励、支持幼儿的学习。活动一开始就引入了森林的情境，教师带领幼儿在他们熟知的"狮子王"的音乐声中做热身运动，符合中班幼儿的年龄特点，大大吸引了他们参与的兴趣。在富有情境的环节中，幼儿尝试完成各种肢体动作，教师用激趣、引导、鼓励、参与、支持等教学手段，唤起幼儿与教师互动的主动性。

通过创设生动有趣的森林探险情境，不仅激发了孩子们的兴趣和好奇心，还为他们营造了一个宽松、和谐的师幼互动氛围。这种情境化的教学方式，让孩子们仿佛置身于真实的森林之中，与教师和同伴共同探索、学习。

这不仅能够吸引孩子们的注意力，提高他们的参与度，还能够促进孩子们的情感体验和学习兴趣。在情境化的教学中，孩子们能够更加主动地与教师进行互动，表达自己的想法和感受，从而得到更多的关注和支持。

此外，教师在创设情境时还需要注意以下三点：一是情境要贴近孩子们的生活实际，符合他们的认知水平和兴趣特点；二是情境要具有启发性和挑战性，能够激发孩子们的思考和探索欲望；三是情境要具有连贯性和完整性，能够贯穿教学活动的始终。

通过创设有趣情境、营造互动氛围，我们可以更好地促进孩子们在运动集体活动中的学习和成长。同时，这也为我们提供了一个更加有效的教学方式和手段，让我们能够更好地关注孩子们的情感、兴趣和需求，为他们提供更加个性化的支持和指导。

（二）注重情感渲染，满足情绪体验

《评估指南》中指出：在师幼互动过程中，教师自身的状态、教师对待幼儿的态度，以及幼儿在一日生活中的真实心理感受是非常重要的。"积极、乐观、愉快"这三个词是对教师自身情绪状态的要求，"亲切和蔼、支持性、平等、每一个"是在师幼互动中教师对待幼儿应有的态度，而"自信、从容、放心大胆"是只有在以上两点都具备的情况下，幼儿才会拥有和呈现出来的状态。良好的师幼互动的前提，是师幼双方在活动认知、情感上相互理解、认同与接受，这要求教师将尊重幼儿落到实处，真正做到"把幼儿放在首位"。

三、支持幼儿的成长，回应师幼互动

（一）了解幼儿想法，给予积极回应

在集体活动中，教师要做幼儿活动中的支持者和引导者，仔细观察，适时回应。通过在活动中注意观察幼儿的情绪、动作表情等，教师可以了解他们的实际需要，发现亮点及时夸奖，遇到困难及时引导，出现偏差及时纠正，产生隐患及时帮助。比如当教师提出请平躺在地上的幼儿用双手抓住自己的脚腕时，有的幼儿抓不住，教师及时关注到之后提示："抓不住可以看看其他小朋友的方法噢！"从而引导幼儿先观察同伴的做法，再做调整；当幼儿第二次尝试不用手和脚，而用身体其他部位通过沼泽地的时候，有一个女

孩在尝试爬行的时候一直侧头看着教师，教师感受到她的不自信后立即表扬道："你的手像把刀一样帮助你往前了，太厉害了！"同时，教师的双手做出像车轮一样向前滑行的动作，给了女孩暗示，女孩有了教师的肯定和动作暗示后，马上加快了速度向前滑行。

在幼儿探索尝试的过程中，教师跪坐在垫子旁边，尽量与幼儿保持在同一水平高度，关注每一个孩子的表现，不断用语言指导幼儿的动作，及时肯定个别幼儿的做法，并鼓励其他幼儿尝试不一样的方法，将个别幼儿的成功经验分享给全体幼儿，调动他们参与活动的积极性。

（二）捕捉幼儿信息，提供有效支持

钻山洞

在集体一起钻山洞的时候，有个女孩子通过的速度比较慢，这时教师说："快一点！"然后拍了几下手，意思是让孩子加快速度。此刻的教师有点急躁，没有来得及发现这名幼儿情绪上的变化，没有接收到她的表情信号，以至于没能接纳幼儿的感受而和她建立更多的联系，这一刻的师幼互动的有效性是欠缺的。其实，教师可以给予幼儿更具体的语言上的提示，帮助她加快通过的速度，比如"双手用力往前""你需要加快手拉动的频率"等。在对于如何通过的动作技能上给予幼儿更明确的指导后，相信幼儿领会后再进行尝试时，会有更好的效果。有时，教师一个鼓励的眼神、加油的手势，都会给孩子更多尝试的勇气和信心，提高他们乐于挑战和主动学习的积极性。有效的师幼互动不仅需要看见儿童，更需要看见每一个儿童。教师的一个眼神、一个微笑都是良好师幼互动关系的助推剂。

我们要研究孩子的身心发展规律和年龄特点，用孩子的耳朵去倾听，既要关注幼儿身心的共性问题，也要尊重他们的个性问题，做到"眼中有孩子"，积极地与幼儿对话，通过交流沟通，了解幼儿的需求和想法，并给予积极的回应和支持。同时，我们也要具备敏锐的洞察力和观察力，及时捕捉来自孩子的信息，敏感地觉察他们的反应和需要，追随他们的学习与发展，及时看到他们的需要并给予帮助，支持他们的学习和成长。

四、助推幼儿的发展，持续师幼互动

（一）基于儿童立场，组织实施活动

在所有集体教学活动中，教师始终要将幼儿的安全放在首位。幼儿每次在游戏中穿过障碍时，教师首先要交代安全注意事项，提高幼儿的自我保护意识，然后讲解动作要领，在幼儿自由尝试的过程中关注每个幼儿的规则意识和动作技能的掌握情况，并从幼儿的活动情况中总结提炼，分享成功的体验，拓展幼儿的学习经验。

为了关注到儿童的差异并进行个性化的指导，教师可以采取以下策略。

1. 了解每个儿童在活动中的表现、参与度和兴趣点

这种观察不限于儿童的肢体动作和完成情况，还包括他们的情绪反应、与同伴的互动及解决问题的策略等。通过观察，教师可以捕捉到儿童在活动中的个体差异，为后续的指导提供依据。

2. 为不同层次的儿童提供适宜的指导

对于能力较强的儿童，教师可以提出更高层次的挑战，激发他们的潜能；对于能力较弱的儿童，教师则需要给予更多的关注和支持，帮助他们克服困难，建立自信。在指导过程中，教师要注意保持耐心和鼓励，让儿童感受到自己的进步和取得的成就。

3. 根据儿童的个体差异，灵活调整活动内容和难度

在设计游戏或练习时，教师可以设置不同的关卡或任务，让儿童根据自己的能力和兴趣进行选择。这样不仅能够满足儿童的个性化需求，还能够激发他们的参与热情和探索欲望。

4. 关注到儿童在活动中的情感体验

在个性化指导的过程中，教师不仅要关注儿童知识和技能的发展，还要关注他们的情感需求。通过积极的情感交流和支持，教师能够帮助儿童建立积极的自我认知和情感态度，为他们的全面发展奠定坚实的基础。

（二）转变身份，给予灵活指导

活动中，教师的身份也可以转变，转变的目的无一不是为了尊重幼儿的个体差异而给予针对性的指导。

1. 幼儿活动的支持者

在活动的第一个环节，当幼儿在尝试自由探索新的动作时，在不出现原则性问题、安全得到保证的时候，教师没有随意介入和干扰，而是观察每一个幼儿的已有经验和需求。这时，教师是幼儿活动的支持者。

2. 幼儿活动的合作者

在提供的游戏器械未能满足幼儿需求时，教师及时发现和解决；当其中一个或几个幼儿产生了创意的玩法，教师组织其他幼儿一起观察和学习；当幼儿在游戏时出现问题，教师参与到游戏中，和幼儿一起玩，以起到示范作用，而不是居高临下地指导。这时，教师是幼儿活动的合作者。

3. 幼儿活动的参与者

在最后一个环节中，在过沼泽地的时候，教师和幼儿一起扮演沼泽地中的障碍物，激发了幼儿进一步尝试的兴趣。教师身体力行地参与到活动中，这时，教师是幼儿活动的参与者，是共同游戏的伙伴身份。当教师动作到位地完成运动游戏时，对幼儿来说就能起到示范引领作用。这种师生互动的良好形式还能促发更多生生互动的可能性。

在师幼共同营造的平等、宽松的运动氛围中，幼儿大胆地挑战，由"要我做"变为"我要做"，在游戏中身心得到全面发展。当教师的身份更像是幼儿的玩伴、年长者（而不是居高临下的长辈），幼儿才能更轻松自如地投入活动中，积极地参与和创造。

通过对《儿童视角下的运动集体教学活动的设计与实施》的研讨和实践，以及对《评估指南》的学习理解，我充分感受到师幼互动对幼儿园一日活动的重要性，尤其是儿童视角下的运动集体教学活动一般都具有一定的挑战性，作为教师，需要充分了解幼儿身心发展的规律，尊重幼儿的已有经验及个体差异，为每一个幼儿提供适宜的学习和发展机会。我们要不断反思自己的教育行为，努力将正确的教育理念转化为相应的教育策略，在实践中积累教育机智和互动经验，开展积极有效的师幼互动，激发幼儿学习的主动性和积极性，最终促进幼儿全面、自主的发展。

（三）适时加入，参与幼儿活动

案例3

足球小汽车

孩子们在学习足球小本领的同时，也非常热爱运动，于是，在一次教学活动中，我设计了一个将足球和轮胎结合的运动集体活动，发现孩子们非常感兴趣。

首先，活动用到的教具非常简单，将轮胎平放在地上形成马路的场景，足球变成幼儿脚下的小汽车，当然我自己也与幼儿一起参与这个活动。一开始，我和幼儿说："我们一起去马路上开小汽车吧，用你自己的方式开车噢。"有的幼儿说自己开的是大卡车，有的幼儿说自己开的是小轿车，幼儿的想法各不相同，我一一给予了肯定。我又提问："那么开汽车是用到了我们身体的哪些部位呢？"从刚才开汽车的体验中，幼儿发现手、脚等部位需要用到，也非常积极想要表达。由此，我引出了今天我们需要用脚背和脚的侧面来开足球小汽车，成功引起了幼儿的注意力和兴趣。

在练习环节，我和幼儿一起练习，先从最简单的在轮胎马路里面练习，到轮胎马路中间，再到轮胎马路的外面。我提出要把足球小汽车开在我们的脚下，不能让足球小汽车跑掉。幼儿也循序渐进

地掌握了技能和技巧。在一番练习之后，有些幼儿面露疲色，好像有点想要休息，这时我提出："我们要不要来玩一个非常好玩的游戏呢？"幼儿又马上展开了笑脸，很希望参与游戏。在游戏环节中，我没有限制幼儿对于路

线的摆放，轮胎可以随意摆放。幼儿在摆放时，有的平铺，有的叠起，有的将轮胎竖起来，出现了很多不一样的方式，也有幼儿两两合作，将轮胎并排放。当我发现幼儿这些有趣的摆放方式时，都在旁边一一回应："哇！你这个方式好特别，可以让足球小汽车钻过去开噢！""你这个方法也很棒，足球小汽车可能要绕山路了呢！""哎呀，你们看，他们两个人把轮胎马路变成了小山洞呢，等下看看足球小汽车能不能钻过去噢！"……幼儿的情绪和思绪被带动，我们一起完成了路线的摆放。后续幼儿的参与度也非常高，整个活动幼儿都很积极地参与，意犹未尽，纷纷表示下次还想要再试试不同的方法。

所以我觉得，在运动集体活动中，其实师幼互动是贯穿整个活动的，我们要发现幼儿的兴趣点；要观察幼儿在活动中的一举一动，哪怕是一个小小的动作，都可能有不一样的收获；要站在幼儿的角度去思考他们的动作，从而做出有效的回应。

作为一名幼儿教师，我其实一路上都在不断了解幼儿，也尊重幼儿。教师要以关怀、接纳、尊重的态度与幼儿交往，耐心倾听，努力理解幼儿的想法和感受，支持和鼓励他们大胆探索与表达。要真正静下心来了解幼儿的所思、所想、所做，就必须深入儿童中间，发自内心地尊重、理解和接纳儿童，接纳儿童的年龄特点，接纳儿童不同的个性特征，接纳儿童的不同见解，接纳儿童的失误与错误。只有支持幼儿、看见幼儿、理解幼儿、尊重幼儿、参与幼儿、爱幼儿，做到真诚互动、有效互动，才能更好地满足幼儿的需求；也只有满足了幼儿的内心需求，才能真正地促进幼儿身心的健康发展。

参考文献

[1] 李季湄，冯晓霞.《3—6岁儿童学习与发展指南》解读［M］.北京：人民教育出版社，2013.

[2] 中华人民共和国教育部.幼儿园教育指导纲要（试行）［S］.北京：北京师范大学出版社，2001.

全程浸入：以表征解读提升自然角活动效能的实践与思考

朱　琳（上海市浦东新区彭镇幼儿园）

《幼儿园教育指导纲要（试行）》中强调：为了促进幼儿的全面发展，我们应该积极为他们打造探索和学习的环境。自然角作为幼儿园不可或缺的一部分，是大自然的缩影，也是幼儿观察、学习和探索的重要场所。它在幼儿的学习成长过程中起着至关重要的作用。然而，我们注意到，在日常生活中，许多班级在自然角的植物种植、动物饲养、照料等方面遇到了困难。自然角常常成为教师管理班级的负担，孩子们却对此始终念念不忘。因此，我们需要不断反思：如何运用适当的表征方式，让课程思维与自然角相互融合，实现自然角创设从割裂区域到课程联动的新突破？

一、寻问题表征，让自然角的生长有起点

（一）与"以儿童为中心理念"相悖

回顾以往的自然角创设不难发现，虽然都有幼儿参与其中，但更多呈现的是教师的布局、设计和装饰性环境。比如"我是种植小能手"，教师为了能够体现幼儿的参与性，在一块板上制作了浇水、施肥、除草等小图标，当幼儿参与此类活动时，就将相对应的图标贴在板上。细想一下，一个班级30余名幼儿，区区一块小板又怎能激发全班幼儿与自然角的真实互动呢？从某种意义上讲，这只是教师以自己认为合适的方式牵制幼儿的一种方式，这类"机械式"无思维的表征似乎违背了"以儿童为中心"的教育理念。

（二）与"幼儿的学习兴趣"相左

自然角是孩子们认识动植物、进行科学探究的方寸田园。"记录本式"的表征，是幼儿将自己的阶段观察进行对比记录的载体。然而，当我们随手翻开班级自然角观察记录本时，总能发现记录本的前几页表征丰满，后几页

空空如也。经思考分析，总结原因如下。

1. 记录表内容无分层

记录表是记录动植物生长变化的载体，而在观察中，我发现许多班级记录表的内容大相径庭，记录表游离于本班幼儿的年龄特点，出现为了记录而记录、为了表征而表征的泛化现象，亟待突破改善。

2. 记录表形式单一化

表征是与孩子较契合的一种思维表达方式。幼儿如果能积极有效使用表征探究来参与思考、参与表达表现，则对其学习和成长具有重要意义。当教师要求幼儿用相同的记录表记录，或者规定单一的观察内容时，幼儿的观察与思考就受局限了，表征呈现单一、不鲜活。

3. 记录表呈现静态化

幼儿的学习具有一定的特殊性，需要教师的指导与帮助。在日常的观察记录中，教师经常简单地认为有了记录表就万事大吉，鲜有教师参与幼儿的观察记录。幼儿表征成了静态化装饰，久而久之，幼儿便失去了观察的兴趣。

（三）与"一日生活皆课程"相离

幼儿园的自然角并不仅仅是一个美化环境的地方，更重要的是，它能让幼儿参与植物种植的过程，激发他们的探究兴趣，体验探索的乐趣，并且积累丰富的知识，从而促进自然角的不断"生长"。然而，在很长一段时间里，幼儿园的自然角却处于一种尴尬的地位：它既是必须创造的区域，又是被忽视的地方。教师缺乏对课程的意识，只是随意地在自然角制作一些表面上看起来是供幼儿参与照料的环境。教育家陈鹤琴指出，一日生活就是课程。事实上，自然角是我们重要的课程资源，是幼儿园里不可或缺的部分。将自然角与幼儿日常学习割裂开来，显然违背了"一日生活皆课程"的教育理念。

二、引思维可视，让自然角的生长有支架

华师大刘濯源教授提出了思维可视化教学。思维可视化是指运用一系列图示技术，把本来不可视的思维呈现出来，使其清晰可见的过程。在思维可视化理念下，我们通过自然角的创设，让每一个幼儿都能使用图示、符号、文字等表征形式来积极地表达自己的观察与发现。

（一）设置"观察日记墙"，激发人人表征

《3—6岁儿童学习与发展指南》强调了幼儿可以利用拍照和绘画等方式来记录与积累有趣的探索及发现。在自然角里，种子的生长变化、小动物们的生活状态等现象都能引起幼儿的兴趣。因此，我们设立了"观察日记墙"，为每个幼儿提供展示自己观察成果的机会。通过这样的方式，教师和同伴们都能欣赏到每个幼儿的发现，促进大家的交流与讨论。

1. 材料细化

在记录工具上，可以变小组记录为个体记录。便利笺取材方便，人手一份，能使每一个小朋友都根据自己的观察进行表征，不受他人影响。

2. 时间散化

自然角观察时间应自由化，避免扎堆记录。幼儿可在早上入园、吃点心后、餐后、离园时等不同时间段，选择一个人或者约上几个好朋友一起，从自己的兴趣点出发，或者接着前一天的观察内容进行观察。

3. 关注点化

教师应该重视幼儿独特的表征方式，并及时解读他们记录下来的内容。在面对有意义的表征时，教师可以通过一对一的谈话对幼儿产生进一步了解，从中挖掘出有价值的问题，寻找适合他们发展的课程生长点。这样的做法可以帮助教师更好地理解每个幼儿的需求，从而提供更加个性化的教育。

（二）拓展自然角内容，丰富表征载体

植物从种子被种下去到长出叶子、开花、结果，是一个周期性的过程，但青菜、菠菜、萝卜等在生长的过程中长势单一，静待的过程不利于幼儿的观察，这个时候我们可以拓展自然角内容。

1. 在主题教学中融入秋天的元素

一个典型的例子是"秋叶飘飘"活动，为了让幼儿更好地观察和探究秋天的果实，教师把南瓜、板栗、稻谷等秋季的丰硕成果摆放在自然角。这种将学习与实际生活相结合的方法，使幼儿能够亲身接触和理解秋天的自然奇观。

2. 与班本项目相结合

如在开展"好事花生"种植项目活动时，教师将其与自然角种植活动相结合，既打破了自然角种植的常规化观赏模式，又拓展了幼儿关于果实种子培育的相关知识经验。

3. 与幼儿兴趣相结合

兴趣是幼儿学习的动力。一次偶然的机会，班中一个小朋友被蚊子叮咬，奶奶的草药治蚊包的话题引起了大家的兴趣。有的说："我看见我奶奶从地里采草药回来。"有的说："我妈妈上次生病就是把很多草药放在一起煮起来喝。"……基于幼儿的兴趣，教师与孩子们一起在自然角投放了许多中草药，孩子们的兴趣一下子就提高了，因为这来自他们的经验。

（三）解读个体表征，看见每一个孩子

幼儿的抽象概括能力较弱，往往会导致难以表征或所表征的内容让人难以读懂。面对这种情形，教师一方面要多鼓励支持幼儿，激发幼儿表征的热情；另一方面要有意识地强化幼儿对各种表征符号的灵活运用，及时对幼儿的表征进行解读，了解幼儿的个体差异，看见每一个儿童的学习。

三、探课程深化，让自然角的生长有路径

幼儿喜欢探究，对探究活动的过程和结果都充满兴趣。结合幼儿的年龄特点，我们在观察日记中寻找幼儿的困惑或有价值的问题，通过多种途径启发幼儿利用多种感官进行探究，构建幼儿与自然角和谐互动的情境，以课程思维激发幼儿的探究兴趣，体验探究过程，发展初步的探究能力，形成自然角的生长。

（一）神秘的自然角闯入者

1. 幼儿的发现——谷粒不见了

秋天到了，自然角里放满了秋果，金灿灿的稻谷引来了一位神秘客人，课程就这样开始了。一天，贝贝小朋友在自然角观察的时候，发现泡沫箱子旁掉了许多谷粒，他将自己的发现记录在了观察日记中。又过了几天，泡沫箱子周围的谷粒越来越多了。这一次，细心的贝贝发现掉在桌子上的谷粒只剩下空壳，里面的大米不见了。这一现象引起了大家的好奇，是谁偷吃了米粒呢？

2. 幼儿的猜测——联系已知经验

孩子们的兴趣与自然角里不见的米粒紧紧联系在一起，他们积极动脑寻找答案，开始了猜测。

子轩说："可能是被虫子、蚂蚁吃掉了。"

栖诺说："是被风吹走了。"

思昂说："不对不对，被风吹走的话，秆子一定也不在了，一定是被食堂阿姨拿走煮起来给我们吃掉了。"

亦凡说："也许是被小偷偷走了。"

茉茉说："是别的小朋友从我们这里经过的时候把谷粒摘下来，然后把谷粒里面的大米剥开拿走了。"

孩子们已具备了一定的逻辑思维能力，一个个变成了小侦探，论据扎实，运用自己的已知经验去猜测判断，敢于表达自己的想法，还能反驳他人的观点。而教师在这里看到了"谷粒不见了"这个问题的探究价值，做起了幼儿活动的支持者。

3.幼儿的追查——发现闯入者

为了验证自己的猜想，小朋友们开始了轮番追查，不间断地轮流在各个时间段追查"破坏者"。功夫不负有心人，终于在一个中午，贝贝发现了一只小鸟停留在稻穗上不停地啄着稻谷。小朋友们惊喜地大叫起来，快速朝自然角围了过去。他们捡起桌子上的稻谷一看，已然变成了空壳。

（二）破解小鸟偷食之谜

1.幼儿的辩论——是不是闯入者

虽然小朋友们发现有一只小鸟停在稻谷上，但并没有看清楚小鸟是如何偷吃稻谷的。那小鸟到底是不是"破坏者"呢？小朋友们自由结伴发起辩论，认同组认为一定是小鸟偷吃的，反对组认为不是小鸟偷吃的。有了辩题，小辩手们有的查阅资料，有的和爸爸妈妈一起上网查找信息，有的向祖辈咨询，以多种方式充实了自己的认知。一场有趣的辩论为孩子们提供了展示自我、挑战自我的机会，他们自信自主、积极思考，通过不断质疑来呈现不同角度、有逻辑的思考与论点。

2.幼儿的分享——小鸟的进化论

在调查中孩子们发现，原来除了人类有特长，小动物们也有特长。鸟类依靠双翅躲避天敌的残杀，且为了飞得更快，它们在进化的过程中放弃了牙齿，利用嗉囊软化食物。因此，即使小鸟没有手，它也能用尖利的喙啄开谷壳，将谷粒吃掉。

（三）保护自然角里的食物

1. 幼儿的担心——小鸟还会再来吗

在追查到真相之后，孩子们既开心又担心，小鸟要是再来偷吃我们的稻谷怎么办？大家展开了热烈的探讨。

贝贝说："我要拿水枪把小鸟赶走。"

豆豆说："休息的时候我就站在自然角，小鸟来的话我就用网兜抓住它。"

乐乐说："放一个稻草人，小鸟一定很害怕，或者我们给小鸟喂点吃的，它吃饱了就不会吃稻谷了。"

一诺说："我们给稻谷造一个带刺的房子，就像仙人掌一样，这样小鸟就不敢吃了。"

2. 幼儿的尝试——制作喂食器

幼儿们通过设计，利用身边的各种废旧材料——可乐瓶、鞋盒、柚子皮、竹筒，制作成精美的喂食器。第一次投放喂食器之后，孩子们动不动就到自然角进行观察，可是喂食器里的食物（面包、饼干、菊花等）一点都没有少，但自然角里的稻谷又被小鸟偷吃了。这又是怎么回事？

3. 幼儿的重构——小鸟喜欢什么

小鸟是不是不知道我们在喂食器里放了好吃的？小鸟是不是不喜欢吃我们投放的食物？小鸟除了稻谷还喜欢吃什么呢？一连串的问题，推动了幼儿的调查。借助家长，小朋友们将自己的调查记录了下来，并对保护稻谷的方法进行了改进。

"自然角里的闯入者"的课程还在持续着，自然角作为我们课程的重要组成部分，是幼儿学习、探索的重要场域。我们不能让自然角停止"生长"，而应关注表征，让课程思维助力自然角"长"起来。

四、思有效经验，让自然角的生长有延展

（一）在问题中建构幼儿表征

在幼儿自主的表征下，我们探视到了幼儿的内需，触及了他们的热点，为我们自然角的走向提供了可能的方向。在自然角创设案例中我们可以发现，幼儿的问题来源于表征，同时表征也来源于问题，稻谷为什么掉在泡沫箱旁边？谷粒里面的大米去哪儿了？小鸟要是再来怎么办？在一个又一

个问题的推动下，幼儿进行了自主表征，使自然角在一个个问题的引导下呈现出生长点。

（二）在表征中触发课程思维

过去，许多班级在自然角植物静待花开之时，常常出现记录空窗期，导致幼儿思维断片，兴趣骤减。用好表征，在表征中寻找幼儿的兴趣点及有价值的问题，形成鲜活的课程故事，可以有效促进幼儿思维的可视化。这一重大转变是幼儿的思维与探究完美结合的产物。

（三）在课程中牵引自然角生长

建构课程的方式有很多，表征助力自然角课程是一种自然角创设的新样态。麻雀虽小，五脏俱全，小小的自然角为幼儿观察探究大自然打开了一扇窗。我们运用表征有意识地引导幼儿发现问题、提出猜想，思考解决问题的方法，并进行实践操作和验证。这一系列活动调动了幼儿主动学习的积极性，激活了自然角的生长，更重要的是帮助幼儿形成了良好的探究品质，为其今后的学习与发展奠定了良好的素质基础。

从"无中生有"的生成走向
"水到渠成"的融合

——以大班户外游戏"车和水的区域"为例

胡世昊（上海市浦东新区鹏飞幼儿园）

摘　要：本文围绕"融合"的主题，探讨了"五育融合"与户外游戏的有机结合。通过实际案例，展现了如何从"无中生有"的户外游戏生成走向"水到渠成"的"五育融合"，体现了教师在这一过程中的引导与促进作用。文章旨在强调户外游戏在"五育融合"教育中的重要价值，以及如何通过细致的观察与适时的引导，促进幼儿全面发展。

关键词："五育融合"；户外游戏；幼儿发展

《3—6岁儿童学习与发展指南》在健康领域提出了教育意见："幼儿每天的户外活动一般不少于2小时，其中体育活动不少于1小时。"游戏是幼儿一日活动中重要的组成部分，在带给幼儿快乐情感的同时，也蕴含了大量的教育契机。让幼儿在游戏中学习，是幼儿教育的一项重要原则。《幼儿园工作规程》中明确指出："游戏是对幼儿进行全面发展教育的重要形式。"本文以大班户外游戏"车与水的区域"为例，展现幼儿从无到有生成游戏内容，从而习得经验的过程。

一、户外游戏的教育价值与实践意义

户外游戏作为学前教育的重要组成部分，其教育价值与实践意义不容忽视。在蓝天白云下，孩子们尽情地奔跑、跳跃，与大自然亲密接触，这种自由与释放不仅让孩子们身心愉悦，更在无形中促进了他们的全面发展。

户外游戏对幼儿的身体健康发展具有显著影响。在户外游戏中，孩子们进行大量的身体活动，如攀爬、跑跳等，这些活动能有效锻炼他们的肌肉力量、协调性和灵活性。与室内活动相比，户外游戏能提供更广阔的空间和更多的身体运动机会，有助于孩子们增强体质、提高免疫力、预防肥胖。

户外游戏在促进幼儿社交能力方面也发挥着重要作用。在户外游戏中，孩子们需要与其他伙伴进行互动与合作，共同完成任务或解决游戏中的问题。这种互动不仅能锻炼他们的语言表达能力，还能培养他们的团队合作精神和分享意识。通过户外游戏，孩子们可以学会如何与他人建立良好关系，这对于他们未来的社会交往至关重要。

户外游戏还能激发幼儿的学习兴趣和探索欲望。大自然是一个充满奥秘的世界，孩子们在户外游戏中可以接触到各种自然元素和生物，从而激发他们的好奇心和求知欲。他们会主动观察、思考并尝试解决问题，这种自主学习的方式比传统的课堂教学更为生动和有效。

除了上述价值外，户外游戏还有助于培养幼儿的创造力和审美能力。在户外游戏中，孩子们可以自由地发挥想象力，创造出各种有趣的玩法和场景。同时，他们也能在大自然中感受到美的存在，学会欣赏和创造美。

综上所述，户外游戏在学前教育中具有不可替代的教育价值与实践意义。它不仅能够促进幼儿的身体健康发展，还能培养他们的社交能力、学习兴趣、创造力及审美能力。因此，作为学前教育教师，我们应该充分认识到户外游戏的重要性，为孩子们创造更多丰富多彩的户外游戏机会，让他们在快乐的游戏中茁壮成长。

二、从"无中生有"到"水到渠成"：户外游戏与"五育融合"的案例分析

在温暖的阳光下，孩子们在户外自由地奔跑、欢笑，他们的世界充满了无限的可能与探索。每当看到孩子们在户外游戏中那纯真的笑脸，我心中便会涌起一股暖流。他们的世界是如此简单而纯粹，一片树叶、一朵小花都能引发无尽的好奇与探索。而在这片纯真的天地里，户外游戏以其独特的开放性和趣味性，成为学前教育中不可或缺的一环。当"五育融合"遇上户外游戏，会碰撞出怎样的火花？又将如何促进孩子们的全面发展？作为学前教育教师，这些问题成为我们不断思考与探索的话题。

（一）引入案例："花车巡游"与"旋转木马"游戏的失败与反思

片段一

在最初尝试将户外游戏与"五育融合"结合时，我们设计了"花车巡游"与"旋转木马"的游戏，精心准备了装饰物等，预设了热闹欢快的游戏场景，期待孩子们能在游戏中体验到乐园的快乐，同时锻炼他们的协作和审美能力。

然而，游戏实施后的效果却远未达到我们的预期。孩子们对花车和木马的兴趣短暂，很快就失去了参与的热情。原本设计好的巡游和旋转环节变得冷清而乏味，孩子们纷纷选择离开游戏区域，转而投向其他活动。

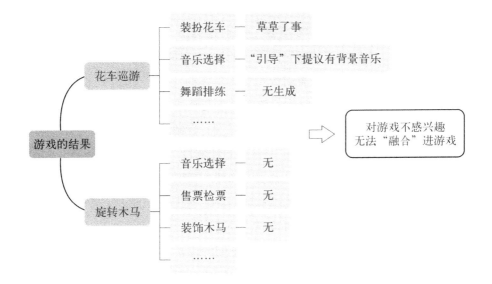

1. 分析预设游戏内容与实际效果的差距

在反思中我们发现，预设的游戏内容与孩子们的实际需求和兴趣点存在明显的差距。首先，"花车巡游"和"旋转木马"虽然是经典的游戏项目，但我们在设计时没有充分考虑到孩子们的年龄特点和心理需求。对幼儿园的孩子来说，这些游戏可能过于单调和重复，缺乏挑战性和探索性。

其次，我们在游戏设计中过于注重形式而忽略了内容的丰富性和趣味性。孩子们在游戏中没有找到足够多的互动点和刺激点，因此很快就失去了兴趣。

2. 讨论幼儿兴趣缺失的原因

幼儿兴趣缺失的原因主要有以下三点：一是游戏内容过于单一，缺乏层次性和变化性，无法满足孩子们多样化的需求；二是游戏过程缺乏足够的互动和社交元素，孩子们无法在游戏中体验到与同伴合作的乐趣；三是游戏难度设置不当，要么过于简单让孩子们觉得无聊，要么过于复杂让他们感到挫败。

片段二

我们为孩子们准备了一场"小小建筑师"的户外建构游戏，提供了各种积木和建筑材料，希望孩子们能在搭建过程中锻炼动手能力和空间想象力。然而，游戏开始时，孩子们虽然兴致勃勃地参与搭建，但不久后，许多孩子就失去了兴趣，开始四处游荡或玩起了其他游戏。

经过观察和分析，我们发现孩子们对建构游戏的兴趣缺失主要是由于游戏难度过高，他们无法独立完成复杂的建构作品，从而产生了挫败感。此外，我们在游戏过程中也没有给予足够的指导和支持，导致孩子们在遇到问题时无法及时解决，进一步降低了他们的参与热情。

从这两个失败的案例中我们深刻认识到，在游戏设计中必须充分考虑孩子们的年龄特点和兴趣需求，注重游戏的趣味性、互动性和挑战性。同时，教师在游戏过程中也要发挥积极的引导作用，及时给予孩子们必要的支持和帮助，让他们在游戏中获得成就感和自信心。这样才能真正实现户外游戏与"五育"的有效融合，促进孩子们的全面发展。

（二）"无中生有"的生成过程与孩子们的惊喜

在经历了"花车巡游"与"旋转木马"游戏的失败后，我们决定重新开始，真正聆听孩子们的心声，从他们的兴趣和想象出发，从无开始，共同创造属于他们的户外游戏世界。

片段三

在一次一对一的交流中，一个孩子兴奋地向我们提出了他的想法："老师，你看，这是我想开设的加油站。我们玩游戏的时候，总是有很多车子，车子没油了怎么开得动呢？"这个提议立刻得到了其他孩子的响应。

在游戏中，孩子们积极地选择材料，动手搭建，将他们心中的加油站一点点地塑造出来。游戏结束后，加油站的"老板"骄傲地向大家介绍了他们的成果："这是我们的加油站。看，这些加油管子都不一样噢，有汽油和柴油，汽油还分92号、95号和98号。快来加油吧！"

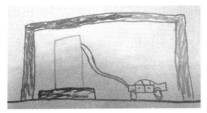

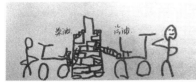

孩子们设想的加油站　　　　　　孩子们生成的加油站

这时，有孩子好奇地问："汽油和柴油有什么不同呢？"另一个孩子马上解答："汽油是给小汽车用的，柴油是给大货车用的。"又有孩子追问："那92号油和98号油有什么区别呢？"一个了解这个知识点的孩子迅速回应："98号油贵，它们的价格不一样。"

我们抓住这个机会，进一步引导孩子们探索："不同型号的汽油除了价格不同，还有其他区别吗？为什么98号油会更贵呢？"这个问题激发了孩子们的好奇心，他们纷纷表示要回家查资料，或者请教家长和AI智能机，来解答这个谜团。

当游戏内容真正源于孩子们的兴趣时，他们的热情就会被完全点燃。在加油站的游戏中，孩子们不仅学会了如何经营和管理，还通过探讨不同型号的汽油，拓展了知识面，培养了主动学习和探索的精神。

片段四

随着游戏的深入，孩子们的想法层出不穷。一个孩子提议："我们今天想再开一个修理厂。昨天菜菜的车坏了，可是没地方修。我以前跟爸爸去过修理厂，看到过车子被架起来修理。"

这个提议很快得到了大家的响应。孩子们开始动手搭建修理厂，却遇到了不少挑战，比如如何搭建修车的架子、如何模拟真实的修车场景等。但他们并没有被困难打倒，反而激发出了更多的创意和合作精神。

孩子们设想的修理厂　　　　　　　　孩子们生成的修理厂

在游戏分享环节，一个孩子兴奋地介绍说："我们的修理厂改造了好多次，终于成功了。最开始，我们用手搬乐高积木，太慢了。后来，我们想到了用车子来搬，但是小方车和扭扭车都搬得太少了。最后，我们把两辆车用带子连起来，像货车一样运货，效率就高多了！"

另一个孩子也迫不及待地分享："我们看到了修理厂搬积木的方法，也造出了火车。我们把一辆辆扭扭车用带子连接起来，造出了长长的火车！"

修理厂的游戏不仅让孩子们体验到了动手搭建的乐趣，还让他们学会了如何面对挑战、解决问题。在搬运积木的过程中，孩子们发挥创意，利用现有材料进行尝试和探索。他们的经验不仅在游戏中得到了融合和提升，还为未来的生活和学习打下了坚实的基础。

片段五

在一次游戏讨论中，有个孩子提出了一个新的想法："我们可以建一个洗车房，像加油站旁边的自助洗车机器那样。"他的描述立刻引起了其他孩子的兴趣，尤其是他提到的自助洗车机器。

"用水冲就可以洗车啊。我跟爸爸妈妈去加油站时看到过自助洗车的机器。那机器会自己冲水，周围还有刷子可以擦泡沫。"一个孩子兴奋地分享着他的经验。然而，其他孩子表示他们没有见过这样的机器。

这个话题激发了孩子们的好奇心。于是在回到教室后，我们一起观看了一段自助洗车机器的视频。孩子们全神贯注地看着，对这种能自动洗车的机器表现出了极大的兴趣。他们纷纷表示，非常想要把这样的自助洗车房搭建出来。

孩子们热情高涨，迅速行动起来，开始筹划洗车区域的建设。他们用高路障和粗麻绳围出了一块专门的洗车区域，准备迎接前来洗车的"顾客"。

然而，在冲水的过程中，孩子们遇到了一些问题。他们发现，如果直接拿着水管冲，水会直直地喷出去，很容易冲到骑车人的脸上。于是，他们尝试改变水管与车子的距离，但效果并不明显。

随后，孩子们开始探索如何更好地控制水流。他们发现，当手离管子端口近时，水就冲得远；而当手离管子端口远一些时，水就会往下流。他们还尝试用手捏住管子端口，发现这样可以改变水流的形状和高度。

在反复的尝试和调整后，孩子们逐渐掌握了洗车的技巧。但随着时间的推移，他们开始觉得单纯地冲水有些单调。于是，在分享交流中，大家一起讨论起了还可以增加哪些洗车房的工作内容。

"冲了水之后还要打泡沫啊，然后用刷子把车刷干净。最后再用水冲干净，用抹布把车擦干。"孩子们纷纷提出自己的建议。在接下来的游戏中，他们找来了所需的材料，逐步完善了洗车的一整套流程。

通过对洗车房的探索和创建，孩子们不仅学会了如何合作和解决问题，还培养了他们的动手能力和创新思维。他们在实践中发现了许多有趣的物理现象，比如水流的控制和形状的改变等。这些经验不仅丰富了他们的知识库，还为他们未来的科学探索奠定了坚实的基础。同时，洗车房的成功运营，也让孩子们体验到了经营和服务的乐趣与责任。

三、"五育融合"与户外游戏的深度融合探讨

户外游戏作为幼儿教育的重要组成部分，为孩子们提供了一个自由、开放且富有挑战性的学习环境。通过上述后三个案例，我们可以看到"五育"如何在户外游戏中得到融合与发展。

德育：在加油站、修理厂和洗车房的模拟经营中，孩子们学会了合作与

分享，懂得了责任和秩序的重要性。他们遵守规则，在排队加油、修车和洗车的过程中，展现出了良好的社会公德和职业道德。这种在游戏中的德育渗透，无疑会对孩子们未来的社会行为产生积极影响。

智育：孩子们在搭建加油站、修理厂和洗车房的过程中，不断尝试、探索和创新。他们运用已有的知识和经验，解决了一个又一个实际问题，比如如何选择合适的材料、如何设计合理的结构等。这些活动不仅锻炼了孩子们的思维能力，还培养了他们的科学素养和创新能力。

体育：户外游戏让孩子们在运动中成长。在搬运积木、冲洗车辆等活动中，孩子们的肌肉得到了锻炼，身体协调性也得到了提高。同时，户外游戏还让孩子们接触到了自然环境，增强了他们的体质和抵抗力。

美育：孩子们在创建游戏场景的过程中，不仅关注实用性，还注重美观度。他们精心挑选材料，设计出别具一格的加油站、修理厂和洗车房。这些作品不仅体现了孩子们的审美追求，还培养了他们的艺术创造力和鉴赏力。

劳育：在户外游戏中，孩子们通过亲手搭建、经营和管理各种场景，体验到了劳动的乐趣和价值。他们学会了如何分工合作、如何高效完成任务。这种劳动教育不仅培养了孩子们的动手能力，还让他们更加珍惜劳动成果和他人的付出。

户外游戏与"五育"的融合为孩子们的全面发展提供了有力支持。通过这种融合教育，孩子们在游戏中学到了知识、锻炼了能力、培养了品质，为他们的未来奠定了坚实的基础。

户外游戏不仅是孩子们童年时光的快乐源泉，更是他们全面发展与"五育融合"教育的宝贵平台。通过上述案例，我们深刻体会到，当孩子们沉浸在富有创意和挑战性的户外游戏中时，他们的德、智、体、美、劳各方面能力都在潜移默化中得到了锻炼和提升。这种寓教于乐的方式，不仅让孩子们在快乐中学习，更为他们的长远发展奠定了坚实的基础。因此，我们应该更加重视并推广这种"五育融合"与户外游戏相结合的教育模式，让孩子们在轻松愉快的氛围中茁壮成长。

参考文献

［1］杨志成.论大中小幼一体化德育体系建设的大学担当［J］.中国高等教育，2022（01）：9-10+34.

［2］刘静芳，蔡杭州.积极构建"大中小幼"一体化德育体系——以习近平新时代中国特色社会主义思想"三进"为引领［J］.教育实践与研究（B），2019（11）：41-42.

［3］陈丹虹.在幼儿园开展户外游戏活动的探讨［J］.考试周刊，2023（52）：151-154.

基于儿童连续性经验的项目化学习的实践探索

——以中班项目化学习"趣动轮胎乐"为例

李　颖（上海市浦东新区小天使幼儿园）

摘　要： 儿童连续性经验的发展有助于3—6岁孩子的成长，更是在他们的成长过程中起着至关重要的作用。我们结合幼儿的兴趣，寻找到了驱动性问题，开展了中班"趣动轮胎乐"的项目化活动。在孩子们自发的创意过程中，他们不断尝试新的玩法，深入持续地探索、尝试发现问题，并不断与同伴分享和交流自己的发现、探索和疑问。该项目化活动源于孩子们的问题，基于他们连续性经验的发展，经历了"初步探索期—研究深入期—发展提升期"这三个不断深入推进的时期。幼儿通过经验激烈的碰撞、逐步的积累、连续的提升，使得认知不断丰富、连续性经验持续发展、主动学习的能力不断提升。项目化活动"趣动轮胎乐"为幼儿提供了"持续深入研究"的契机，促进了幼儿综合能力的全面发展，使其项目化学习经验得以不断积累，学习品质亦得到显著提升。

关键词： 儿童连续性经验；项目化活动；实践探索

一、基于儿童连续性经验的项目化学习实践探索的重要意义

（一）基于儿童连续性经验的项目化学习实践探索的概念界定

1. 儿童连续性经验

儿童经验发展具有阶段性和连续性的特点。在幼儿成长的不同阶段，他们的学习和生活经验能够得到有效的衔接与连续性的发展。这种连续性对儿童的经验发展具有极其重要的价值。

2. 项目化活动

教师要基于儿童视角，充分考虑幼儿的兴趣、需求和经验，寻找他们

的问题冲突，以此设计幼儿感兴趣的驱动性问题。通过整合幼儿的连续性经验，教师可以帮助他们在学习过程中建立起知识之间的联系，从而促进他们思考问题和解决问题能力的发展。

3. 实践探索

在项目化活动中，实践探索指的是通过实际操作、实验、尝试等方式，对项目的目标、内容、方法等进行深入探索和研究的过程。这一过程强调动手实践，教师要鼓励幼儿积极投入，通过亲身体验来发现问题、解决问题，从而深化幼儿对项目的理解和掌握。实践探索有助于激发幼儿的创新思维，培养其解决问题的能力，同时也是项目化活动中不可或缺的一环，它能够使项目逐步贴近幼儿的实际需求，提高项目的实用性和有效性。

（二）基于儿童连续性经验的项目化学习实践探索的重要意义

教育家约翰·杜威说过："教育不是为生活做准备，教育本身就是生活。"正如他所言，项目化学习很好地将教育与生活紧密结合，让儿童在实践中学习、在学习中成长，具有丰富和重要的意义。

1. 有利于幼儿思考问题和解决问题能力的发展

在项目化学习的开展过程中，幼儿会产生认知冲突。因此，在教师提出适宜的驱动性问题后，幼儿需要面对并解决一系列实际问题，这一过程能锻炼他们的逻辑思维、批判性思维及创新能力，为其未来的学习和生活奠定坚实的基础。

2. 有利于幼儿合作交往和沟通能力的发展

项目化学习还能极大地推动幼儿合作交往和沟通能力的发展。幼儿在活动中需要与同伴进行互动和互助，学会倾听、表达与协商。他们会为了解决问题，不断尝试与同伴进行沟通和交流，进而能培养良好的人际交往能力和团队协作精神。这对他们融入社会、建立和谐的人际关系具有不可估量的价值。

3. 有利于幼儿经验的延伸和思维的发展

项目化活动推进的过程是幼儿经验延续的过程。在项目化学习中积累的经验和运用的方法是幼儿宝贵的学习经历与体验，也能在一定程度上为后续开展的活动提供连续性经验的积累和支持。

二、基于儿童连续性经验的项目化学习实践探索

（一）了解冲突，寻找问题，激发幼儿的探索兴趣

在户外运动中，幼儿能得到动作技能的发展。此外，他们对轮胎非常熟悉，但已不再满足于简单的滚轮胎、抬轮胎、钻轮胎，而是慢慢开始寻求具有挑战性的玩法，如双手滚两个轮胎、一次抬两个轮胎、轮胎对对碰、轮胎跳山羊等。我们也组织幼儿开展过"让轮胎听话""轮胎慢慢滚起来""轮胎组合建构"等活动。但是，孩子们还是觉得轮胎的玩法并不局限于此，还能怎么玩呢？他们想到可以将轮胎变成"轮胎山"。于是，"如何构建和连接上下'轮胎山'的路"成为一个切实的驱动性问题。

案例1

在户外运动中，孩子们经常会尝试把轮胎和轮胎组合起来，也会尝试把轮胎和各种材料进行组合，比如轮胎和竹梯、轮胎和网格架、轮胎和泡沫垫等。有一次，他们将轮胎堆叠成了"轮胎山"。

乐乐说："上下'轮胎山'要有不同的道路呀！"于是，孩子们陷入了思考。我们在与幼儿运动后的谈话中，也让他们对"轮胎山"进行了思考。

教师说："轮胎堆叠在一起，变成了高高大大的'轮胎山'，可是大家不能上山，该怎么办呢？"

乐乐说："我们要想一想。"

瑶瑶说："还是商量一下吧！"

成成说："我们画一画计划书吧！"

成成的提议得到了大家响亮的掌声。

于是，孩子们分组讨论并制订了如何构建和连接上下"轮胎山"的路的计划，并和其他小组分享了自己小组绘制的计划书。

第一组：我们想把军事元素和轮胎组合在一起，上山前要经过重

重困难，要钻过山洞、走过独木桥，我们要像解放军叔叔一样。

第二组：垫子和轮胎组合在一起可以变成一个个"小山坡"。我们要爬过这些山坡才能登上"轮胎山"。

第三组：我们想把轮胎和竹梯组合在一起，还可以和小树林连起来，变成打仗的地方。走的时候，还要注意敌人的子弹，不能被打到。

第四组：轮胎和轮胎组合起来也能变成长长的路，还可以放一些网格架，会更有趣。

于是，孩子们在小组内进行了分工合作。在运动开始后，听到他们说得最多的是"你们把材料分开一点放，我们放大一点。""哇！等下肯定很刺激！""大家注意安全噢！"……只见甜甜和瑶瑶搬来了竹梯，将竹梯架在两个轮胎上，搭出了一条"轮胎梯子路"，梯子路连接了"轮胎山"；悠悠则搬来了网格架，放在几个轮胎上，铺了一条"网格轮胎路"。

【儿童行为分析】

1.思考分析，解决问题

面对"如何上'轮胎山'"的挑战，孩子们通过讨论、绘制计划书等方式，积极寻找解决方案，体现了他们的问题解决能力。绘制计划书是幼儿和同伴之间进行合作与协商的过程，也是他们发挥各自绘画本领的时候。他们的绘画水平可能并不高，但只需要将户外运动过程中对轮胎的使用进行形象化和具体化的表达与表现就足够了，这也能促进幼儿运动经验的提升。每个小组都提出了独特的方案，展示了他们的创造力和想象力。

2.合作互助，创意无限

在活动中，孩子们通过多种方式进行互动与合作，如分组讨论和绘制计划书，展现了良好的团队合作精神。在实际操作过程中，他们互相帮助、协调分工，体现了合作的力量。孩子们亲自动手搬运轮胎、竹梯、网格架等材料，并根据计划进行组合和搭建，展示了他们的动手能力和执行力。

综上所述，通过本次活动，孩子们不仅锻炼了自己的身体素质和协调能力，还培养了创新思维和解决问题的能力。他们开始懂得如何利用有限的资源创造更多的乐趣和挑战，这对于他们经验的连续性成长和认知发展都具有积极的意义。

【教师支持与回应】

基于对幼儿在平时运动中的观察，在他们发现了轮胎的有趣之处后，教师采用了一对一倾听的方式，更清晰地了解了孩子们的想法，也给予了他们足够的支持和鼓励，让他们在探索轮胎玩法的过程中，不断挑战自我、超越自我，享受运动的乐趣和成功的喜悦。

1. 思路清晰，厘清想法

在项目化活动中，教师需要有一定的思路，且如何对幼儿原有的经验进行提取和梳理总结，是需要逐渐融会贯通的。为此，教师必须抓住每一个教育的契机，找准教学的方式和方法，了解项目化活动的重点。

2. 灵活教学，有机指导

在项目化活动中，教师要根据幼儿的提问，有机地推进活动，引导他们解决问题。这就需要教师不断尝试和研讨，在将主动权交给幼儿的同时，为他们提供新的经验积累，盘活他们的思维。

（二）深入思考，实践解决，积累幼儿的连续性经验

幼儿想到可以把轮胎和其他运动器材进行组合，那么能变成什么呢？结合最近了解的中班"周围的人"主题活动中保卫我们的人，他们想到了解放军叔叔，也想像解放军叔叔那样，开着帅气的坦克出发。

在活动中，孩子们发挥想象力，运用现有的运动器材与轮胎进行组合，变出了各种各样的坦克。

● 初尝试——坦克1.0

操场上的轮胎怎么进行组合呢？我们组织幼儿进行了简单的设计，并让他们开展了分工合作。

孩子们先设计了图纸，再根据图纸将垫子和轮胎组合起来。他们一起搬、运、抬，最终造出了自己设计的坦克。

瑶瑶和子兮在操场上找到的是三个堆在一起的轮胎，她们尝试用这些轮胎做坦克的履带和车身。

瑶瑶说："大家一起分工合作吧！我们去搬轮胎和垫子吧！"

子兮说："开炮的地方我们要用竹梯噢！这样更有趣！"

虽然孩子们完成了坦克的搭建，但是他们发现并不能很好地开动坦克。于是，我们组织幼儿进行了分析和讨论，他们还觉得可以利用操场上的其他材料做一些小士兵，用来模拟开着坦克出发。

● **再尝试——坦克2.0**

在第二次尝试的时候，孩子们更大胆了，他们的想法也更丰富了。

成成说："你们过来，我们把垫子垫垫高，旁边放轮胎。"

瑶瑶说："好，拿个大轮胎做位子。"

云云说："我们拿木板，把轮胎架起来。"

成成说："好酷呀！"

瑶瑶说："可我们的坦克还是不能开。"

在活动后，孩子们还是很沮丧。他们在思考为什么轮胎可以滚起来，但造出来的坦克却开不起来呢？

带着这个问题，孩子们决定继续进行探究，找出其中的奥秘。

最后，他们发现可以利用滚动的原理让轮胎滚起来，这样坦克就可以开起来了。

于是，孩子们试着朝一个方向滚动轮胎，来让坦克开起来。

成成说："这样还不够，我们还要动脑筋，再变一变。"

● **续探究——坦克3.0**

在游戏中，幼儿发现平时阿姨用来搬运户外运动材料的小推车可以推动，这一器材是否可以做坦克呢？孩子们又进行了深入思考。

甜甜说："这一次我找来了阿姨的小推车，我们再来试一次，让坦克再一次出发。"

只见孩子们将垫子和轮胎进行了组合，摆放出类似坦克的造型，一辆简易版坦克造好了。

子玉说："虽然简单，但却是很有趣的坦克，我们的坦克出发啦！"

甜甜说："子玉，你小心一点噢，和大家挥挥手。真是有趣！"

凡凡说："走起来，帅呆了！"

不少围观的孩子也露出了笑容。

● **再创造——坦克N.0**

坦克还有不同的玩法，孩子们也还有自己的想法和憧憬。在游戏中，孩子们不断思考和尝试。

在操场上，孩子们一起奔跑，推着轮胎。

小贤说："滚筒滚起来，坦克也能开起来。"

悠悠说："大家齐心协力，先别让坦克开起来。"

悠悠、小贤、云云抵住了下面的滚筒，不让滚筒滚起来，成成往上放了第二层轮胎进行组合。

成成说："还要放座位呢！我们从网上找些图片。"

云云说："位子好高啊！我们下次再研究，我先回家问问爸爸妈妈。"

成成说："是的，下面的滚筒一直在滚动，很难稳定住，我们还要再想一想。"

【儿童行为分析】

利用轮胎进行建构，尝试让坦克出发，这是整个项目化活动"趣动轮胎乐"的核心环节，也是把整个项目化活动推向高潮的阶段。

1. 深入研究，突破瓶颈

从案例中不难发现，整个活动的过程是孩子们经验与认知相互碰撞和相互作用的过程。幼儿围绕轮胎这一关键点进行深入研究，尝试发现问题、感受体验、发展实践、创新突破。

他们的学习方式也在发生变化，从兴趣出发，形成了多元化、多层次、多维度的学习方式，有自助式学习、合作学习、反思学习和探索学习。

在整个项目化学习的过程中，孩子们还借助了家长的力量、多媒体技术等，通过对外部资源的整合和利用，深入探究，丰富认知。

2."五育融合"，经验连续

在德智体美劳共同的作用下，孩子们在项目化学习的过程中逐渐得到了发展。教师充分发挥了教育和实践的意义，让幼儿在做中学、在做中研、在做中思，整个学习过程是一个循序渐进、共同发展的过程。

在德育方面，孩子们尝试分组合作，共同协商，勤于思考。如在合作搭建轮胎坦克的过程中，几个孩子互相配合，防止滚筒滚动。孩子们对轮胎坦克的几次改造，既体现了思考的过程，也体现了协商的过程。此外，孩子们在搭建过程中不畏困难，使他们的心理素质也得到了很好的发展，在实践中获得了信心和快乐。

在智育方面，孩子们主动探究、勤于思考、勇于实践、善于发现、不畏惧失败和挑战。在搭建轮胎坦克的过程中，他们能将常见的工具和运动器具组合成一个整体，并让坦克动起来。对滚动原理、滚轴原理等知识的初窥都促使孩子们进行了研究和互动。

在体育方面，搬运轮胎的过程是消耗体力的过程。幼儿需要熟悉平时运动中用到的各个器材的作用和属性，有效地进行实践，比如了解轮胎的属性、滚筒的玩法、垫子的使用等。

在美育方面，孩子们尝试设计图纸，并根据图纸上的要求，完成轮胎坦克的搭建，体现了一定的审美发展。

在劳育方面，"劳动最光荣"不只是教师灌输给幼儿的思想，而是他们在项目化活动中通过劳动得到回报的真实体验，也是劳育最好的体现。

整个项目化活动是幼儿对知识融会贯通、对经验积累延续的过程，对后续其他活动的开展和实践起到了重要的作用。

【教师支持与回应】

"趣动轮胎乐"项目化活动的探究在不断深入，促进了孩子们探究精神的提升、学习兴趣的激发、学习品质的养成，更有助于他们的终身学习。

在本次活动驱动性问题解决的过程中，教师发挥了以下作用。

1.优化学习方式，增强学习体验

在整个项目化学习过程中，教师调动了幼儿学习的积极性和主动性，并了解和把握了幼儿的年龄特点与思维特点，让幼儿在活动中充分感受、体验。通过提问引导幼儿合作解决问题，使整个学习过程变得有趣，同时也体现了小组活动的优势。

2.升华教学模式，实现经验连续

在整个项目化学习过程中，教师打破了学科的界限，打破了幼儿认知的界限。学前教育不应该只呈现单独的教育教学形式，幼儿园的项目化活动应该是多元的、互动的、整合的，并且具备较强的体验性和操作性。

3.改变教育方式，注重实践操作

教育教学的方式不应是一味说教，教师需要在实践中不断学习和提升，不断丰富专业知识和经验；要在教学中适时鼓励幼儿，使他们的自信心得到提升，能力得到发展。

（三）聚焦发展，多元评价，促进幼儿的连续性发展

在"趣动轮胎乐"项目化活动中，幼儿搭档了不同的伙伴，遇到了不少新鲜事物，在思维的不断碰撞中促进了连续性经验的发展，内在经验得到了重组、拓展和改造。幼儿也在不断的实践和反思中获得了新的体验，教师根据他们能力和经验的发展情况，构建交流平台，展示他们的学习成果。

案例3

轮胎还有不同的玩法。在操场上，有的孩子玩起了陆地冰球，有的孩子玩起了斜拉绳索，到处都是小运动员们的身影。

甜甜尝试把轮胎和乌龟车组合成一辆可以移动的小推车，并在地上滑行。她还拿起了小木棍，像曲棍球运动员那样运动，太酷炫了。

在运动后，教师组织幼儿讨论轮胎的不同玩法。有的孩子通过绘画的形式，记录了轮胎的不同玩法，并在交流互动中向同伴分享了自己的创意和体验。

【儿童行为分析】

整个项目化学习的过程是儿童连续性经验的发展得以充分体现的过程。孩子们在小组合作进行深入研究的过程中乐于探索、勤动脑筋。互动评价和有效倾听在这个过程中尤为关键，起到了积极的推动作用。

1. 同伴互动，尝试创新

孩子们认为轮胎的玩法不限于此，他们好奇还能如何创新地使用轮胎，并在教师的引导和提示下进行了探索轮胎新玩法的尝试。这表明幼儿已经具备了一定的自主探索能力和问题解决能力。在活动中，同伴合作让幼儿成为整个项目化学习的主人，同伴评价成为幼儿学习发展的动力，他们的连续性经验得到了良好的发展。

2. 单独对话，共议轮胎

一对一倾听也是使整个项目化学习得以顺利开展的助推器。教师通过这种针对性强的对话形式，能清楚地了解幼儿内心的想法，并能在活动开展的每个阶段充分掌握幼儿的应变能力、迁移能力和适应能力是否得到了提升，自主学习习惯和独立思考习惯是否得到了发展，以及是否在原有的经验基础上得到了提升和满足。

【教师支持与回应】

在整个项目化学习活动的推进过程中，教师起着重要的作用。教师适时的退与让能更好地凸显幼儿的进与行。

1. 引导鼓励，支持探索

在后续的活动中，教师邀请幼儿共同搜集关于轮胎新玩法的视频。教师通过提问、讨论和分享的形式，鼓励孩子们大胆提出新的想法，讨论轮胎新玩法的可行性，并进行尝试，激发了他们探索的兴趣。

2. 复盘运动，互动评价

在孩子们完成轮胎新玩法的合作探索后，教师让他们根据记录的探究过程，尝试分析、共建、复盘轮胎多种玩法的可行性，通过集体思维的碰撞，促进了经验的分享和延续。教师与幼儿共同反思和总结，讨论什么地方做得好，什么地方可以改进，帮助他们从中学习和成长。

三、基于儿童连续性经验的项目化学习实践探索的反思推进

"趣动轮胎乐"项目化学习是儿童在学习活动中自发产生的，是他们和同伴、教师联动的过程。本次活动经历了不同的发展阶段，引发了幼儿的思考、探索和发现。

（一）基于儿童，找准支点，及时切入

在整个项目化学习过程中，孩子们始终在前，活动的推进都源于他们的兴趣。教师对切入点和切入时机的选择也要考虑孩子们的认知经验与年龄特点。教师要在平时的教育过程中做个有心人，找到幼儿的兴趣，以此为切入点，设计相应的驱动性问题，不断推进项目化活动，让幼儿始终保持探究的欲望，从而能主动采取不同的方式和方法进行深入研究，享受探索和发现的乐趣。

（二）"五育融合"，推动思考，循序渐进

项目化学习也是"五育融合"的过程，是德智体美劳相互影响和作用的过程。"趣动轮胎乐"项目化活动在教师和驱动性问题的引导下，推动着幼儿的思考和发现。教师始终基于儿童的视角，考虑他们的经验积累，分析他们的外显行为，揣摩他们的内心想法，鼓励他们去发现、去探究、去表达、去尝试，通过适宜的支持策略助力他们解决问题。这是一个循序渐进的、师幼携手探究的过程。

（三）自主学习，深入探究，积累经验

"趣动轮胎乐"项目化活动旨在以幼儿为核心，鼓励他们通过相互协作、自主探索，共同实现进步与成长。本次活动依托幼儿的认知经验，持续引入新的思维激发点，确保活动能充满活力地持续进行。未来，在开展其他项目化活动时，可借鉴此模式，加强生生互动和师幼沟通。教师要学会放手，适时后退，相信幼儿是有力量的学习者，让幼儿成为活动的主导者。

参考文献

［1］刘思敏.幼儿园深度学习在幼儿教育中的应用［J］.科技信息，2019（12）：246-247.

［2］王素芬.幼儿园深度学习对幼儿认知能力的促进［J］.幼儿教育研究，2018（8）：86-87.

［3］王芳.幼儿园创新教育中失败经验的价值［J］.幼儿教育，2018（21）：69-70.

［4］李红.幼儿园教师的创新思维与实践［J］.现代教育管理，2017（3）：58-59.

［5］田惠芳.幼儿园创新教育中的体验式教学［J］.幼儿教育，2017（22）：85-86.

［6］董婷婷.幼儿园创新教育中的探究式教学［J］.幼儿教育，2016（17）：70-71.

［7］刘小玲.大自然，最生动的课堂——STEM教育理念下幼儿园区域活动项目化的探索实践［J］.今天，2022（16）：231-232.

［8］臧海伦."呼应儿童"视野下幼儿户外自主游戏的推进策略——以"轮胎堡垒"为例［J］.好家长，2023（13）：38-39.

［9］应丽萍.幼儿园创意美术项目式学习活动的实践与探索［J］.早期教育，2023（13）：38-39.

［10］徐梅芳.项目化学习与学校课程深度融合的实践探索［J］.现代教育，2022（12）：22-23.

幼儿优先发展理念支持幼儿园户外主题探究活动的实践探析

仇祯杰（上海市浦东新区新苗幼儿园）

摘　要：随着我国教育事业的快速发展，教育理念、教育方法不断更新，幼儿园组织的教育活动也应该融入更多元素，带给幼儿新奇、多样的活动体验。然而，就目前活动组织情况来看，教师更看重"教育"，没能结合孩童需求精准制定课程活动，导致教育与实效相背离。本文切实从幼儿角度出发，遵循幼儿优先发展理念，提出幼儿园户外主题探究活动的实践策略，以期为后续开展的教育工作提供借鉴与参考。

关键词：幼儿优先发展理念；户外主题活动；实践策略

《幼儿园教育指导纲要（试行）》提出："积极开展户外体育活动有利于幼儿的生长发育和身体健康，有利于幼儿活泼开朗性格的形成。"幼儿园开展户外主题探究活动，可增加幼儿探究、实践的机会，锻炼体能、培育思维，这也就要求教师必须对活动内容进行精细安排与设计，确保活动的实效性。因此，以幼儿优先发展理念为导向，对幼儿园户外主题探究活动的实践策略进行分析具有现实意义。

一、问题：理念未深，活动实效受桎梏

（一）趣味难成，户外区域少应用

3—6 岁幼儿正处于以直观思维和感性思维为主导的发展阶段，他们对周围世界充满好奇与探索欲望，注意力容易被新鲜事物所吸引。然而，在当前教学实践中，教师往往过分依赖传统的"知识讲授"模式，主要通过绘本、图书等静态教具开展教学活动。即使有游戏材料和活动设计的融入，游戏也常常被视为辅助性手段，难以真正激发幼儿的学习兴趣。特别是在户外活动

方面，出于安全考虑，教师倾向于减少户外活动时间和内容，使幼儿失去了在户外环境中自主游戏和探索发现的宝贵机会。这不仅造成了园所户外教育资源的闲置和浪费，更制约了幼儿在身体素质、环境认知、社会交往等方面的全面发展。从长远来看，缺乏趣味性和户外实践的教学模式，不利于培养幼儿的主动学习能力和探究精神，也与幼儿教育应以游戏为基本活动的核心理念相违背。

（二）自主难调，参与意识未滋生

在户外主题探究活动的设计与实施过程中，教师往往过度关注教育目标的实现，而忽视了幼儿的实际体验感受和兴趣需求。虽然在活动初期，教师会尝试运用游戏形式和新颖元素来吸引幼儿参与，但这种表面的趣味性难以持续维持幼儿的学习热情。随着时间推移，固定化的活动形式和内容会逐渐消磨幼儿的参与兴趣。更重要的是，当前的户外活动仍然以教师主导为主，幼儿的主体地位未能得到充分体现，他们在活动中往往处于被动接受的状态。这种教学模式违背了"幼儿优先发展"的教育理念，不仅影响了幼儿的学习积极性，也不利于培养其自主意识和创新能力。长此以往，幼儿可能形成依赖性的学习习惯，缺乏主动探索和创造的意识。

（三）延展局限，创新思维难融合

在"五育融合"的教育背景下，户外主题探究活动应当体现教育的灵活性和多样性，以幼儿优先发展为核心原则。然而，当前教师在活动设计时，虽然注意紧跟教育热点和政策导向，但往往忽视了对本园幼儿特点和实际资源条件的深入分析。在借鉴成功经验时，教师容易简单照搬，未能结合本园具体情况做出合理调整和创新。这种教学思维的局限性导致活动缺乏针对性和创新性，难以为幼儿带来新鲜的学习体验。同时，教师在活动延展上表现僵化，未能充分挖掘教育资源的潜在价值，活动内容单一，难以满足幼儿多元化的发展需求。这种创新意识的缺失，不仅限制了教育活动的效果，也影响了幼儿创造性思维的培养，与当前素质教育的要求存在明显差距。

二、价值：延展创新，开阔视野育能力

（一）提升身体素质，促进健康发展

户外主题探究活动为幼儿提供了丰富的身体锻炼和实践机会。在户外

自由开放的环境中，孩子们可以进行跑步、攀爬、跳跃等全方位的大肌肉运动，这些活动不仅能够提高幼儿的基础体能，增强四肢协调性，还能促进神经系统发育。活动中融入的趣味性元素，如体育游戏、竞技比赛等，能够激发幼儿的参与热情，使其从被动运动转变为主动锻炼。在日常户外活动的积累中，幼儿的耐力、平衡能力、灵敏度等身体素质得到了全面发展，同时也培养了坚持不懈的意志品质。这种寓教于乐的活动方式，既满足了幼儿对运动的天性需求，又为其健康成长奠定了良好基础。通过长期坚持的户外活动，幼儿不仅能在体能上得到提升，在运动技能的掌握上也会逐步熟练，为今后的体育学习和终身体育锻炼习惯的养成打下坚实基础。

（二）聚焦心理发育，深化教育内涵

户外主题探究活动以自然环境为依托，为幼儿创造了轻松愉悦的学习氛围。在自然环境中，幼儿的身心能够得到充分放松，更容易保持积极的探索欲望。教师要基于幼儿优先发展理念，根据幼儿的兴趣需求和年龄特点，设计富有挑战性的户外任务。在完成这些任务的过程中，幼儿需要面对各种困难和挑战，通过同伴间的协作互助来解决问题。这种体验不仅能够锻炼幼儿的意志力和抗挫折能力，还能培养其积极乐观的心理品质。通过循序渐进的活动设计，幼儿的心理承受能力得到提升，自我调节能力不断提高，为其形成健全的人格打下基础。同时，在户外自然环境中，幼儿能够获得更多感官体验和情感体验，这些丰富的经历有助于其形成积极的情绪体验，培养乐观向上的生活态度。

（三）健全自我认知，提高综合能力

户外主题探究活动为幼儿提供了丰富的社会交往机会。在团队协作活动中，幼儿需要学会倾听他人意见，表达自己想法，与同伴共同完成任务目标。这种互动过程培养了幼儿的团队意识和集体荣誉感，同时也发展了其社会交往能力和人际沟通技巧。通过设置递进式的挑战任务，幼儿在克服困难的过程中不断获得成就感，增强自信心。在与同伴的对比和交流中，幼儿逐步形成对自身能力的准确认知，建立积极的自我概念。这种多维度的能力培养，不仅促进了幼儿的认知发展，也为其形成良好的社会适应能力和问题解决能力奠定了基础。在持续的户外探究活动中，幼儿的观察力、

思维能力、创造力等认知能力也得到了全面发展，为其今后的学习和发展打下了良好基础。

三、策略：幼儿优先发展理念支持幼儿园户外主题探究活动的实践

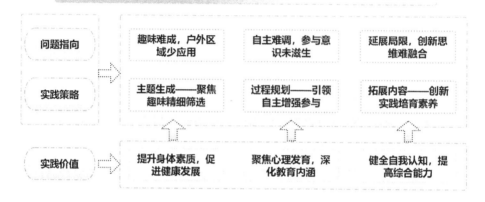

（一）主题生成——聚焦趣味精细筛选

在现代幼儿教育环境下，幼儿的自主性行为备受关注，教师应该树立新型的师幼关系意识，利用多种手段与媒介来调动幼儿在主题探究活动中的积极性，促使幼儿自主参与主题探究活动。对此，教师应紧密围绕《幼儿园教育指导纲要（试行）》的内容，遵循幼儿优先发展原则，聚焦幼儿趣味与发展需求，以"自主"为导向，筛选、生成户外主题探究活动并提供场地、环境支持，为幼儿创设良好的活动条件，使教学方案更具可行性。

比如在一次户外徒步登山活动中，幼儿感受着大自然的神奇与广阔的空间，对探险活动十分感兴趣，回到幼儿园后，他们阅读了很多与户外、丛林等相关的书籍，这也让教师找到了可开展主题探究活动的关键点。于是，教师提出建议，在幼儿园内开展"丛林探险"主题活动。一经提出，幼儿纷纷响应，甚至还简单地说出了自己的计划，这充分说明孩子们对于活动有着自己的想法，是其思维活跃、主动参与的重要表现。以此为基础，我们展开细致讨论，生成了主题探究活动。

【活动生成】

【讨论一隅】

　　教师：我们现在要将"丛林探险"作为主题，可是现在没有丛林呀，应该怎么办呢？
　　幼儿A：外面有树呀！我们自己搭一个丛林！
　　幼儿B：可以用绳子荡秋千！
　　幼儿C：这样不安全，我们可以用网拦住，就不会掉下来了！
　　幼儿A：还可以有山洞，玩躲猫猫游戏！
　　……
　　幼儿你一言我一语地进行讨论，畅想在丛林中的趣味时光。对于幼儿提出的建议，教师也要积极响应。为了让幼儿有更为细致的规划，教师可以继续提问：那我们都需要哪些材料呢？
　　让问题难度更上一层楼，能让幼儿切实从实际情况着手，思考如何解决问题，增强活动参与感，促进幼儿能力的提升。

（二）过程规划——引领自主增强参与

　　明确的活动任务与精细的活动安排，可以让幼儿产生直接的活动需求，促使幼儿自觉展开活动探究，引领幼儿积极主动参与其中。考虑到幼儿认知局限的问题，教师应遵循"渐进性""差异性"原则，即考虑到孩童的能力、素养、认知差异，由简及繁、由浅入深，让孩子们感受到自主探究与挖掘的快乐，通过这种方式消除幼儿对探究活动的恐惧感与抵触情绪，同时提高户外主题探究活动的管理效率，增强探究活动的实效性。

　　探究的主要目的，是要让幼儿对世界充满兴趣与激情，这样他们才能从中发现更多趣味性内容。教师在设计户外主题探究活动时，也要充分体现"探究性"，满足幼儿的活动需求。比如教师可选择将中国元素融入活动，提供滚铁环、跳房子、打沙袋、一二三木头人、抖空竹、抽陀螺等多种民间游戏。这些游戏都在户外进行，既可以锻炼孩子们的身体素质、提升体能，又能够促使其在游戏中思考如何获胜、如何创新玩法，锻炼思维能力。教师也可以开展"趣味民间，游戏共舞"的主题探究活动，以"周活动"为周期，专门为幼儿提供一日的自由探索时间，让孩子们选择自己喜欢、感兴趣的趣味游戏活动，自主挖掘、钻研玩法，与其他小伙伴互动、沟通，揭秘新玩法，在增添游戏趣味性的同时，也能让孩子们更多地感受户外体育活动的乐趣，改善玩手机、不良生活习惯等问题，还能让他们在轻松、愉悦的活动氛围下，缓解学习带来的疲劳感，还原童真、快乐。在此过程中，教师应扮演引导者、参与者、聆听者等多重身份。引导者，即要考虑到幼儿对民间游戏、体育活动的不熟悉，在幼儿寻求帮助的情况下，以引导的方式帮助幼儿掌握基本的游戏方法，为其后续自主开发、探究奠定基础；参与者，即教师应积极与幼儿互动，共舞共乐，拉近师幼距离并建立亲密关系，便于主题探

究活动持续推进；聆听者，即要求教师善于观察幼儿行为、聆听幼儿心声，了解孩子们对活动的反馈，以及在活动中遇到的各种困难，恰到好处地提供解决办法，尤其是当幼儿出现情绪问题时，第一时间疏导调节，为探究保驾护航。

（三）拓展内容——创新实践培育素养

"教育"是一个动态的过程，活动中并非以单一教学内容为核心，而是要基于主题内容向周围辐射，让幼儿在探究中可以接触到多样知识，在实践中锻炼身体、培养品质、提升综合能力，学会体谅他人、帮助他人，了解责任与义务、规则与约束，以丰富的教育元素助力幼儿素养的生成。通过持续性拓展户外主题探究活动内容，可以增强活动的体验感、趣味性，践行延展性原则，凸显探究活动的深意。

户外主题探究活动可与社会组织、机构相联合，在家长支持下让活动走出幼儿园，让幼儿在更为广阔的空间下探秘，基于"家园社三方联动"建构活动模式。比如教师可以"红色之旅"为主题，带领孩子们深入了解红色文化，感受军旅生活，了解革命历史。十一到来之际，教师可提前为幼儿科普关于国庆节的来历，在幼儿园内设置专项主题班会，营造"国庆氛围"，激发孩童的探究欲望。我们与红色教育基地取得联系，带领幼儿参观军队的生活，邀请教官

进行军训，以简单的训练锻炼幼儿身体各方面机能。在教师与家长的带领下，幼儿参观革命遗迹、红色文物展馆等，探究"红色文化"背后的秘密，基于自己的理解，诠释红色文化的内涵。我们通过这种方式鼓励幼儿自主思考，而参观、军训、了解历史，均能在不同程度上开阔幼儿视野，使孩童的问题思考具有知识支撑，让知识学习与自主探究相协调。研学旅程结束后，教师组织幼儿进行讨论，说一说自己的亲身经历与感受，围绕"国庆"主题开展户外活动。这一环节，主要是让幼儿"集思广益"，说一说自己的想法。有的小朋友说可以开发一块展览区来纪念革命先烈，有的小朋友说可以跳一支舞蹈献给伟人。在教师的帮助下，孩子们行动起来，编排舞蹈节目、建设"国庆区"，在喜迎国庆的同时，较好地培养了爱国情怀，他们在军训中锻炼身体、磨炼意志、理解"红色内涵"。德育融入课堂，延展了教育内涵。

四、结束语

综上所述，幼儿优先发展理念是对新时期幼儿教育本质的重要诠释。在开展幼儿户外主题探究活动时，教师必须时刻以幼儿为中心、为主体，精选主题内容、合理规划过程、延展教育内涵，只有这样，孩童才能获得更为广阔的成长空间。随着活动深入，幼儿从最初的局促转变为积极主动，并开始逐步提出自己的想法、观点，让创意、巧思得以在活动中具象化呈现。要赋予孩童自主权，在实践中培养他们的想象力、创造力、探究力，同时提高身体素质，从身体、心理、思维、素养等维度对他们进行全面培养，助力幼儿教育深度展开。

参考文献

[1] 赵金丹.把握"三性"，打造"三趣"——如何创设更加适宜的幼儿户外运动环境[J].新教育，2024（S1）：217–218.

[2] 马阿芬.面向培育幼儿勇敢品格的幼儿园户外活动设计与实施策略创新——以中班户外主题活动《小勇士闯关》为例[J].陕西学前师范学院学报，2024，40（01）：106–109.

[3] 刘淑唯.在户外主题游戏中支持幼儿主动学习的策略研究——以"稻说丰年"大班户外主题游戏为例[J].好家长，2023（37）：34–35.

图书在版编目（CIP）数据

共筑幸福成长阶梯：建设高质量幼儿园的探索与实
践：优秀论文集 / 方志明主编 . -- 上海：文汇出版社，
2025. 7. -- ISBN 978-7-5496-4526-8

Ⅰ . G612-53

中国国家版本馆 CIP 数据核字第 2025DL7144 号

共筑幸福成长阶梯

——建设高质量幼儿园的探索与实践（优秀论文集）

主　　编 / 方志明

责任编辑 / 张　涛　盛　纯

封面装帧 / 梁业礼

出 版 人 / 周伯军

出版发行 / 文匯出版社

上海市威海路755号　（邮政编码：200041）

经　　销 / 全国新华书店

排　　版 / 南京展望文化发展有限公司

印刷装订 / 上海新文印刷厂有限公司

版　　次 / 2025年7月第1版

印　　次 / 2025年7月第1次印刷

开　　本 / 720 mm×1000 mm　1/16

字　　数 / 277千字

印　　张 / 17.5

ISBN 978－7－5496－4526－8

定　　价 / 68.00元